rororo

rororo

Nach dem Tod ihres Mannes wird die junge Pakistanerin **Naziran** gegen ihren Willen gezwungen, die zweite Frau ihres Schwagers zu werden. Von ihm und seiner ersten Ehefrau wird sie mehrfach misshandelt. Als sich die zweifache Mutter erstmals wehrt, droht ihr Mann, sie zu töten. Kurz darauf wird Naziran im Schlaf Säure über Gesicht und Körper geschüttet. Sie überlebt, ist aber vollkommen entstellt und erblindet. Erst als eine Hilfsorganisation sich Nazirans annimmt, fasst sie einen mutigen Entschluss: Sie will die Wahrheit sagen und den Täter vor Gericht bringen.

In Pakistan werden jedes Jahr Hunderte Frauen Opfer eines Säureanschlags. Zusammen mit der Acid Survivors Foundation kämpft Naziran heute darum, diese publik zu machen.

Célia Mercier ist Journalistin und Pakistan-Spezialistin.

NAZIRAN
mit Célia Mercier

MÄDCHEN OHNE GESICHT

Das Augenlicht hat man mir genommen,
aber nicht den Mut zum Leben

Aus dem Französischen
von Eliane Hagedorn
und Thomas Wollermann

Rowohlt Taschenbuch Verlag

Die Originalausgabe erschien 2010 unter dem Titel
«Brûlée à l'acide» bei Flammarion.

Deutsche Erstausgabe
Veröffentlicht im Rowohlt Taschenbuch Verlag,
Reinbek bei Hamburg, September 2012

Redaktion Maike Rösmann
Umschlaggestaltung ZERO Werbeagentur, München
(Foto: Sergio Pitamitz / CORBIS)
Satz aus der Mercury (InDesign)
bei Pinkuin Satz und Datentechnik, Berlin
Druck und Bindung CPI – Clausen & Bosse, Leck
Printed in Germany
ISBN 978 3 499 62950 1

Zur Wahrung der Privatsphäre wurden
sämtliche Namen geändert.

Vorwort

Islamabad, Pakistan. Vor den Toren der Stadt, im Grünen, befindet sich ein Rehabilitationszentrum der Acid Survivors Foundation (ASF). In einem zwanzig Quadratmeter großen, in warmen Farben gehaltenen Büro steht in einem schwarzen Regal die Akte Nummer 1210708A.

Hinter diesen Zahlen, all den Dokumenten und den vier, fünf Fotos verbirgt sich eine der schlimmsten Formen von Gewalt, die einem Menschen angetan werden kann: ein «Säureattentat». Einige Tropfen, eine Flasche, bisweilen sogar mehrere Liter einer ätzenden Flüssigkeit werden jemandem ins Gesicht oder über den Kopf gegossen und lösen einen grauenvollen Prozess aus. Die Säure verätzt die Haut und dringt tief ins Gewebe ein, manchmal bis auf die Knochen. Die Opfer eines solchen Anschlags, zumeist Frauen oder junge Mädchen, die sich einer Hochzeit verweigert oder einen Annäherungsversuch abgewiesen haben, sind entstellt, ihre Gliedmaßen sind deformiert und verkrüppelt. Wenn die Säure in die Augen gelangt ist, kann es auch passieren, dass sie erblinden. Neben den unsäglichen körperlichen Schmerzen und Muskelkrämpfen, die zahlreiche rekonstruktive und ästhetische Operationen sowie physiotherapeutische Behandlungen nach sich ziehen, leiden sie unglaubliche seelische Qualen: Von einem

Tag auf den anderen werden sie aus ihrer Gemeinschaft ausgestoßen und wie wilde Tiere behandelt. Häufig sind schwere Depressionen und Suizidgedanken die Folge, denn die Opfer stehen vor einer nahezu unlösbaren Aufgabe: Wie sollen sie ein neues Leben beginnen, wenn sie von allen anderen als Monster gesehen werden? Wie sich klarmachen, dass das Leben weitergeht? Und wie können sie wieder vollwertige Frauen, autonome und respektierte Bürgerinnen werden, die sich ihrer Rechte und Pflichten bewusst und imstande sind, diese zu verteidigen?

Auf diese Fragen versucht Naziran eine Antwort zu geben, und so nehmen wir bei der Lektüre dieses Buches an ihrer rettenden Selbstbefragung und ihrer außergewöhnlichen inneren Entwicklung teil.

Die folgenden Seiten schildern ihren einzigartigen Kampf, der uns empört und betroffen macht, uns aber auch zum Nachdenken über unser Verhalten als politische und gesellschaftliche Wesen bringt. Als ich Naziran zum ersten Mal begegnete, schwebte sie zwischen Leben und Tod. Ihr Kampf, ihre Siege, ihre Kümmernisse, ihre Ängste, ihre täglichen Fortschritte und ihr neues Lebensprojekt haben meine Sicht auf die Welt, meine Mitmenschen und mich selbst verändert. Meine Vorstellung von Glück und Gerechtigkeit entsprach nicht immer der von Naziran, aber sie hat mich daran erinnert, dass ich noch viel zu lernen und zu tun habe.

Nazirans Geschichte ist vor allem eine Hymne an Freiheit, Demut und Toleranz. Doch wenn sie selbst auch die Hoffnung verkörpert, so macht uns ihr Schicksal doch zugleich klar, dass der Weg zu einer Welt, in der es keine Säureopfer mehr gibt, noch weit ist. Denn für Eifersuchtstaten mit Schwefelsäure gibt es heute keine geographischen, kulturellen, sprachlichen oder religiösen Grenzen. Im 19. Jahrhundert waren sie in Europa zu verzeichnen, heute grassieren sie in Uganda, Äthiopien, Sambia, im Jemen, in Südafrika, Kolumbien, Bangladesch, Pakistan, Indien, Kambodscha, Nepal, Japan, Malaysia, Großbritannien und Bulgarien, und zwar (mit Ausnahme von Bangladesch) mit steigender Tendenz. Es ist also unerlässlich, dass wir gemeinsam kämpfen, um einer der schlimmsten Formen von Menschenrechtsverletzung Einhalt zu gebieten.

In Pakistan wird die ASF – in Zusammenarbeit mit der pakistanischen Regierung, Aktivisten und örtlichen Gruppen von UN-WOMEN, UNDP (United Nations Development Programme), DIFD (Department for International Development), UNOPS, ASTI (Association de Soutien aux Travailleurs Immigrés), ADFE (Association des Français à l'Étranger) und den Überlebenden der Säureattentate, unter anderen Naziran – demnächst der Nationalversammlung und den Provinzparlamenten einen Gesetzesentwurf vorlegen, der die Kontrolle des Verkaufs von Schwefelsäure und eine strenge Bestrafung der Täter beinhaltet, außerdem die kostenlose medizinische Behandlung und ein Programm zur Wiedereingliederung überlebender Opfer. Dieses von allen dringend erhoffte Gesetz widmen wir Naziran, den Pakistanerinnen und allen anderen Opfern von Säureattentaten.

Valérie Khan
Vorsitzende der Acid Survivors Foundation
www.acidsurvivorspakistan.org

Einleitung

«Kommen Sie, zu Naziran geht es hier lang.» Leicht verunsichert betrete ich das Zimmer. Wir befinden uns im Gebäude der Acid Survivors Foundation in Islamabad, einer Nichtregierungsorganisation, die Säureopfer behandelt und wieder in die Gesellschaft eingliedert. Man hat mich vorgewarnt. Naziran, die junge Frau, die mich erwartet, hat grauenvolle Verätzungen erlitten.

Ich habe schon mehrere Reportagen über entstellte Frauen gemacht, die mit Säure attackiert oder mit Benzin übergossen und angezündet wurden. Ich habe verätzte und entstellte Gesichter gesehen, gepeinigte Körper, die auf schmutzigen Krankenhausbetten, umschwirrt von Fliegen, dahindämmerten. Aber ich habe mich nie daran gewöhnt.

Ich hatte mir geschworen, die Fassung zu bewahren, ich wollte nicht, dass die junge Frau meine Verlegenheit bemerkt. Ich hatte mich innerlich vorbereitet. Und doch musste ich mich beherrschen, um nicht vor dieser Frau ohne Gesicht zurückzuzucken. Die grauenvolle Gewalt, der sie zum Opfer gefallen war, spiegelte sich auf ihren Zügen wider. Augen, Nase und Lippen waren verschwunden. Eine unvorstellbare, widerwärtige Gewalt hatte irreversible Schäden angerichtet. Diese Frau hatte kein Gesicht mehr. Nach dem ersten Schock reichte ich ihr die Hand und setzte mich zu ihr. Naziran wollte ihre Geschichte erzählen, und ich sollte ihr dabei helfen. So verbrachten meine Dolmetscherin und ich mehrere Wochen damit, ihr zuzuhören, ihr Fragen zu stellen und sie zu trösten, wenn sie von ihren Gefühlen übermannt wurde. Im Laufe der Zeit nahm das wahrhaft ungeheuerliche Leben dieser kleinen Bäuerin aus dem Punjab Gestalt an. Unter dem gemarterten Fleisch entdeckte ich eine sensible und spritzige junge Frau. Sie hatte Dinge durchgemacht, die jedes Vorstellungsvermögen übersteigen. Naziran war durch die Hölle gegangen und hatte es überlebt.

Ich bin durch die Region gefahren, in der sie geboren wurde, und habe die engen Straßen der kleinen Dörfer erkundet. Diese ländliche Gegend, in der Mangobäume, Baumwolle und Zuckerrohr angepflanzt werden, ist noch vom Geist der Sufi erfüllt. Hier gibt es viele Mausoleen, in denen aus Zentralasien und dem Iran eingewanderte Mystiker begraben sind. Diese als Heilige verehrten Männer haben die Bevölkerung durch Musik und Poesie zum Islam bekehrt, und die Verehrung der Heiligen hält diesen Geist lebendig. Trotzdem haben es fanatische Organisationen heute leicht, in dieser verarmten und vernachlässigten Region Jugendliche ohne Zukunft für den Dschihad zu rekrutieren. Und so ist die Region heute eine Hochburg sektiererischer Splittergruppen, die Hass gegen die schiitische Minderheit predigen. Dazu trägt auch die feudalistische Struktur bei, in der Großgrundbesitzer das Sagen haben und die Bauern unter mittelalterlichen Bedingungen in vollständiger Unwissenheit gehalten werden. Je weniger Bildung die Dorfbewohner haben, umso besser kann man sie ausbeuten. Gewalt, genährt von Armut und Analphabetismus, ist hier, wo sich die sozialen Probleme des Landes konzentrieren, Normalität. In dieser patriarchalischen Gesellschaftsform sind die Frauen unterwürfige Hilfskräfte, die Baumwolle und Zuckerrohr ernten, die vielen Kinder großziehen, sich um den Haushalt kümmern und wie Tiere behandelt werden. Verbrechen sind an der Tagesordnung. Nicht selten kommt es zu Familienfehden, die dazu führen, dass Frauen vergewaltigt, getötet oder verbrannt werden.

Seit zehn Jahren treibt eine neue Waffe ihr Unwesen: die Säure. In dieser bäuerlichen Gegend hat sich dank der Bewässerungskanäle – ein Vermächtnis des britischen Empire – der Anbau von Baumwolle entwickelt. Vor der Aussaat im Frühjahr wird Säure zur Reinigung der Samen verwendet. So ist die fatale Flüssigkeit überall preiswert erhältlich. Säure findet auch bei verstopften Abflussrohren sowie der Reinigung von landwirtschaftlichen Maschinen und Badezimmern Verwendung. Es handelt sich also um eine billige, jedem zugängliche Waffe, die frei verkäuflich ist. Eine gnadenlose Waffe, die bereits zahllose Menschenleben zerstört hat. Schon eine geringe Menge reicht aus, um schlimmstes Unheil anzurichten. Diese sadistische Form der Gewalt hat das Ziel, die Opfer in ihrem Innersten zu treffen. Denn sie überleben ihre Verletzungen zwar meist unter unendlichen Qualen, sind aber für immer entstellt.

In den letzten Jahren ist die Zahl der Säureattacken stetig gestiegen. Im Jahr 2007 verzeichnete die Acid Survivors Foundation dreißig solcher Attentate, im Jahr 2009 waren es bereits achtundvierzig. Doch die tatsächliche Zahl der

Opfer wird auf über einhundertfünfzig pro Jahr geschätzt, denn nicht alle wagen es, den Täter anzuzeigen, und manche sterben, ohne dass jemals etwas von ihrem Schicksal bekannt wird. Die Opfer sind zumeist junge Frauen aus armen Familien, die über ein geringes Bildungsniveau verfügen. Bisweilen werden bei Familienstreitigkeiten, Eifersuchtsdramen und geschäftlicher Rivalität auch Männer mit Säure attackiert, doch bilden sie mit fünfundzwanzig Prozent eine Minderheit unter den Opfern. Die Täter sind fast immer Männer und stammen in der Regel aus bescheidenen Verhältnissen. Kinder werden eher zufällig und zumeist unbeabsichtigt Opfer solcher Taten.

Das Motiv ist in den meisten Fällen sexueller oder finanzieller Natur. Geld spielt eine Rolle, wenn es sich um eine Abrechnung handelt, etwa nach einem Streit um Grundbesitz oder bei Erbangelegenheiten. In dieser landwirtschaftlich geprägten Region ist Landbesitz die Existenzgrundlage der Familien. Wenn sich zwei Männer um einen Acker streiten, kommt es vor, dass einer von beiden die Frau oder Tochter des anderen aus Rache mit Säure entstellt. Indem man die Frau angreift, bestraft man zugleich die Familie. Auch die Mitgift ist mitunter Anlass für solche Übergriffe: Die Schwiegerfamilie kann sich so an einer jungen Ehefrau rächen, wenn sie nicht die erhoffte Aussteuer mitbringt. Oder an einer Witwe, die nicht bereit ist, auf ihr Erbe zu verzichten. Zu einem sexuell motivierten Racheakt kann es kommen, wenn eine Frau oder ein junges Mädchen Avancen oder einen Heiratsantrag ablehnt. Der Anwärter fühlt sich verletzt und will die Frau so bestrafen, dass sie auch keinem anderen mehr gehören kann. Es gibt auch Übergriffe aus Leidenschaft, Eifersucht oder aufgrund von Ehestreitigkeiten. Und dann sind da noch die sogenannten «Ehrenverbrechen»: Der Ehemann oder die Familie fühlt sich durch das Verhalten einer Frau entehrt und bestraft sie.

Die körperlichen Folgen sind irreversibel. Zumeist sind das Gesicht – das Symbol weiblicher Schönheit –, die Brust, Schultern, Rücken und manchmal auch der Genitalbereich betroffen. Die Überlebensrate der Säureopfer liegt zwar relativ hoch, die Verletzungen aber sind verheerend, denn die Säure löst die Haut und sogar Knochen geradezu auf. Und das Gift zirkuliert noch lange im Organismus und wirkt dort weiter. Es ist also schwierig, das Ausmaß des Schadens genau abzuschätzen. Während der Rekonvaleszenz bildet die Haut Blasen und muss ständig feucht gehalten und bandagiert werden. Die Verätzungen heilen schließlich, doch die Narben ziehen sich zusammen, verdicken sich und können mit der Zeit auch schlimmer werden. Ohne entsprechende Krankengymnastik bleiben dauerhafte Beeinträchtigungen zurück. Je schneller der Patient behandelt wird, desto besser sind die Ergebnisse. Die Therapie ist langwierig, im Schnitt benötigen Säureopfer etwa zwanzig Operationen. Zwischen den Eingriffen liegen lange Pausen, in denen krankengymnastische Sitzungen absolviert werden. Der erste Schritt ist das Abtragen der verbrannten Haut, danach folgen die Transplantationen. Ganz am Ende kommt die plastische Chirurgie ins Spiel: Mund, Nase und Ohren müssen neu geformt, die Narben entspannt, Haartransplantationen vorgenommen werden. Und natürlich sind auch die psychischen Folgen verheerend. Die Opfer sind traumatisiert und depressiv, nicht selten auch selbstmordgefährdet.

In den Dörfern werden die Opfer häufig aus der Gemeinschaft ausgeschlossen, da ihnen die Schuld an der Tat gegeben wird. Für ihre Familien sind sie eine Last. Manche verbringen den Rest ihres Lebens im Haus, weil sie sich nicht mehr in die Öffentlichkeit wagen. Andere werden zum Betteln auf die Straße geschickt oder zur Schau gestellt wie Tiere auf dem Jahrmarkt.

Die Patienten, die in der Acid Survivors Foundation in Behandlung sind, haben einen langen Rehabilitationsprozess vor sich. Sie müssen lernen, sich dem Blick der anderen zu stellen und mit ihrer Situation fertigzuwerden. Es gibt Phasen der Entmutigung, doch sobald die Betroffenen einen neuen Lebensplan entwickelt haben, kämpfen sie für seine Umsetzung. Die einen wollen in ihre Familie zurückkehren, andere eine Ausbildung machen oder den Beruf wechseln: Navid zum Beispiel will Sonderschulerzieher werden, Nassim arbeitet als Kindermädchen, Mai hat ihre Kuhherde und lebt bei ihren Kindern. Zafar strebt eine Ausbildung in Tanz und Musik an. Sahida ist Hausschneiderin. Naila absolviert ein Fernstudium in Medizin.

Lange wurden die Täter nicht bestraft, es herrschte das Gesetz des Schweigens. Ein verarmtes, verletzliches und traumatisiertes Opfer kann sich kaum zur Wehr setzen. Will man Anzeige erstatten, so muss man zunächst die Polizisten bestechen. Zahlt der Angreifer mehr, dann verläuft die Anzeige im Sand. Und kommt es doch zu einer Anklage, so können die Täter den Richter bestechen. Dann sind sie gegen ein Bußgeld bald wieder auf freiem Fuß. Manche bekommen auch eine kurze Gefängnisstrafe. Aber oft sind die Täter Familienmitglieder, die anstelle des

Opfers, das hilflos im Krankenhaus liegt, gegenüber der Polizei falsche Angaben machen. Seit dem Jahr 2002 gibt es allerdings ein neues Gesetz, das die Ärzte ermächtigt, die Aussagen der Patienten direkt aufzunehmen. Doch die Betroffenen wagen oft keinen Prozess, weil das zu Streit in der Familie führen würde. Allerdings kommt seit 2009 Bewegung in diese Angelegenheiten. Durch die Medien wird der Bevölkerung das Ausmaß des Grauens solcher Übergriffe bewusst. Journalisten gehen den Fällen nach und prangern die Praktiken an. Der neue Präsident des obersten Gerichtshofs von Pakistan, Iftikhar Chaudhry, präsentiert sich offiziell als Verfechter der Menschenrechte. Man darf also auf einen Sinneswandel an der Spitze des Justizwesens hoffen. Im Jahr 2009 kam es zu einem historischen Urteil im Fall eines Säureattentats. Einer der Angreifer war durch Bestechung des Richters freigelassen worden. Doch schließlich verurteilte der oberste Gerichtshof ihn zu zwölf Jahren Gefängnis und einer Schadenersatzleistung von 1,2 Millionen Rupien. In diesem Zusammenhang forderte der Präsident des obersten Gerichtshofs eine Gesetzesänderung, die auf eine Kontrolle von Verkauf und Verwendung von Säure und eine strengere Bestrafung der Täter abzielt.

Célia Mercier

Prolog

Ich spüre, wie jemand meinen Arm packt. Ich glaube, es ist eine alte Frau. Sie hat eine schrille, unangenehme Stimme. Sie sagt mir, dass es nicht wehtun und nur ein paar Sekunden dauern werde. Ich treibe in einem dichten Nebel dahin, einem Dunkel aus Schmerz. Ich versuche, mich zu wehren, kann mich aber nicht rühren. Ich will ihr sagen, sie soll mich in Ruhe lassen, doch nur ein raues Stöhnen dringt aus meiner Kehle. Die Frau lässt nicht locker und hält meinen Arm weiter umklammert. Meine Finger verkrampfen sich, ich will sie zurückstoßen ... Doch ich habe nicht die Kraft. Meine Hand gehorcht mir nicht. Sie ist zu schwach. Ich spüre, wie eine Spritze in meinen Arm und dann in eine Vene dringt. Ich möchte sie herausreißen. Aber es ist schon passiert. Langsam ebbt der Schmerz ab. Ich versinke in einem schwarzen Loch, ich ertrinke.

Als ich erwache, ist der Schmerz wieder da. Der unerträgliche Geruch von verbrannter Haut vermischt sich mit dem von Desinfektionsmitteln, mir wird übel. Eine scharfe Flüssigkeit steigt in mir auf. Ich möchte mich wieder übergeben, aber ich kann nicht. Meine Kehle brennt, mein Gesicht brennt, ich fühle mich wie gehäutet. Alles um mich herum ist schwarz, doch ich weiß, dass es nicht Nacht ist. Ich höre Geräusche. Ein eisernes Bett wird vorbeigerollt und stößt gegen eine Wand. Eilige Schritte, das

Stöhnen einer Frau. Eine flüsternde Stimme. Undeutliches Gemurmel. Jemand kommt ins Zimmer und klappert mit einem Metallgegenstand. Und wieder eine Kanüle in meinem Arm. Ich verliere erneut das Bewusstsein.

Ein Schrei weckt mich auf. Es ist meine Schwester Farah. Sie ist völlig aufgelöst und stößt laute Klagelaute aus. Sie schreit, man habe ihre Schwester getötet. Dann eine andere, tiefe Stimme. Das ist mein Bruder Salim, der Farah zu trösten versucht. Ich höre auch Mamas Schluchzen. Was ist geschehen? Ich erinnere mich an die Nacht, ich schlief. Und plötzlich eine ätzende Flüssigkeit auf meinem Gesicht ... Ich gleite wieder in meine Übelkeit und Benommenheit ab. Ich bin der Ohnmacht nahe. Schritte. Meine Familie entfernt sich, lässt mich allein zurück. Im Dunkeln.

Ich bin im Halbschlaf und komme um vor Durst. Meine Kehle ist so trocken wie die Thar-Wüste. Ich träume vom Monsun, von strömendem Regen, der mich erfrischt und zum Fluss Chenab spült. Die Strömung treibt mich fort. Ich zucke zusammen. Das ist die Stimme meines Mannes Fawad. Ich zittere, weil sie so dicht neben mir ist. Wie eine vage Bedrohung, eine Gefahr, die ich nicht benennen kann. Ja, es ist Fawad. Er spricht mit einem Unbekannten. Sie glauben, dass ich schlafe, dass ich sie nicht höre. Sie reden über mich, als wäre ich gar nicht da.

«Wird sie überleben, *Sahib* Doktor?»

«Ihre Haut ist zu siebzig Prozent verätzt, und die Wunden haben sich infiziert. Ich gebe ihr noch zwei bis drei Tage.»

1

Zwanzig Jahre zuvor in einem Dorf im Süden des Punjab.

Der Strom ist schon wieder weg. Die kleine Glühbirne baumelt nutzlos an einem Kabel von der Decke. Es ist dunkel. Mama erhebt sich und öffnet die Tür. Das letzte Tageslicht vermag den Raum mit seinen grauen Betonmauern kaum zu erhellen. Die Fettflecke und Risse in den Wänden sind fast nicht mehr zu erkennen.

Meine Mutter heißt Nargis. Sie ist eine kleine Frau, zierlich und demütig. Sie wirkt zerbrechlich, aber ihr Körper ist robust, wie bei allen Bäuerinnen der Gegend. Ihr Haar wird bereits weiß, obwohl sie noch nicht alt ist. Einmal im Monat färbt sie es mit Henna, was ihm eine schöne rötliche Tönung verleiht. Ihre schwarzen Augen funkeln, und eine hübsche Goldkugel ziert ihren rechten Nasenflügel.

Mama schimpft über den Stromausfall, der immer ganz plötzlich kommt. Ihr ist es zu dunkel. Also zündet sie mit einem großen Streichholz die Kerze an, die auf das Regal geklebt ist. Das schwärzliche Wachs knistert und qualmt. Sie setzt sich auf ihr altes *Tscharpoi,* ein mit Stricken überflochtenes niedriges Bett, von dem die Farbe abblättert. In unserer Sprache heißt *Tscharpoi* «vier Füße».

Wie jeden Abend krempelt Mama die Beine ihrer Pumphose bis zu den Knien herauf und reibt dann mit ihren rauen Händen ihre Unterschenkel lange mit Senföl ein. Die Flüssigkeit in der kleinen Plastikflasche, die sie sorgsam in ihrer Truhe aufbewahrt, ist dick und dunkelgelb. Sie nimmt nur ein paar Tropfen für jedes Bein, denn das Öl ist teuer. Der intensive Duft vermischt sich mit dem Geruch der Wachskerze. Mama seufzt. Ihre dürren Beine, die von kleinen blauen Äderchen durchzogen sind, bereiten ihr schon lange Schmerzen. Mama arbeitet zu viel.

Ich sitze neben ihr auf dem Lehmboden. Ich bin noch ganz klein und spiele mit meiner großen Schwester Farah. Sie hat ihre Armbänder ausgepackt, ein kostbarer Schatz, den sie in einem Karton aufbewahrt. Es sind *Bangles,* dünne, sehr feine Perlenschüre, die man zu Dutzenden um das Handgelenk trägt. Ein Geschenk unserer Cousine, die Unmengen davon zu ihrer Hochzeit bekommen hat. Die *Bangles* schimmern bunt und klirren leise, als Farah aufsteht, um ihre Bürste zu holen. Sie bittet mich, ihr dichtes schwarzes Haar zu kämmen, das ihr bis zur Taille reicht. Ich flechte es mit goldenen Bändern zu einem dicken Zopf.

Plötzlich fällt das eiserne Hoftor ins Schloss, die Wände erzittern. Papa kommt ins Zimmer gestürmt. Er ist wütend und brüllt etwas Unverständliches. Er schreit, Mama sei eine schlechte Frau und er verabscheue sie. Mama sieht den Eindringling überrascht an. Sie hat ihn nicht kommen hören. Sie sieht nur seine blutunterlaufenen Augen und seinen hassverzerrten Mund. Papa stürzt sich auf sie, reißt ihr den Schleier herunter und zerrt sie an den Haaren zu Boden. Dann drückt er ihr mit aller Kraft die Kehle zu. Als Mama sich zu wehren versucht, prügelt Papa wie ein Wahnsinniger mit einer Sandale auf sie ein. Mama schreit und fleht ihn an. Jetzt schlägt er sie mit der flachen Hand.

Farah und ich verkriechen uns in einer Zimmerecke. Ich kann nicht einmal weinen, zittere nur am ganzen Körper. Vielleicht bin ich als Nächste dran. Aber Papa kümmert sich nicht um uns, seine Töchter, die sich an die Wand kauern. Er hat uns nicht einmal angesehen.

Farah und ich nutzen die Gelegenheit, um leise aus dem Haus zu huschen. Meine Schwester drückt meine Hand so fest, dass es wehtut. Meine Knie zittern. Mamas Schreie verfolgen uns, als wir zum Tor laufen. Ich halte mir die Ohren zu. Ich will nicht mehr denken, nichts mehr hören, aber Mamas Klagen hallen in meinem Kopf wider. Die Sohlen meiner alten Sandalen krümmen sich, so hastig stürze ich die Straße hinunter.

Das Motorrad, das ohne Licht heranrast, sehe ich nicht. Farah zerrt mich in letzter Sekunde zur Seite. Ihre Armbänder zerreißen und fallen auf die Straße. Das Motorrad entfernt sich in einer Staubwolke, während meine Schwester sich bückt, um ihre *Bangles* aufzusammeln. Doch es sind nur noch einzelne Glasperlen, die im Dreck glitzern. Ich unterdrücke ein Schluchzen und hole tief Luft.

Wir lassen die Perlen zurück und laufen wortlos zu Zairas Haus in einer Nebenstraße. Zaira ist unsere Nachbarin und Mamas Freundin. Zu ihr flüchten wir uns, wenn Papa kommt, um unsere Mutter zu schlagen. Hier hört man die Schreie nicht. Nur die schrillen Stimmen von Zairas Kindern erfüllen das Haus. Ich betrete mit Farah den kleinen Innenhof.

«Hallo, Naziran! Wollen wir spielen?»

Rima, eine von Zairas Töchtern, empfängt uns. Sie ist ungefähr in meinem Alter: ein hageres Mädchen mit Mandelaugen und widerspenstigem Haar, das nie gekämmt ist. Ich habe Tränen in den Augen, zwinge mich aber zu lächeln. Zaira tritt aus dem Haus, die Arme mit Wäsche beladen. Sie bemerkt sofort unsere verstörten Gesichter und fragt: «Wieder mal euer Vater?»

Ich schäme mich. Ich weiß, dass ich nicht über unsere Probleme sprechen darf. Das muss geheim bleiben, hat mir Farah erklärt. Aber Zaira weiß, was bei uns zu Hause los ist. Ich habe schon öfter beobachtet, wie sie Mama getröstet hat, wenn sie weinte. Sie sieht mich durchdringend aus ihren großen schwarzen Augen an, und ich antworte ihr.

«Ja, er ist bei uns ...»

«Mein Gott, die arme Nargis ... Wenn ihr wollt, könnt ihr hier schlafen ...»

Ich bedanke mich bei Zaira. Rima lächelt mich an. Sie ist mit ihrem neuen Spielzeug beschäftigt, einer Plastikpuppe mit blondem Kunsthaar. Sie hat ihr aus einem Stück rotem Stoff ein Hochzeitskleid gemacht, das mit einem Gummiband zusammengehalten wird. Ihr Vater hat ihr die Puppe letzten Monat zum großen Fest des Fastenbrechens nach dem Ramadan geschenkt. Ich habe solche Püppchen schon beim Spielzeughändler im Basar gesehen. Sie hängen in Plastik verpackt am Eingang zu seinem Geschäft und haben bewegliche Arme und Beine. Jedes Mal, wenn ich dort vorbeikomme, bleibe ich stehen und bewundere sie. Nach einer Weile jagt mich der Händler, ein alter Mann mit einem großen Turban, immer fort.

Rima steht auf und reicht mir die Puppe.

«Sieh her, Naziran, ich habe ihr auch eine *Dupatta,* einen Schleier, gemacht!»

Ich setze mich zu ihr und nehme das Spielzeug in die Hand. Ich beneide das Nachbarsmädchen. Ich bin sogar furchtbar eifersüchtig. Mein Vater kommt immer nur zu uns, um meine Mutter zu schlagen, nie um uns Spielzeug zu schenken! Warum liebt er uns nicht?

Als ich plötzlich aus dem Augenwinkel Mama auf den Hof kommen sehe, fahre ich herum. Ihr Haar ist zerzaust, die Augen sind gerötet und ihr *Kamiz,* das traditionelle geschlitzte Hemd, ist zerrissen. Farah wirft sich in ihre Arme. Auch ich schmiege mich an sie wie ein Baby und breche in Tränen aus. Mama gibt mir einen Kuss und streicht mir übers Haar. Sie ist gekommen, um uns nach Hause zu holen. Sie zieht mich am Arm mit. Aber ich will nicht. Ich habe Angst, dass Papa noch da ist. Ich stoße meine Mutter zurück, stampfe mit den Füßen auf und weine. Erst als Zaira mich beruhigt, bin ich bereit, Mama zu folgen. «Papa ist weg, alles ist gut.» Meine Mutter erklärt mir mit Gesten, dass ich mir keine Sorgen machen muss.

Mama kann nicht sprechen, sie konnte es nie. Ich habe früh begriffen, dass sie nicht so ist wie die anderen. Sie hört nicht, wenn man sie ruft, und schrickt nicht zusammen, wenn etwas auf den Boden fällt. Sie sagt kein Wort. Aus ihrer Kehle dringen nur merkwürdige Laute. Aber sie kann sich dennoch gut ausdrücken, sie macht Zeichen mit den Händen, stellt Dinge pantomimisch dar, grimassiert und gestikuliert, sodass jeder sie versteht. Sie kann sogar von den Lippen ablesen. Wir Kinder nennen sie «Gongui Ma», taube Mama.

Sie ist von klein auf taubstumm gewesen. Meine Großmutter hat mir ihre Geschichte oft erzählt. Im Alter von drei Jahren soll sie einmal mit einer ihrer Schwestern draußen, in der Nähe ihres Hauses im Dorf Taal, gespielt haben. Auf dem Brachland stand inmitten vertrockneter Sträucher ein sehr alter Baum mit knorrigem Stamm und knotigen Zweigen. Es war ein verwunschener Baum. Er war so alt, dass man ihm eine geheimnisvolle Macht zusprach. Die Leute in der Gegend erzählten sich, er würde Fehlgeburten auslösen und junge Mädchen verrückt machen. Die Eltern verboten ihren Kindern, in der Nähe des Baums zu spielen. Aber Mama war klein und hörte nicht auf sie. Mit ihrer Schwester Saadia spazierte sie heimlich unter dem verwunschenen Baum umher. Als sie nach Hause kamen, waren beide Mädchen taub. Daran war der verhexte Baum schuld.

Seither spricht Mama nicht mehr. Das hat ihren Eltern viel Sorge bereitet. Als Nargis vierzehn war, hatte ihre Mutter die Hoffnung aufgegeben, sie noch zu verheiraten. Meine Großeltern waren arm, sie besaßen nur ein paar magere Ziegen und Schafe, um die Familie mit den fünf Mädchen und drei Jungen zu ernähren. Sie konnten ihrer Tochter keine anständige Mitgift geben, und wer wollte außerdem schon ein taubstummes Mädchen heiraten? Schon ein ganzes Dutzend Familien hatten abgelehnt.

In unserer Gegend ist ein Mädchen eine Last für die Familie. Ein unnützer Esser, der kein Geld einbringt. Später wird nicht sie sich um ihre alten Eltern kümmern, sondern die Söhne. Also muss man sie so früh wie möglich verheiraten, um sie loszuwerden. Und so waren meine Großeltern bereit, sie dem Erstbesten zu geben. Nur Witwer oder lüsterne Greise interessierten sich für eine Frau, die stocktaub war. Nach längerer verzweifelter Suche fand ihr Vater einen Anwärter, einen Barbier namens Fawad, der schon um die fünfzig war. Er ernährte sich kümmerlich von seinem Gewerbe und besaß etwas Ackerland. Als Fawad der Hochzeit zustimmte, war die ganze Familie erleichtert.

Mama zog also zu ihm. Sie hat uns immer versichert, dass sie mit diesem Mann glücklich war, auch wenn sie kaum genug zu essen hatten. Fawad kümmerte sich um sie und respektierte sie. Sie bekamen zusammen zwei Söhne, meine Halbbrüder Arif und Tahir. Aber eines Tages wurde Fawad krank. Nach einigen Wochen starb er, und Mama blieb mit ihren beiden Kindern allein zurück. Da war sie ungefähr fünfundzwanzig.

Und damit begann das Unglück. Nach Fawads Tod erbte meine Mutter die kleine Parzelle Ackerland. Aber ihre Schwiegermutter, Bäuerin durch und durch, klammerte sich an das Stückchen Land. Gleichzeitig wollte sie Mamas beide Söhne, Arif und Tahir, unter ihrem Einfluss behalten. Jungen sind ein wertvolles Gut. Die alte Frau verlangte also von Mama, Fawads jüngeren Bruder Murtaza zu heiraten. Auch er war viel älter als sie, hatte bereits graumeliertes Haar und einen hennagefärbten Schnurrbart. Und er hatte keinen guten Ruf, er galt als hinterhältig und gewalttätig. Mama war von der Aussicht auf diese Ehe wenig begeistert.

Auch Murtaza wollte Mama nicht heiraten – eine behinderte Witwe. Er schlug seinen Eltern vor, sie zu ihrer Familie zurückzuschicken und ihr das Land einfach wegzunehmen. Aber die lehnten ab, sie fürchteten das Gerede der Nachbarn, wenn sie sich nicht an die Regeln hielten. Also zwangen sie ihren jüngsten Sohn, Mama zu heiraten.

Meine Mutter war verzweifelt, aber sie hatte keine andere Wahl. Sie ist eine sanfte und liebe Frau. Sie wollte sich nicht mit ihrer Schwiegermutter zerstreiten, also willigte sie ein. So hat Mama sich mit meinem Vater zusammengetan. Nach der Hochzeit nahm Murtaza ihr Fawads ärmliche Felder weg. Und das Geld, das er mit der Ernte verdiente, behielt er für sich. Gongui Ma hat nicht protestiert, sie hatte sowieso keine Chance.

Das Problem war, dass Murtaza schon verheiratet war. Mit seiner ersten Frau Zubieda hatte er neun Töchter und zwei Söhne. Zubieda war immer noch eine schöne Frau; viel schöner als meine Mutter. Zwar war auch an ihr das Leben nicht spurlos vorübergegangen, und die vielen Schwangerschaften hatten ihrer Figur zugesetzt. Aber sie war groß und kräftig, hatte dunkle Augen und dichtes schwarzes Haar. Dennoch war Zubieda eifersüchtig auf die viel jüngere Rivalin, die trotz ihrer Behinderung jünger und frischer war als sie selbst. Sie hatte Angst, Mama könnte ihr die Liebe ihres Mannes stehlen.

Und tatsächlich fand Papa anfangs Gefallen daran, den Körper einer jungen Frau zur Verfügung zu haben. Er bekam fünf Kinder mit meiner Mutter: meine beiden älteren Schwestern Mariam und Saima, die schon verheiratet sind, meinen Bruder Salim, meine Schwester Farah und mich, die Jüngste. Das genaue Alter meiner Brüder und Schwestern kenne ich nicht und auch nicht mein eigenes. Auf dem Land weiß niemand sein genaues Geburtsdatum, denn es gibt keine Geburtsurkunden. Wie einer meiner Onkel immer sagt: «Nur Allah kennt den Tag unserer Geburt und den Tag unseres Todes, er allein entscheidet darüber.» Ich habe erfahren, dass Gongui Ma noch eine

Tochter hatte, meine ältere Schwester Shazia, die ich nie kennengelernt habe. Mit vier Jahren ist sie an Typhus erkrankt. Da es in unserem Dorf keine Krankenstation gab, hätte man das Kind in die Stadt zu einem Doktor bringen müssen. Aber mein Vater war arm und wollte nicht seine gesamten Ersparnisse opfern oder sich bei Nachbarn Geld leihen, um es behandeln zu lassen – schon gar nicht für ein Mädchen. Und so ist meine große Schwester gestorben, weil sie keine Medikamente bekam. Das ist das Schicksal etlicher Kinder in unserem Dorf. Die Frauen müssen viele Babys bekommen, da nicht alle überleben.

Auch die Erwachsenen wurden damals in unserem Dorf nicht sehr alt. Viele Frauen starben im Kindbett. Gongui Ma hat ihre Schwangerschaften überlebt, sie hat stets zu Hause mit der Hilfe einer *Daï*, einer traditionellen Hebamme, entbunden. Für sie war es das Wichtigste, einen Sohn von Murtaza zu haben. Und den hat sie schließlich auch bekommen. Er wird von allen verwöhnt. Salim ist der Mann im Haus, er muss uns, die Mädchen, beschützen. Er ist ein kluger, schalkhafter Junge mit blitzenden Augen und langen Wimpern. Ich verstehe mich gut mit Salim, ihn habe ich am liebsten in der Familie. Und ich weiß, dass auch er mich sehr gerne hat, selbst wenn er lieber mit den Jungs aus dem Dorf spielt.

Nach der Hochzeit mit Gongui Ma hat mein Vater weiter mit seiner ersten Frau und ihren gemeinsamen Kindern gelebt. Mama, meine Schwester, mein Bruder und ich wohnen in einem kleinen Haus etwa hundert Meter von Zubieda entfernt. Wir haben drei winzige Zimmer mit Lehmboden, die auf einen ummauerten Hof hinausgehen. In einer Ecke steht ein Wellblechhäuschen, das uns als Latrine dient. Es ist nur ein in den Boden gegrabenes Loch, über das man sich hocken muss. Als Mädchen muss man gut aufpassen, dass der Schleier nicht herunterhängt. Es gibt sogar einen kleinen Wasserhahn in der Toilette.

Um sich zu waschen, füllt man eine Schüssel mit Wasser und gießt es sich mit einem Plastikbecher über den Kopf. Auf dem Hof haben wir auch eine Feuerstelle, auf der wir kochen. Und einen kleinen Baum, der im Sommer Schatten spendet. Wir haben Strom – wenn er nicht gerade ausfällt. Mamas Zimmer verfügt über eine Glühbirne und eine Steckdose für den Ventilator und eine zweite für das Radio. Man kann sagen, dass wir glücklich in unserem Haus leben – wenigstens solange meine Stiefmutter nicht in der Nähe ist.

Denn in letzter Zeit erträgt sie es nicht mehr, wenn Murtaza zu uns kommt. Sie ist schlau und versteht es, andere zu manipulieren, also erfindet sie ständig Lügengeschichten. Dauernd macht sie Mama schlecht, in der Hoffnung, Papa gegen sie aufzuhetzen. Zubieda verachtet uns. Sie hält uns für Abschaum und Parasiten. Sobald sie unser Haus betritt, weiß ich, dass es Streit geben wird.

Vor zwei Tagen war sie wieder da, um bei uns herumzuschnüffeln. Dauernd sucht sie nach einem Vorwand, um uns das Leben schwerzumachen. Als sie den Hof betrat, war Mama gerade mit der Wäsche beschäftigt. Zubieda kam näher und erkannte Murtazas Hemd in der Schüssel. Da bekam sie einen Wutanfall und brüllte: «Mit welchem Recht wäschst du die Kleidung meines Mannes? Willst du ihn beeindrucken? Hoffst du, dass er mich verlässt, um mit dir zu leben?»

Mama brach in Tränen aus. Sie wusste nicht, wie sie reagieren sollte. Ihre Hilflosigkeit gab Zubieda Oberwasser, sie setzte ihre Tirade fort und nahm die Nachbarn als Zeugen. Ich erinnere mich, wie sie kreischte: «Du bist nur die Witwe meines Schwagers und willst mir meinen Mann stehlen? Ich verbiete dir, seine Sachen zu waschen!»

In diesem Augenblick kam mein Vater dazu, und sobald Zubieda ihn sah, machte sie ihre übliche Szene. Sie brach in Tränen aus und deutete schluchzend auf Gongui Ma: «Sieh dir dieses Miststück an! Sie versucht immer, mich zu reizen! Ach, wäre ich nur tot!»

Und statt meiner Mutter zu danken, dass sie seine Kleider wusch, ohrfeigte mein Vater sie und befahl ihr, Zubieda zu gehorchen. Salim und ich wohnten der Szene schweigend bei. Wir wollten Mama helfen, aber was hätten wir schon tun können?

Meine Mutter ist nicht in der Lage, sich zu verteidigen. Es ist immer dasselbe. Manchmal erfindet Zubieda auch irgendwelche dummen Geschichten, um Papa aufzuhetzen. Sie ist eine richtige Giftschlange. Und so kommt mein Vater regelmäßig, um meine Mutter zu schlagen, sie körperlich und seelisch zu quälen. Und das nur, weil Zubieda ihn aufstachelt. Gongui Ma hat herausgefunden, dass meine Stiefmutter sogar heimlich den Dorfmagier aufsucht, um sie mit Flüchen zu belegen. Jetzt hasst mein Vater sie. Und Gongui Mas Haar ist ganz weiß geworden.

2

Im Halbschlaf höre ich, wie Mama aufsteht. Sie rüttelt meine Schwester Farah und meinen Bruder Salim wach, die noch auf ihren *Tscharpoi* schlafen. Ich beobachte sie aus halb geschlossenen Augen. Sie murren, weil sie nicht gerne früh aufstehen, wenn es noch dunkel ist. Es ist Winter und kalt, wenn wir morgens aus den warmen bunten Decken kriechen, die uns Mama auf dem Basar gekauft hat.

Jetzt weckt sie auch mich. Salim muss zur Schule und Farah zu einer unserer Tanten, um ihr im Haushalt zu helfen. Da niemand auf mich aufpassen kann, nimmt mich Gongui Ma heute zur Arbeit mit. Gähnend schlüpfe ich in meine Sandalen. Meine Augen sind noch verquollen vom Schlaf. Schnell nehme ich mir ein Stück Fladenbrot, um es unterwegs zu essen. Das Brot ist von gestern, es ist hart, man muss es langsam kauen. Mama verlässt schon das Haus, sie muss sich beeilen. Ich trödele hinter ihr her.

Seit einigen Wochen gibt uns mein Vater kein Geld mehr. Er hat erklärt, meine Mutter solle sehen, wie sie zurechtkommt, und ihre Kinder allein durchbringen. Gestern waren meine großen Schwestern Mariam und Saima, die bei ihren Männern in einem Nachbardorf leben, zu Besuch, und Mama hatte kaum genug, um für uns alle Essen zu kochen. Wir hatten nur noch ein paar Handvoll Linsen in einer Plastiktüte. Zum Glück haben meine Schwestern frisches Gemüse – Blumenkohl und Spinat – aus ihren Gärten mitgebracht. Gongui Ma hat alles in einem großen Topf in Öl gebraten. Dann hat sie meinen Schwestern erzählt, dass Papa uns keinen Unterhalt mehr zahlt. Sie waren aufgebracht, und Mariam hat vor Wut geweint: «Er sollte sich schämen! Es ist seine Pflicht, für seine Familie aufzukommen. Das ist erbärmlich!»

Saima schüttelte den Kopf. Sie hatte gleich einen Verdacht: «Das ist bestimmt eine von Zubiedas Verwünschungen. Sie manipuliert Murtaza mit Hilfe des Dorfmagiers.»

Gongui Ma erschauerte und nickte. Sie wagt ohnehin nicht, sich mit ihrem Mann anzulegen. Und sie erklärte meinen großen Schwestern, dass sie glücklicherweise Arbeit gefunden hat. Zu dieser neuen Stelle begleite ich sie heute Morgen. Es wird Tag im Dorf, ich kaue mein Brot und folge Mama durch die schmalen Gassen. Ich laufe jetzt schneller, damit mir warm wird. Wir bahnen uns einen Weg zwischen den klapprigen Karren der Händler und den Ziegenherden hindurch, die ihren Hirten folgen. Mama deutet auf ein großes, strahlend weißes Haus. Dort wohnt ein Mann namens Malik. Hohe Mauern schützen das Anwesen vor neugierigen Blicken. Das zweistöckige Gebäude erscheint mir fast wie ein Palast. Hier putzt Gongui Ma jetzt jeden Tag. Sie setzt zu einer gestenreichen Beschreibung an: Es gibt fünfzehn Zimmer, eine Küche, in der das Essen auf einem Gasherd gekocht wird, und geflieste Räume, in denen das Wasser zum Waschen aus einem an der Wand befestigten Hahn kommt. Von der Terrasse aus hat man einen wunderbaren Blick auf den Fluss Chenab. Dorthin setzt sich die Hausherrin, die Frau von

Mister Malik, um ihren Tee zu trinken und die Aussicht zu genießen. Mister Malik ist ein *Wadera,* ein Großgrundbesitzer. Ein wohlhabender und einflussreicher Mann, der Ländereien besitzt, so weit das Auge reicht, und ein Sägewerk. Er beschäftigt viele Bauern der Gegend, die auf seinen Feldern arbeiten. Ich habe Mister Malik nur einmal gesehen. Das war, als ich auf dem Basar für Mama einkaufen war; da ist er in einem großen Auto mit einem Chauffeur vorbeigefahren. Er ist kein sehr attraktiver Mann, seine groben Züge und das graue Haar lassen ihn alt wirken. Aber er hat helle Haut, einen eindrucksvollen Schnurrbart und ist elegant gekleidet. Mama hat mir versichert, er sei sehr freundlich zu ihr und würde sie nie von oben herab behandeln. Er ist im ganzen Dorf als guter und feiner Mensch bekannt.

Der Gärtner *Tchatcha* Karam – das heißt bei uns Onkel – winkt uns am Tor herein. Es steht immer offen. Es gibt keine Wächter. Die vielen Hausangestellten gewährleisten den Besitzern ausreichende Sicherheit. Vor dem Wohnhaus befindet sich eine Garage, in der zwei Traktoren und drei Autos stehen. An diesem Morgen ist Mister Maliks Auto nicht auf dem Hof. *Tchatcha* Karam erklärt uns, er sei wegen seiner Geschäfte nach Multan gefahren, dann wendet er sich wieder seiner Arbeit zu. *Tchatcha* ist für den Unterhalt des riesigen Parks hinter der Villa zuständig. Er muss die Hecken schneiden, die Beete pflegen und die Blumen und Bäume wässern, die die Rasenfläche beschatten.

In der Nähe des Eingangs, in einem Eisenkäfig, sind zwei riesige Wachhunde eingesperrt, die mir Angst machen. Als wir näher kommen, kläffen sie wütend. Im Innenhof laufen Hühner, Kühe und Ziegen frei herum. Wir warten kurz vor dem Dienstboteneingang, bis eine alte Frau uns ruft. Sie ist eine der Hausangestellten.

Durch die offene Küchentür sehe ich Frauen, die Gemüse mit Gewürzen in großen Gläsern einlegen. Die alte Dienerin hinkt zur Wäschekammer und zeigt Mama einen Korb, der vor schmutzigen Kleidungsstücken überquillt. Heute ist Waschtag. Gongui Ma hebt den Korb hoch, schwankt unter dem Gewicht und schleift ihn schließlich bis zum anderen Ende des Hofs. Hinter dem Haus, an die Außenmauer gedrängt, befinden sich die Unterkünfte der Dienstboten.

Sie wohnen neben dem Hühnerstall in kleinen, aneinandergereihten Zimmern. In der Nähe gibt es einen Wasserhahn, der von einem Brunnen gespeist wird. Dort sollen wir die Wäsche waschen. Wir schütten die Kleidungsstücke und Laken auf die Erde. Ich helfe Mama, einen Bottich mit Wasser zu füllen. Dann seifen wir jedes Kleidungsstück ein und schrubben es mit aller Kraft. Mamas Hände sind rau, aber geschickt. Doch sie hat Mühe, die vielen Fettflecken zu entfernen. Nachdem ich eine Weile vor dem Zuber gekauert habe, bekomme ich Wadenkrämpfe. Danach müssen wir die Wäsche spülen, auswringen und auf der Leine im Hof aufhängen. Das Ganze nimmt einen guten Teil des Tages in Anspruch.

Gegen elf Uhr bringt uns die alte Dienerin einen Blechteller mit den Resten des Dienstbotenessens: in Öl gebratener Spinat und zwei kleine Brotfladen. Ich setze mich zu Mama auf den Boden. Wir nehmen den Spinat mit kleinen Brotstückchen und schieben ihn in den Mund. Ich bin völlig ausgehungert, was meiner Mutter nicht entgeht. Und obwohl sie selbst sehr hungrig sein muss, überlässt sie mir den Rest des Tellers. Dann widmen wir uns wieder der Wäsche, bis die Sonne hoch am Himmel steht. Endlich sind die letzten Hemden sauber und hängen auf der Leine. Die Luft duftet gut und frisch nach Seife.

Die alte Dienerin kommt heraus, um sich zu überzeugen, dass wir die Arbeit gut gemacht haben. Sie inspiziert Laken und *Kamiz* und hinkt zurück zum Haus. Als sie zurückkommt, reicht sie Mama ein Bündel Geldscheine. 150 Rupien (1,50 Euro), ihr Lohn für den Tag. Während sie sich unterhalten, streife ich durch den Garten und necke aus sicherem Abstand die Wachhunde. *Tchatcha* Karam bemerkt mich und ruft mich in strengem Ton zu sich. Er sieht sich um und vergewissert sich, dass niemand in der Nähe ist. Dann reicht er mir einen Blumenstrauß und flüstert: «Sag es keinem und lauf schnell nach Hause.»

Ich hüpfe vor Freude. Ich verstecke den Strauß hinter meinem Rücken und bedeute Mama, dass ich heimgehe. Sobald ich da bin, stelle ich die Blumen in einen Plastikbecher. Als Mama kommt, lauere ich gespannt auf ihre Reaktion. Sie freut sich sehr, so schöne Blumen im Haus zu haben. Dann lässt sie sich erschöpft auf ihr *Tscharpoi* sinken, das im Hof steht, wo es frischer ist. Morgen wird sie den ganzen Tag lang bei der Familie Malik putzen.

Ich nutze die Ruhe, um alleine im Hof zu spielen. Sorgsam zeichne ich mit einem spitzen Stein das Feld für *Himmel und Hölle* auf den Boden.

Plötzlich taucht Papa auf. Ich zucke zusammen, aber diesmal scheint er nicht wütend zu sein. Schnell und ohne mich zu beachten, geht er vorbei. Er rüttelt Mama, die eingenickt ist, wach. Papa reibt Zeigefinger und Daumen aneinander und schreit: «Das Geld! Ich brauche das Geld! Gib es mir!»

Gongui Ma setzt eine bedauernde Miene auf und öffnet die Handflächen, um ihm zu bedeuten, dass sie nichts hat. Papa aber weiß, dass sie bei Herrn Malik gearbeitet hat. Er wird wütend und ohrfeigt sie.

«Lügnerin! Ich weiß genau, dass du Geld hast!»

Mama rollt sich erschrocken zusammen. Schnell sucht sie in ihrem Ausschnitt und gibt ihm die Scheine.

«Na, siehst du, wusste ich es doch!»

Triumphierend klatscht mein Vater das Bündel auf seine Handfläche und steckt es ein. Dann geht er zum Vorratsschrank in Mamas Zimmer. Gestern hat uns eine Freundin ein Stück Huhn gegeben. Damit wir überleben können, schenken uns die Nachbarn manchmal etwas Essen und abgelegte Kleidung. Papa nimmt das in Zeitungspapier gewickelte Fleisch, dreht sich um und stapft davon, seine Beute unter dem Arm, ohne ein weiteres Wort. Gongui Ma sieht ihm fassungslos nach. Heute Abend haben wir nichts zu essen.

Als meine Großmutter noch gelebt hat, hätte Papa nie gewagt, sich so zu benehmen. Doch seit ihrem Tod im letzten Jahr kommt er regelmäßig und reagiert sich an Gongui Ma ab. Wir fürchten seine Überraschungsbesuche mehr als alles andere. Er wird immer gewalttätiger und nimmt Mama skrupellos das Geld ab, das sie mit ihrer Hände Arbeit verdient hat.

Papas erste Frau Zubieda ist den ganzen Tag zu Hause. Sie kümmert sich um den Büffel, die zwei Ziegen und die Hühner. So hat die Familie jeden Tag frische Milch und Eier. Und trotzdem bedient sich mein Vater bei uns. Papa liebt Zubieda sehr. Und Zubieda liebt das Essen, also kostet sie ihn viel Geld.

Solange ich mich erinnern kann, hatte Papa Geldsorgen. Mama hat mir erzählt, er hätte früher für einen Händler aus der Gegend Teppiche gemacht. Doch das ist ein schlecht bezahlter Beruf, und so hat er schnell wieder damit aufgehört. Dann verdingte er sich in einer der zahlreichen Ziegeleien. Man erkennt sie an den großen, bauchigen Schornsteinen am Straßenrand, die dicke Rauchwolken ausspucken. Die Werkstätten sind draußen, auf dem roten Lehmboden. Einmal habe ich Papa zusammen mit meinem Bruder Salim zur Fabrik begleitet. Ich war noch sehr klein und musste vor dem Eingang warten. In der Ziegelei waren auch viele Kinder beschäftigt, manche nicht älter als fünf oder sechs Jahre. Sie arbeiteten schnell und mit mechanischen Bewegungen. Die Kleinsten kneteten den feuchten roten Lehm zu groben Blöcken. Die größeren Kinder pressten diese Blöcke zu Ziegeln, die dann im Ofen gebrannt wurden. Es ist eine harte Arbeit, bei der man den ganzen Tag die schweren Steine schleppen, die Beschimpfungen des Meisters und den beißenden Rauch ertragen muss, der einem in die Lunge dringt.

Papa sagte, es sei eine Drecksarbeit. Wenn er nach Hause kam, war sein *Kamiz* erdverkrustet und sein Gesicht vom Rauch geschwärzt. Er erzählte, manche Arbeiter müssten zwölf Stunden am Tag schuften, ohne Geld dafür zu bekommen, weil sie verschuldet waren. Der Chef hatte ihnen am Anfang Geld vorgestreckt, und mit den Zinsen, die dazukamen, konnten sie es nie zurückzahlen. So waren sie praktisch Sklaven, die täglich umsonst Tausende von Ziegelsteinen herstellen mussten.

Vor ein paar Jahren hat mein Vater eine bessere Möglichkeit gefunden, Geld zu verdienen. Mit Zubieda hat er neun Töchter, und er beschloss, eine pro Jahr zur Hochzeit zu verkaufen. So verdient er Geld, ohne sich anstrengen zu müssen.

Der Tradition entsprechend muss die Braut eine Aussteuer mitbringen. Es ist nicht üblich, Geld vom Ehemann zu verlangen. Aber mein Vater findet leicht Anwärter: Männer, die alt, krank oder geschieden und bereit sind, sich ein junges Mädchen zu kaufen. Und Papa schämt sich nicht, seine Töchter feilzubieten, ganz im Gegenteil. Er rühmt sich dessen sogar und erzählt jedem, die Geburt einer Tochter sei ein Segen.

Ich erinnere mich an die Hochzeit einer meiner Halbschwestern. Sie muss damals vierzehn Jahre alt gewesen sein. Ich sehe noch ihren entsetzten Blick am Tag der Eheschließung vor mir. Während die Frauen des Hauses damit beschäftigt waren, sie anzukleiden, zu kämmen und zu schminken, schluchzte sie ohne Unterlass. Meine Stiefmutter schimpfte, weil die Schminke durch die Tränen verlief. Lange schwarze Spuren zogen sich über das Kindergesicht. Ich hingegen träumte davon, an ihrer Stelle zu sein. Im leuchtend roten Gewand durch das Haus zu schreiten. Die Königin des Tages zu sein, ganz im Mittelpunkt zu stehen. Und dann die Musik ... Ich hüpfte und tanzte mit meinen Tanten auf dem Hof in der Ecke der Frauen.

Da ich noch klein war, durfte ich auch auf die Seite der Männer gehen. Sie feierten das Ereignis unter sich in einem Zelt, das auf einem Stück Brachland in der Nachbarschaft errichtet war. Die Gäste verspeisten riesige

Platten mit *Biryani,* ein Gericht aus Reis und gewürztem Hähnchenfleisch. Die Männer waren in strahlendes Weiß gekleidet, lachten, scherzten und redeten laut. Dort sah ich auch den Mann meiner Halbschwester. Ich erkannte ihn sofort, weil er den traditionellen Kopfschmuck des Bräutigams trug – ein Turban, der oben zu einem Fächer aufgefaltet ist. Er war alt, hatte einen bösen Blick und entblößte beim Lachen kranke, lange Zähne, die vom Betel, eine Art Kautabak, rot verfärbt waren. Sein grauer Bart war schlecht gestutzt. Zu ihm zog also meine Halbschwester nach der Feier. Da habe ich ihre Tränen verstanden.

Von dem Geld, das mein Vater an der Hochzeit seiner Tochter verdiente, leistete er sich einen Karren, mit dem er Obst verkaufte. Das war weniger anstrengend als die Arbeit in der Ziegelei, er musste nur den ganzen Tag hinter seiner Auslage sitzen. Im folgenden Jahr verkaufte Papa eine andere meiner Halbschwestern. Da sie sehr hübsch war, verlangte er eine größere Summe. Den Anwärtern war das zu teuer, und so wurde hart verhandelt. Schließlich einigte man sich auf 50 000 Rupien (500 Euro). Mit diesem Gewinn kaufte Papa eine kleine Orangenplantage. Jetzt bietet er im Basar seine eigenen Früchte an.

Es wird langsam wärmer und die Weizenernte rückt näher. Draußen auf den Straßen hört man die traditionellen Gesänge. Wie in jedem Jahr feiert das Dorf das Frühlingsfest. Dazu wird auf dem Hauptplatz von den Alten ein großer Jahrmarkt organisiert. Es kommen Hunderte von Besuchern und viele Schausteller. Das ganze Dorf ist in Aufruhr, und man spricht von nichts anderem mehr. Während dieser Zeit gibt es jeden Tag Wettkämpfe in Pferdedressur, Kamelrennen und alle möglichen sonstigen Vergnügungen. Am Straßenrand bieten Verkäufer eine Vielzahl von Waren feil: Spielzeug, *Bangles* und Kleidung. Andere bereiten in dampfenden Gefäßen auf ihren Handkarren Pfannkuchen und Süßigkeiten zu. Gongui Ma will nicht, dass wir hingehen. Sie hat ohnehin kein Geld, uns etwas zu kaufen oder das Karussell zu bezahlen.

Im Frühjahr beschließt Papa, zwei andere seiner Töchter mit Arif und Tahir, den beiden großen Söhnen aus Mamas erster Ehe, zu verheiraten. Obwohl Arif und Tahir zur Familie gehören, müssen auch sie für ihre Frauen bezahlen. Papa verlangt von jedem mehrere Jahre lang monatlich 2000 Rupien (20 Euro).

Ich freue mich, dass Arif und Tahir heiraten, denn dann wohnen sie wieder bei uns. Sie werden sich jeder in einem unserer Zimmer einrichten. Ich sehe meine großen Brüder nicht oft, denn sie sind ausgezogen, als ich noch klein war. In den letzten Jahren kamen sie nur, um das Ramadanfest mit uns zu feiern. Sie sind beide Maurer und arbeiten auf Baustellen in Karatschi, einer großen Stadt im Süden Pakistans. Sie haben erzählt, sie sei so riesig, dass man mit dem Bus zwei Stunden brauche, um sie zu durchqueren. Dort leben Menschen aus allen möglichen Ländern und unterschiedlichster Abstammung – Paschtunen, Sindhi, Belutschen …

Gongui Ma bereitet das Haus für die Ankunft meiner Brüder vor. Sie poliert das Geschirr, klopft die *Tscharpoi* aus, wäscht die Wände ab und besprengt den Hof mit Wasser. Wir sind alle aufgeregt und helfen ihr gerne.

Arif und Tahir kommen nach einer langen Reise per

Bus und Zug, die Arme mit Geschenken beladen. Sie haben Stoff für neue Kleider mitgebracht und *Bangles.* Sie küssen uns zur Begrüßung und schließen Mama in die Arme.

Meine Brüder stellen ihr Gepäck ab und gehen sofort zum Basar, um alles Nötige einzukaufen, damit ihre künftigen Frauen es bequem haben. Tahir wird auch seinen neuen Chef treffen. Er will nicht mehr als Maurer auf dem Bau arbeiten, sondern bei seiner Frau bleiben. Er hat eine Stelle als CD-Verkäufer im Ort gefunden.

Abends kommt Tahir mit einem großen Karton zurück. Er hat einen gebrauchten Fernseher gekauft. Ich mache einen Freudensprung. Schon lange träume ich davon, mir all die tollen Serien anzuschauen, die auf Pakistan Television (PTV) laufen. Das ist der einzige Sender, den es bei uns gibt. Begeistert beobachte ich, wie er das Gerät vorsichtig auf einem Holztisch in seinem Zimmer abstellt. Er schiebt das Kabel in die einzige Steckdose, doch der Bildschirm zeigt nur blau-rote Streifen. Tahir schlägt verärgert auf den Apparat. Meine Brüder fummeln mehrere Stunden an den Einstellungen herum, bis schließlich ein scharfes Schwarz-Weiß-Bild erscheint. Abends sitzen wir alle in Tahirs Zimmer und sehen uns pakistanische Serien an. Ich verfolge entzückt die Abenteuer der Helden und lasse mich von ihren traurigen Liebesgeschichten beeindrucken.

Eine Woche später ist alles im Haus vorbereitet. Meine Brüder haben neue *Tscharpoi* in bunten Farben und Blechgeschirr angeschafft. An den Wänden ihrer Zimmer haben sie Poster befestigt, die Berglandschaften, Wasserfälle und Sonnenuntergänge zeigen. Sie haben auch Bilder von den heiligen Sufi-Mausoleen unserer Gegend aufgehängt. In zwei Tagen findet die Hochzeit statt. Mehr als fünfhundert Gäste sind eingeladen. Gongui Ma hat Lebensmittel gekauft, damit die Köche neben dem Zelt, in dem die Feier stattfindet, die Speisen zubereiten können. In den großen Töpfen über der Feuerstelle brodelt es, verführerische Düfte steigen auf und appetitliche Nachspeisen locken. Es wird eine große Hochzeit.

3

Der *Azan* weckt mich auf. Das ist der Ruf zum Gebet, der aus dem Lautsprecher der Moschee schallt; es muss also etwa halb sechs Uhr morgens sein, und es ist noch stockdunkel. Die Nächte sind so heiß, dass wir draußen schlafen, um etwas frische Luft zu bekommen. Seit der Hochzeit von Arif und Tahir sind drei Jahre vergangen. Nach dem Fest sind meine Schwägerinnen auf Eselskarren bei uns eingezogen. Arifs Frau heißt Zeba, sie ist groß, hager und hat ein langes Gesicht. Ihre jüngere Schwester Hina, die Frau von Tahir, ist klein, dürr, nervös und hat dunkle Haut.

Hinten auf dem Wagen brachten beide ihre Aussteuertruhen mit. Scheu und ängstlich betraten sie ihr neues Zuhause. In den ersten Tagen waren sie sehr nett. Dauernd haben sie Gongui Ma gefragt, ob sie ihr helfen könnten, und die schwersten Arbeiten erledigt. Aber das hat sich schnell geändert. Jetzt geben sie hier den Ton an.

Zebas Säugling fängt an zu weinen. Nun muss ich wirklich aufstehen. Jede meiner Schwägerinnen hat zwei Kinder, um die ich mich kümmern muss. Drei von meinen Neffen können schon laufen. Sie sind unternehmungslustig und nur darauf aus, Unsinn anzustellen. Ich muss ständig auf sie aufpassen, für sie kochen, sie baden und ihre Kleider waschen.

Ich krieche aus dem Bett und verfluche den Morgen. Wie gerne hätte ich ein paar Stunden länger geschlafen. Ich schlüpfe in meine Sandalen. Anzuziehen brauche ich mich nicht, denn ich schlafe in meinem *Shalwar Kamiz,* der traditionellen Kleidung, die aus einem langen Hemd und einer weiten Hose besteht. Während sich die anderen noch einmal in ihren Betten umdrehen, hole ich ein Bündel Reisig vom anderen Ende des Hofs. Ich wähle kleine, trockene Zweige aus, die ich auf die Feuerstelle lege und anzünde. Das Dorf erwacht zum Leben, die Hunde bellen. Schläfrige Stimmen sind von den Nachbarhöfen zu hören.

Gongui Ma ist auch schon auf. Sie wäscht sich Hände und Füße unter dem Wasserhahn in dem Wellblechhäuschen, bevor sie, in ihren Schleier gehüllt, auf dem abgewetzten kleinen Teppich betet. Mama ist sehr gläubig. Sie lässt keines der fünf täglichen Gebete aus, und manchmal setzt sie sich hin und schlägt den alten Koran auf, den sie zu ihrer ersten Hochzeit geschenkt bekommen hat. Da sie nicht lesen kann, betrachtet sie nur die Seiten und gibt unverständliche Laute von sich. Oft bittet sie Salim, für sie einige Passagen aus dem heiligen Buch vorzutragen. Meine Schwägerinnen sind nicht sehr gottesfürchtig, ich habe sie nie beten sehen.

Ehe die anderen aufstehen, muss ich das Fladenbrot zum Frühstück zubereiten. In einer Schale vermische ich Mehl und Wasser. Es darf nur so viel sein, dass der Teig nicht an den Fingern klebt, aber trotzdem elastisch ist. Ich bin noch völlig verschlafen. Mechanisch knete ich die Masse, die unter meinen Händen geschmeidig wird. Dann forme ich kleine Kugeln und drücke sie platt, bis sie eine schöne runde Form haben.

Ich höre Salim fluchen und muss ein Lachen unterdrücken. Mein Bruder hat sich das Knie am Bettpfosten angestoßen. Mit seinem *Dhoti,* einem um die Hüften geschlungenen Stoffstück, und einem T-Shirt bekleidet, streckt er sich. Ich muss mich beeilen. Ich gebe kleine Butterstückchen auf eine Eisenplatte, die über dem Feuer befestigt ist, und lege dann die Fladen darauf. Der köstliche Duft von gebackenem Brot weckt meinen Appetit. Aber es ist nicht einfach, die goldbraunen Stücke herunterzunehmen, ohne sich zu verbrennen. An beiden Händen habe ich bereits mehrere rote Narben.

Wenn das Brot fertig ist, muss ich Tee kochen. Sorgfältig zähle ich die Löffel schwarzen Tees ab, der in einer Metallbüchse aufbewahrt wird. Dann gebe ich Milch und Zucker dazu. Ich mache auch Milch für die Kinder warm.

Während die Erwachsenen noch völlig verschlafen sind, trippeln die Kleinen schon auf dem Hof herum. Meine beiden Brüder Arif und Tahir kommen erst nächste Woche zurück, sie arbeiten auf einer Baustelle in Multan, der größten Stadt unserer Provinz. Wir setzen uns um eine Wachstuchdecke herum auf den Boden und essen. Hina taucht für ihren Sohn Ahmed ein Stück Fladenbrot in die warme Milch, Zeba stillt ihr Baby und trinkt dabei ihren Tee. Der Säugling trägt ein kleines Hemdchen, von dem ein säuerlicher Geruch ausgeht. Sein Popo ist wie bei allen Babys nackt.

Salim trödelt, er wird zu spät zur Schule kommen. Gongui Ma schimpft mit ihm. Rasch läuft er in sein Zimmer und kommt in seiner Schuluniform zurück, einer schwarzen Hose und einem weißen, etwas zerknitterten Hemd. Hina macht sich über ihn lustig, weil seine Haare so strubbelig sind. Mama feuchtet sie mit etwas Wasser an und kämmt sie. Widerwillig lässt mein Bruder sie gewähren. Er ist in letzter Zeit ziemlich in die Höhe geschossen und schon ein junger Mann, der sehr stolz auf den feinen Flaum über seiner Oberlippe ist. Er trinkt eine Tasse Tee und läuft zu den Nachbarsjungen, die auf der Straße warten, um mit ihm zur Schule zu gehen.

Als alle fertig sind, spüle ich mit kaltem Wasser die Teller und Tassen ab. Farah und Gongui Ma gehen zum Arbeiten zu Familie Malik. Ich bleibe allein mit meinen Schwägerinnen zurück. Mit einem Reisigbesen fege ich die Zimmer. Manchmal werfe ich vorsichtig einen Blick über die Schulter. Zeba überwacht mich streng.

«Naziran, beeil dich. Du bist zu langsam, was sollen wir bloß mit dir anfangen?»

Einige Wochen nach der Hochzeit haben meine Schwägerinnen ihren wahren Charakter gezeigt. Sie sind richtige Hexen, jammern ständig über ihr Schicksal und beschimpfen ihre Männer als Faulpelze. Meine Mutter lässt ihr Gezeter über sich ergehen, sie ist zu sanft, um sie zurechtzuweisen.

Meine Schwägerin Zeba ist besonders wütend auf ihren Mann. Dazu muss man sagen, dass Arif einen Hang zum Alkohol hat. Obwohl es in unserem Land verboten ist, trinken viele Männer im Dorf. Sie brauen ihren eigenen Wein, indem sie überreife Früchte in eine Flasche mit Wasser geben und sie im Boden vergraben. Schon nach wenigen Tagen bildet sich darin Alkohol.

Zunächst trank mein Bruder heimlich mit seinen Freunden. Aber durch sein Verhalten und den Geruch ist ihm seine Frau schnell auf die Schliche gekommen. Manchmal kehrt er torkelnd heim und stinkt nach vergorenem Obst. Seine Augen sind blutunterlaufen, und er schreit Zeba an. Aber sie brüllt noch lauter als er und schimpft ihn einen *Sharabi,* einen Trunkenbold. Du wirst noch blind von dem Fusel, sagt sie ihm, oder an einer Vergiftung sterben wie unser Nachbar.

Inzwischen ist die Sonne aufgegangen, und nach dem Putzen ist es Zeit für die Wäsche. Ich muss für alle waschen. Die Hemden meiner Brüder und Schwestern sind abgetragen und voller Flecken. Die schmutzige Kleidung der Kleinen stinkt nach Urin. Die nasse Wäsche lege ich auf einen Holzhaufen, bei dieser Hitze ist sie abends trocken. Ich wische mir die Hände an meinem Schleier, der *Dupatta,* ab, den ich wie alle Mädchen um den Hals trage. Wie immer behalte ich ständig meine Neffen im Auge, denn ich bin für sie verantwortlich. Sie spielen im Hof mit ihren vielen Plüschtieren und Puppen, die ich nicht anrühren darf. Ich gehe wieder zur Feuerstelle, um schnell das Mittagessen zu kochen.

Zeba setzt sich neben mich auf einen *Tscharpoi.* Mit dem Fuß wiegt sie ihr Baby, das in einer kleinen Hängematte liegt. Sie sieht, dass ich müde bin, und sagt: «In deinem Alter musste ich auch arbeiten, Naziran. Jeder ist mal dran. Du bist die Jüngste, da ist es normal, dass du die schwersten Arbeiten verrichtest.»

Ich sage nichts, und sie fährt fort: «Zu irgendetwas musst du ja gut sein. Schließlich bekommst du jeden Tag dein Essen.»

Sie kann mir erzählen, was sie will, ich denke mir

meinen Teil. Ich weiß, dass sie sich gleich eine Tasse Tee macht und sich dann wieder hinlegt. Ich wasche die Kartoffeln und zerteile den Blumenkohl, dann schäle ich die Zwiebeln und schneide sie in Scheiben. Das Öl zischt im Topf, ich werfe das Gemüse hinein, lasse es anbraten und gebe etwas Wasser und Gewürze dazu. Ein köstlicher Duft erfüllt den Hof. Wir essen *Rotis* dazu, hauchdünne Brotfladen. Für die Kleinen zerdrücke ich Kartoffeln auf einem Teller und schneide zum Nachtisch Bananen in Scheiben. Morgen ist Donnerstag – ein Festtag, dann kauft Gongui Ma Hähnchen, wenn noch Geld übrig ist.

Während ich nach dem Essen abspüle, halten meine Schwägerinnen Mittagsschlaf. Die Hitze ist drückend. Sie haben sich mit ihren Kindern in den Schatten unseres Baums gelegt. Sobald sie eingenickt sind, nutze ich die Gelegenheit, um mich aus dem Staub zu machen. Ich möchte so gerne etwas mit meinen Freundinnen spielen.

Meine Nachbarin Rima sehe ich nicht mehr oft, weil sie jetzt zur Schule geht. Mehrmals habe ich schon den Moment abgepasst, wenn sie nach Hause kommt. Sie läuft dann mit anderen Schülerinnen, alle in ihrer hübschen Uniform – ein schwarzes *Kamiz* und ein weißer Schleier –, durch unsere Straße. Ich habe aber nicht gewagt, aus dem Haus zu gehen, weil Hina mich überwachte.

Aber eines Nachmittags, als meine Schwägerinnen schliefen, konnte ich Rima nach Hause begleiten. Ihre Freundinnen in ihren Uniformen musterten mich herablassend. In ihrem Zimmer hat Rima mit einem Stift langsam meinen Namen auf eine Seite ihres Hefts geschrieben. Sie hat mir die Buchstaben erklärt: *noon, alif, zal …* Ich war begeistert. Ich faltete das Blatt zusammen, schob es in meine Tunika und schwor mir, ebenfalls schreiben zu lernen.

Zu Hause habe ich Gongui Ma gefragt, ob ich nicht auch zur Schule gehen könnte. Sie antwortete, sie würde mit Papa darüber reden. Ich schlief ein und träumte von einer schönen Schuluniform mit einer weißen *Dupatta* und einem Schulranzen. Mein Bruder Salim besucht seit seinem sechsten Lebensjahr die Schule. Sein Lehrer sagt, er sei überdurchschnittlich begabt. Er hat sogar schon eine Klasse übersprungen, weil er alles so rasch begreift. Mein Bruder hat immer gute Noten, auch wenn Mama ihm nicht bei den Hausaufgaben hilft, denn sie kann, wie die meisten Frauen, weder lesen noch schreiben und ist ja noch dazu taubstumm. Aber Gongui Ma ermutigt ihn und ist sehr stolz auf ihn.

Einige Tage später erklärte mir meine Mutter mit Gesten, sie habe mit meinem Vater über die Sache gesprochen. Doch so sehr sie sich bemüht hatte, ihn zu überzeugen, wollte er nicht, dass ich die Schule besuche. Nach seiner Auffassung war das überflüssig. Ein Mädchen sollte heiraten und im Haus arbeiten. Warum ihre Zeit mit überflüssigen Dingen verschwenden? Meine beiden Schwägerinnen waren natürlich seiner Meinung und erklärten, ich sei zu Hause viel nützlicher. Gongui Ma hat nicht weiter darauf beharrt, und damit konnte ich meinen Traum begraben. Am nächsten Morgen sah Hina mich spöttisch an und höhnte: «Für wen hältst du dich eigentlich, Naziran? Willst du eine Gelehrte werden? Mach lieber die Wäsche fertig und wisch den Boden!»

Ich habe keinen Ton herausgebracht. Und ich bin nie mehr zu Rima gegangen.

Jetzt schließe ich das Tor so leise wie möglich und reiße nach all der Arbeit aus, um mit den Mädchen aus dem Dorf am Kanal zu spielen. Unterwegs komme ich an der Schule vorbei. Mir klopft das Herz. Ich höre, wie die Schüler im Chor ihre Lektion wiederholen. Sie sitzen draußen im Hof, weil es in dem kleinen Betonbau viel zu heiß ist. Ich beschleunige den Schritt und schwöre mir, meine Kinder später einmal in die Schule zu schicken – auch die Mädchen. Jedenfalls, wenn mein Mann einverstanden ist. Aber ich werde ihn schon überzeugen.

Ich lasse die letzten Häuser hinter mir zurück und sehe auch schon meine Freundinnen am Ufer. Sie begrüßen mich mit Freudengeschrei. Sie sind damit beschäftigt, Tonkugeln zu kneten. Aus der weichen Erde formen sie Püppchen und Tiere. Auch ich hole mir einen Klumpen Lehm in der Nähe des Wassers, nehme ein Stückchen ab, knete es eifrig und forme einen Körper, dann Arme und einen Kopf. Das ist die Mama. Dann fertige ich kleinere Figuren, das sind die Kinder. Meine Freundinnen vergleichen ihre Werke und lachen über das Pferd, das eine von ihnen herzustellen versucht. Seine Beine sind viel zu dünn und knicken unter dem Gewicht des Körpers ein. Wir müssen unsere Töpferarbeit ohnehin erst in der Sonne trocknen und hart werden lassen.

Während ich meine kleine Lehmfamilie knete, stelle ich mir Eltern vor, die sich lieben und mit ihren Kindern in den Bergen spazieren gehen, in einer Landschaft wie auf dem Poster in Arifs Zimmer. Ich habe von diesen Bergen im Norden Pakistans gehört. Eine meiner Cousinen war dort zur Hochzeitsreise mit ihrem Mann, einem Händler, der Dünger und Pestizide verkauft. Sie hat eine Woche in einer Stadt namens Murree in einem großen Hotel verbracht, von dem aus man die Berge sehen konnte. Sie hat Gongui Ma erzählt, dass die Luft dort sehr rein sei und immer frisch, sogar im Sommer, wenn unsere Gegend von schwüler Hitze erdrückt wird. Dann ist es hier so heiß, dass man kaum atmen kann, und die Stechmücken fressen einen förmlich auf.

Nach einer Weile schlagen meine Freundinnen vor, Verstecken zu spielen, während unsere Tonfiguren trocknen. Auf einer kleinen Straße neben dem Kanal vergnügen sich ein paar Jungs. Aber sie wollen uns Mädchen nicht mitspielen lassen. Da sagen wir ihnen natürlich, dass wir sowieso nichts mit ihnen zu tun haben wollen. Sie spielen Kricket, tun furchtbar wichtig und stoßen Schreie aus, wenn sie gewinnen. Manchmal gesellt sich mein Bruder Salim nachmittags zu ihnen. Sie spielen auch *Kabaddi,* ein Mannschaftsspiel, und *Guli Danda,* wobei es darum geht, mit einem Holzschläger ein kleines, in einem ovalen Loch liegendes Stück Holz zu treffen und möglichst weit zu befördern.

Wir laufen auf die Felder. Bei uns ist die Erde von der Sonne sehr ausgetrocknet, rissig und strahlt glühende Hitze aus. Selbst den Büffeln ist es zu warm, und sie flüchten sich in den Schatten der Bäume. Die Bauern müssen tagsüber viele Pausen machen, sonst wird ihnen schwindelig. Die Frauen bringen ihnen Trinkflaschen mit *Lassi,* einem flüssigen Joghurt. Mein Onkel sagt, dieses Getränk erfrische Körper und Geist und helfe, den Tag durchzustehen.

Niemand beobachtet uns. Heimlich schleichen wir uns auf ein Zuckerrohrfeld. Zwischen den riesigen Halmen kann man sich prima verstecken. Wir verteilen uns in der

Pflanzung. Ich finde einen guten Platz und hocke mich auf den Boden, damit man mich nicht sieht. Doch ein anderes Mädchen findet mich sofort. Ich rufe, sie hätte gemogelt und nur so getan, als würde sie die Augen schließen. Wir lachen und spielen so lange, bis wir völlig erschöpft sind. Dann brechen wir Halme ab und kauen darauf herum. Sie sind noch nicht wirklich reif, aber schon ganz süß – köstlich! Zur Erntezeit wird das Zuckerrohr mit Macheten geschnitten, doch wir haben keinen scharfen Gegenstand und drehen die Halme so lange hin und her, bis sie abreißen. Um nicht mit unserer Beute erwischt zu werden, verstecken wir uns hinter einem Baum.

Plötzlich stößt ein Mädchen, die kleinste von uns, einen Schrei aus. Eine riesige Heuschrecke ist auf ihrem Schleier gelandet. Sie sieht uns entsetzt an. Ich nähere mich langsam und fange das Tier vorsichtig mit den Händen ein, wobei ich aufpasse, nicht die Beine zu verletzen. Wir tragen es zur Moschee, für unser Lieblingsspiel.

Um diese Zeit machen die Leute ihre Siesta, es ist kaum jemand auf der Straße. Wir setzen die Heuschrecke auf die Schwelle der Moschee. Wenn sie hineinhüpft, ist das ein gutes Zeichen, dann wird es regnen. Aber diese hier kann nicht mehr wirklich springen, eins ihrer Beinchen ist verdreht, vielleicht habe ich doch etwas zu fest zugedrückt. Aber plötzlich macht sie einen Satz in die Moschee. Das verheißt Regen! Wir hüpfen vor Begeisterung.

Wenn in unserer Gegend der Monsun einsetzt, ist die Freude groß. Regen ist ein Geschenk des Himmels, auf das die Menschen sehnsüchtig warten. Alle hier lieben den Regen. Sobald der Kohèl, eine Art Rabe, der um diese Jahreszeit sein Nest baut, zu singen beginnt, weiß man, dass der Monsun kurz bevorsteht. Dann sind auch die Mangos mit ihrem köstlichen Honiggeschmack reif. Bei uns setzt der Regen immer ganz plötzlich ein, wahre Wolkenbrüche gehen dann nieder und durchnässen den Boden. Endlich kann man nach der Zeit unerträglicher Hitze wieder atmen. Doch heute Nachmittag bleibt der Himmel unverändert blau, die Heuschrecke muss sich geirrt haben. Enttäuscht laufe ich mit meinen Freundinnen nach Hause.

In der Zwischenzeit ist leider Zeba aufgewacht und erwartet mich schon mit finsterem Gesicht. Sobald sie mich auf der Straße entdeckt, kommt sie wie eine Furie aus dem Haus geschossen und ohrfeigt mich vor den anderen Mädchen.

«Wo warst du? Du grässliche Göre! Sieh dir deine Kleider an, sie sind voller Erde! Du weißt ganz genau, dass du zu arbeiten hast!»

Sie wirft meinen Freundinnen einen wütenden Blick zu und hebt drohend die Faust: «Ich verbiete euch, mit Naziran zu spielen. Beim nächsten Mal könnt ihr was erleben!»

Die Mädchen laufen schnell davon.

Zeba ohrfeigt mich erneut: «Zubieda wartet seit einer Stunde auf dich. Hast du vergessen, dass du heute bei ihr helfen sollst?»

Ich hatte es tatsächlich vergessen. Ihr Haus ist nur wenige Minuten von unserem entfernt. Es besteht aus drei Zimmern, die auf einen Hof hinausgehen. Aber der ist größer als unserer, und es gibt auch einen Stall mit einem Büffel und zwei Ziegen.

Zubieda ist allein. Sie liegt vor ihrem Zimmer auf einem *Tscharpoi*. Ihr dicker, schlaffer Bauch hebt und senkt sich unter ihrem *Kamiz*. Sie liegt mit offenem Mund wie ein Fisch da und schnarcht. Umso besser, ich will sie nicht wecken. Ich nehme einen Reisigbesen und fege schnell die Zimmer aus, dass es nur so staubt. In einem kleinen Schrank in Zubiedas Zimmer sind die Hühner eingesperrt. Aber morgens laufen sie frei herum und machen überall hin. Ich muss die Flecken mit Wasser wegwischen.

Zubieda schläft immer noch tief und fest, ein Speichelfaden rinnt aus ihrem Mund. Bleibt noch das Geschirr. Zum Glück ist es heute nicht allzu viel, nur ein paar Tassen und Teller und leider auch ein angebrannter Topf. Angestrengt scheuere ich die verkohlten Reisreste heraus, bis das Metall wieder glänzt. Als ich fertig bin, sind meine Nägel ganz schwarz.

Ich laufe nach Hause, bevor Zubieda aufwacht. So muss ich mir wenigstens nicht ihre gehässigen Bemerkungen anhören. Ich ertrage es nicht mehr, wenn sie meine Mutter kritisiert und als schwachsinnig darstellt. Darüber denke ich auf dem Heimweg nach. Schließlich war es nicht Gongui Ma, die Zubiedas Mann heiraten wollte. Meine Mutter hatte keine andere Wahl.

Zu Hause angekommen, muss ich noch das Abendessen machen. Aber das ist nicht so schlimm, ich brauche nur die Reste vom Mittag aufzuwärmen. Als ich vor dem Feuer hocke, kommt mein großer Bruder Arif mit einem breiten Lächeln auf den Hof. Sein Chef hat ihm eine Prämie gezahlt, weil er sehr zufrieden mit seiner Arbeit ist. Und Arif konnte damit ein kleines Hotel in unserem Dorf kaufen. Wir nennen das hier «Hotel», aber es ist kein Ort, an dem die Leute schlafen. Es handelt sich um eine Teestube, in der die Männer stundenlang Karten spielen und sich unterhalten. Es gibt mehrere davon im Dorf, aber eine hatte Arif ganz besonders im Auge. Er hat sich mit dem Besitzer angefreundet – einem sehr alten Mann, der schon länger verkaufen wollte. Vorhin ist Arif zu ihm gegangen, der Handel wurde abgeschlossen, und jetzt gehört das Hotel ihm. Mein Bruder braucht Hilfe und fragt mich, ob ich die Tassen spülen will. Er verspricht mir dafür fünf Rupien pro Tag! Zeba ist damit einverstanden, dass ich ihm helfe.

«Dann lungert sie wenigstens nicht auf der Straße rum.»

Als ich am nächsten Nachmittag mit der Arbeit zu Hause fertig bin, nimmt Arif mich mit. Sein Hotel liegt in einer Gasse in der Nähe des Basars. Es ist eine kleine Betonhütte mit Plastikstühlen und mehreren *Tscharpoi*. Auch draußen auf der Terrasse stehen einige Liegen. Mein Bruder hat einen Fernseher mit DVD-Player aufgestellt, auf dem den ganzen Tag über Musikvideos von Punjab-Hits in voller Lautstärke laufen. Die Gäste sehen abwesend auf den Bildschirm und trinken den heißen Tee, den Arif in einem Topf auf einem Gasbrenner zubereitet. Dazu essen sie Fleischragout und kleine, mit Hähnchenfleisch gefüllte Teigtaschen.

Ich bin stolz darauf, bei den Erwachsenen zu sein. Während ich die Tassen in einem Eimer mit trübem Wasser spüle, lausche ich den Gesprächen der Männer. Die Bauern mit ihren gegerbten Gesichtern beklagen sich über die Trockenheit, die Ernte wird in diesem Jahr nicht gut werden. Noch immer kein Regen – *Allah hat uns vergessen*! Am Nachbartisch spielt ein Metzger mit blutbespritzter Kleidung, die einen Schwarm Fliegen anzieht, mit einem Kumpel Karten. Die Einsätze sind hoch. Plötzlich werden die beiden laut. Der Metzger hat verloren und will nicht bezahlen. Mein Bruder greift ein und beruhigt die Gemüter.

Am Ende des Tages gehe ich, die Fünf-Rupien-Note fest in der Hand, zufrieden nach Hause. Aber kaum trete ich über die Schwelle, fängt Zeba mich ab und verlangt das Geld. Ich erstarre. Sie sieht mich böse an und erklärt, wenn ich ihr das Geld nicht gäbe, bekäme ich kein Abendessen. Schließlich reiche ich ihr den Schein. Ich bin sauer, denn ich wollte mir im Basar eine Puppe kaufen.

4

Das Ramadanfest steht kurz bevor. Nach dem dreißigtägigen Fasten begehen wir dieses Ereignis mit einem ausgiebigen Mahl. Ich vergehe fast vor Ungeduld. Für uns Kinder ist es der schönste Tag des Jahres. Wir bekommen Geschenke, neue Kleider oder kleine Geldbeträge. Der Fastenmonat vergeht immer sehr langsam. Für mich sind es die längsten Tage des Jahres. Die Erwachsenen sind erschöpft, weil sie zwischen Sonnenauf- und -untergang weder essen noch trinken dürfen. Um vier Uhr nachts herrscht dann immer große Aufregung. Alle sind auf den Beinen und müssen schnell noch etwas zu sich nehmen, bevor es Tag wird.

Mein Bruder Arif bleibt zu Hause. Er öffnet sein Hotel erst am Abend, weil vorher sowieso niemand essen und trinken darf. Tagsüber döst er auf seinem *Tscharpoi* vor sich hin. Mein anderer großer Bruder Tahir ist CD-Verkäufer im Basar. Während des Ramadan gibt es kaum Kunden, aber er muss trotzdem den ganzen Tag im Geschäft bleiben. Er erzählt uns, dass er hinter dem Tresen am Boden ein Nickerchen macht, während er darauf wartet, dass doch noch ein Kunde vorbeischaut. Aber es kommen nur zwei oder drei am Tag.

Meine Schwester Farah und mein Bruder Salim halten den Ramadan ebenfalls ein. Salim stopft sich um vier Uhr nachts mit butterbestrichenen Fladenbroten voll und geht wieder ins Bett, bis er um sieben zur Schule muss. Gongui Ma hat leichtes Fieber, sie macht sich ein Glas Wasser mit Zitronensaft, meiner Großmutter zufolge ein Allheilmittel. Wenn es nicht besser wird, muss ich an ihrer Stelle putzen gehen.

Ich tue so, als wäre auch ich ganz erschöpft, denn ich habe erklärt, in diesem Jahr würde ich ebenfalls fasten, und alle haben mir zu diesem Entschluss gratuliert. In Wirklichkeit esse ich heimlich. Gleich am ersten Tag habe ich aufgegeben, weil ich viel zu großen Hunger hatte. Ich verstecke ein kleines Fladenbrot im Ärmel meines *Kamiz* und esse es tagsüber auf der Toilette. Im Schutz der Wellblechhütte reiße ich kleine Stückchen ab und schlucke sie ohne zu kauen, damit es schneller geht. Später habe ich solchen Durst, dass ich beim Putzen aus dem Wasserhahn trinke, wenn mich niemand beobachtet.

Tahirs Frau Hina hält den Ramadan nicht ein, weil sie ihr Baby stillt. Sie hat vor einigen Monaten ihr drittes Kind bekommen, ein kleines Mädchen namens Chandni. Auch letztes Jahr hat Hina nicht gefastet, weil sie schwanger war. Unsere Nachbarin Asefa, eine Matrone, die sich zu Hause langweilt, kommt während des Ramadan jeden Tag zu uns auf den Innenhof.

«Weißt du, Hina, du solltest deine Fastenzeit später im Jahr nachholen. Sonst bringt das Unglück über die ganze Familie!»

Hina nickt, ohne zu antworten.

Mein Bruder Arif versucht, seine Schwägerin zu verteidigen.

«Einer meiner Gäste ist Student in einer Koranschule,

und er hat mir erklärt, wer nicht fasten kann, soll zum Ausgleich den Armen Geld geben.»

Während des Ramadan muss man ohnehin die *Zakat*, ein vom Koran vorgeschriebenes Almosen, zahlen. Also schlägt Arif vor, der Moschee eine etwas größere Spende zu machen.

Doch Hina antwortet ihm: «Wir haben ja kaum genug Geld für uns, was sollen wir da den Armen geben?»

Die Erwachsenen streiten sich oft, in diesem Monat sind sie alle nervös. Bei der Hitze nicht trinken zu dürfen, ist eine Qual und macht reizbar. Ich bin erleichtert, als mich Gongui Ma zum Einkaufen für das Festessen zum Basar schickt. In den Straßen ist die Anspannung spürbar. Die Gesichter der Leute sind eingefallen, ihre Augen glänzen. Und die Leute sehen rot, sobald ein Moped etwas zu dicht an einem Esel vorbeifährt oder ein Auto einen Karren streift. Die Fahrer springen sofort auf die Straße und schreien sich an, drohen einander mit den Fäusten. Und sogleich bildet sich ein Menschenauflauf und alle genießen das Schauspiel, das sie vorübergehend den quälenden Hunger und Durst vergessen lässt.

Am späten Nachmittag bereiten wir das Essen für das Fastenbrechen zu. Die Gerichte sind köstlich: süßer Reis, Pfannkuchen und fleischgefüllte *Samosas*. Der Duft steigt uns in die Nase, doch es ist verboten zu kosten. Farah und ich werfen hungrige Blicke auf die Platten. Und selbst die Erwachsenen schielen gierig danach. Die Stunden ziehen sich in die Länge. Wir geben die Gerichte auf Teller, setzen uns im Kreis hin und betrachten den Himmel.

Endlich verschwindet der letzte Sonnenstrahl, und von der Moschee ertönt der Ruf zum Gebet. Das ist das

Zeichen! Der Tradition zufolge müssen wir zuerst eine Dattel essen. Dann stürzen wir uns auf die Speisen, und man hört nur noch Geschirrklappern und Schmatzen. Teller und Teekannen sind schnell leer und der letzte Pfannkuchen verzehrt. Gesättigt erheben sich meine Brüder, um mit den anderen Männern des Dorfes zum Gebet in die Moschee zu gehen. Die Frauen bleiben zu Hause. Gongui Ma betet auf einem Teppich in ihrem Zimmer.

Ich gehe anschließend zu Arif ins Hotel. Er öffnet in dieser Zeit immer abends, um den verlorenen Tag nachzuholen. Dann eilen die Stammgäste herbei, sie können es kaum erwarten, wieder unter ihren Freunden zu sein. Sie diskutieren über die Mehl- und Zuckerpreise, die sich während des Ramadan fast verdoppelt haben – wie jedes Jahr schieben die Händler Warenknappheit vor, in Wahrheit aber sind es schlechte Muslime, die den Fastenmonat nutzen, um die ehrbaren Leute zu erpressen. Und erst die Schneider! In diesem Monat haben sie die meisten Aufträge, und wie immer sind sie nicht in der Lage, die neuen Kleider zum vereinbarten Termin zu liefern! Dabei hat man ihnen schon vor drei Wochen schönen Stoff gebracht, damit sie daraus ein *Kamiz* und die dazugehörige Pluderhose nähen! Und natürlich wird alles nicht rechtzeitig fertig.

Während ich die Teller für die lumpigen paar Rupien spüle, die mir Zeba sowieso abnehmen wird, höre ich ihnen zerstreut zu. Vielleicht lässt sie mir diesmal mein Geld, weil morgen *Eid ul-Fitr* ist ... Aber so oder so bin ich gerne im Hotel, denn das gibt mir die Möglichkeit, von zu Hause wegzukommen. Während des Ramadan sind die Straßen abends belebt, und der Basar ist bis spät nachts geöffnet. Alle Dorfbewohner sind auf den Beinen, um die letzten Einkäufe vor dem *Eid* zu machen. Während des dreitägigen Festes sind die Geschäfte geschlossen, und es finden große Familientreffen statt. Manche fahren, mit Paketen beladen, in überfüllten Kleinbussen in andere Städte, um ihre Angehörigen zu besuchen.

Die letzten Lichter sind erloschen, und ich gehe mit Arif nach Hause, wo mir Zeba wie immer meinen Geldschein abnimmt. Der letzte Fastentag ist vorbei. Morgen ist Ramadanfest, und ich bin so aufgeregt, dass ich kaum schlafen kann.

Am nächsten Morgen frühstücken wir später als gewöhnlich und alle zusammen. Meine großen Brüder schenken Farah und mir ein paar Münzen. Wir rennen sofort los, um uns damit bei dem Händler, der durch die Straßen zieht, Eis zu kaufen. Er ist leicht zu finden, weil sein kleiner gelber Karren Musik spielt. Es ist immer dieselbe Melodie, und uns Kindern läuft schon das Wasser im Mund zusammen, wenn wir sie nur hören. Ich nehme ein kleines Mango-Eis, das in einem Becher serviert wird. Farah mag lieber Schokolade. Wir löffeln unsere Eiscreme mit kleinen Holzspachteln und gehen dann nach Hause zurück.

Zusammen mit meinen Schwägerinnen und Mama machen wir uns an die Zubereitung des Mittagessens. Zum Nachtisch bereitet Gongui Ma in süßer Milch gekochte Nudeln und einen würzigen Obstsalat zu. Sie hat auch ein Hähnchen gekauft, das der Händler vor ihren Augen getötet hat. Er hat es mit einem Messer ausgenommen und die Innereien auf die Straße geworfen – ein Leckerbissen für die umherstreunenden Katzen. Wir zerteilen das Geflügel in Stücke, die wir mit Zwiebeln in Öl anbraten. Dann kochen wir es mit Reis und vielen Gewürzen. Es ist ein köstliches Mahl, auf das sich alle stürzen – mit Sicherheit das beste Essen des ganzen Jahres.

Nach dem Festschmaus wird es Zeit für die Geschenke. Meine Brüder haben für ihre Frauen schöne Tuniken beim Schneider anfertigen lassen. Hina und Zeba haben Plüschtiere für die Kleinen gekauft, die bei ihrem Anblick Freudenschreie ausstoßen. Ich bekomme nichts. Niemand hat ein Geschenk für mich. Gongui Ma hat nicht mehr genug Geld, nachdem sie all ihre Ersparnisse für das Essen ausgegeben hat. Aber Mister Malik, der Großgrundbesitzer, bei dem sie arbeitet, hat ihr ein Stück rosa-gelb gemusterten Stoff geschenkt, damit sie sich ein neues *Kamiz* nähen kann. Sie hat es stolz ausgebreitet, damit alle es bewundern können. Meine Schwägerinnen befühlen den Stoff und begutachten die Qualität. Ich hätte auch gerne einmal neue Kleider, immer trage ich die alten abgewetzten und gestopften Tuniken meiner Schwestern auf. Traurig betrachte ich den weichen Stoff. Meine Mutter bemerkt meinen Blick und lächelt. Mit Gesten sagt sie mir: «Weißt du, Naziran, ich brauche eigentlich nichts Neues, ich werde dir daraus ein *Kamiz* machen.»

Ich mache Luftsprünge vor Freude. Was für ein wunderbares Geschenk. Ich bin schon jetzt stolz auf mein neues Gewand! Ich glaube, das ist der schönste Tag in meinem Leben, auch wenn meine Schwägerinnen Mama tadeln: «Hast du den Verstand verloren, ein Kind braucht doch kein so wertvolles Geschenk!»

Eine Woche ist seit dem *Eid ul-Fitr* vergangen, und alle haben ihre Arbeit wieder aufgenommen. Mein großer Bruder Tahir ist mit dem Bus nach Karatschi gefahren, um DVDs und Kassetten für seinen Chef einzukaufen. Die Geschäfte gehen gut. In Pakistan gibt es nur einen einzigen Sender, PTV, der ein bisschen langweilig ist. Und Tahirs Kunden wollen immer das Neueste, sie wollen die aktuellsten Filme sehen. Also hat ihn sein Chef losgeschickt, um im Rainbow Center in Karatschi Nachschub zu besorgen. Ich habe meinen Brüdern zugehört, als sie sich unterhalten haben, es ist ein riesiger Markt, auf dem man die neuesten Filme findet. Dort gibt es sogar amerikanische Videos, in denen sich schöne Frauen vor der Kamera ganz ausziehen. Solche Filme lieben die Kunden besonders.

Die Leute hier im Ort sind auch Fans der Bollywoodfilme mit dem bekannten muslimischen Schauspieler Shahrukh Khan. Im pakistanischen Fernsehen gibt es so etwas nie zu sehen, weil wir mit unseren indischen Nachbarn zerstritten sind. Tahir soll also alle Neuheiten mitbringen, die sich gut verkaufen. Er muss sich die DVDs vorher ansehen, denn es handelt sich um Raubkopien, die oft von schlechter Qualität sind. Manchmal springt der Film oder bleibt ganz hängen. Auch Kassetten mit traditioneller Musik soll er kaufen, denn die sind bei den Bus- und Taxifahrern, Stammkunden seines Chefs, sehr beliebt.

Morgen kommt mein Bruder mit dem Bus und all seiner Ware zurück. Ich bin gespannt, was er mitbringt, denn manchmal lässt er mich in seinem Geschäft die Punjab-Filme ansehen. Während des Abendessens klingelt das Telefon der Nachbarn, das man bis in unseren Hof hört. Sie haben seit einigen Monaten einen Anschluss, auf dem alle Familien des Viertels, die kein eigenes Telefon haben, angerufen werden. Kurz darauf klopft die Frau von nebenan.

«Arif, komm schnell! Es ist für dich!»

Nach wenigen Minuten kommt Arif mit finsterer Miene zurück.

«Tahir hatte in Karatschi einen Unfall und liegt im Krankenhaus.»

Tahirs Frau Hina ist bestürzt, Mama beginnt zu weinen. Arif versucht, sich gelassen zu geben, aber er ist selbst verstört. Er will in meiner Anwesenheit keine Einzelheiten des Unfalls preisgeben und bleibt ausweichend. Doch trotz seiner vorsichtigen Ausdrucksweise verstehe ich, dass Tahir im Genitalbereich verletzt ist.

Zwei Tage später kommt Tahir bleich und von Schmerzen gekrümmt nach Hause zurück. Er ist stundenlang mit dem Bus über die holprigen Straßen gefahren, und jedes Schlagloch war eine Höllenqual für ihn. Mit Hinas Hilfe schleppt er sich zu seinem Bett und legt sich wortlos hin. Die Wochen bis zu seiner Genesung verbringt er in seinem Zimmer.

Die Monate vergehen, und mein Bruder Tahir ist immer deprimierter. Schließlich informiert Hina meinen Vater, der eines Nachmittags zu Besuch kommt und ein langes Gespräch mit ihr führt. Während ich Chandni in einer Schüssel wasche, spitze ich die Ohren. Die Kleine liebt das Wasser, und das Bad ist einer der wenigen Momente, in denen sie nicht brüllt. Ich kann also alles verstehen.

Hina flüstert leise: «Hör zu, so kann es nicht weitergehen. Tahir arbeitet nicht mehr, also haben wir auch kein Geld. Und außerdem ist er seit seinem Unfall impotent.

Da ist nichts zu machen, sagen die Ärzte. Was soll aus mir werden?»

Papa zwirbelt seinen Schnurrbart und überlegt. Dann schlägt er Hina plötzlich vor: «Hör zu, meine Tochter, ich werde dich scheiden lassen und einen neuen Mann für dich finden.»

Hina senkt den Kopf. Aber Papa beharrt: «Du musst mit einem anderen Mann neu anfangen. Ich bin dein Vater, ich weiß, was gut für dich ist. Ich werde den richtigen finden.»

Kurz darauf kommt Papa abends schlechtgelaunt zu uns. Er setzt sich zu meinem Bruder Tahir und informiert ihn mit ernster Stimme, dass er beschlossen habe, ihn von seiner Frau scheiden zu lassen. Tahir antwortet nicht und blickt meinen Vater auch nicht an. Ich sehe, dass er nicht einverstanden ist, denn er liebt seine Frau. Aber er hat keine Wahl, in unserer Familie entscheidet mein Vater.

Ich habe seinen Plan von Anfang an begriffen. Es passt ihm nicht, dass Tahir nicht mehr die monatlich vereinbarten 2000 Rupien für die Heirat mit Hina bezahlen kann. Also verkauft er Hina an einen anderen Mann, um weiter mit ihr Geld zu verdienen. Er hat schon einen Anwärter gefunden, einen Händler aus einem benachbarten Dorf, der 50 000 Rupien (500 Euro) bietet. Aber so einfach geht das nicht. Papa muss zunächst vor dem Kadi die Scheidung seiner Tochter durchsetzen. Dazu führt er die Behinderung ihres Mannes an. Zwei Monate lang fährt er jeden Tag zum Gericht unseres Distrikts.

Eines Tages kommt er mit einem zufriedenen Lächeln nach Hause. In der Hand hält er das wertvolle Dokument mit dem richterlichen Stempel. Hina und Tahir sind offiziell geschieden. Papa hat sich wieder einmal durchgesetzt. Er geht zu Hina.

«Es ist alles geregelt. Dein künftiger Mann ist reich. Du wirst ein angenehmes Leben führen.»

Hinas Augen leuchten auf. Seufzend fügt Papa hinzu: «Aber er will deine Kinder nicht annehmen. Du musst sie hierlassen. Gongui Ma wird sich um sie kümmern.»

Hina nickt. Sie ist einverstanden. Mein Vater lockt mit einem schönen Haus und einem wohlhabenden Mann – dafür lässt sie ihre Kinder im Stich.

Um sicherzugehen, dass sie nicht schwanger ist, muss Hina entsprechend der islamischen Tradition nach der offiziellen Scheidung noch vier Monate warten, bis sie wieder heiraten kann. Die Zeit vergeht, und eines Abends kommt der neue Ehemann Hina holen. Ein Fest gibt es nicht. Sie unterschreiben nur den Vertrag bei dem Händler zu Hause, und ein Mullah gibt der Verbindung seinen Segen. Hina hat alles gepackt, ihre Kleider und den wenigen Schmuck. Sie wartet schweigend.

Papa führt einen Greis mit faltigem Gesicht und gebeugtem Gang auf den Hof. Er begrüßt uns mit zittriger Stimme, doch ich verstehe kaum, was er sagt: Er hat keinen einzigen Zahn mehr im Mund. Das ist also Hinas neuer Mann. Sie lächelt ihn an. Sie verlässt unser Haus, begeistert, fortan im Wohlstand zu leben. Ihre Kinder haben verstanden, dass die Mutter für immer geht, und klammern sich an ihr fest. Sie stößt sie zurück und verspricht, sie bald zu besuchen. Ich sehe ihr nach, als sie mit dem Alten auf der Straße verschwindet. Meine Neffen rufen mit herzzerreißenden Schreien nach ihrer Mutter, und ich versuche den ganzen Abend, sie zu trösten.

Die Tage verlaufen eintönig, bei uns geht es allen schlecht. Mein Bruder Tahir lebt jetzt allein in einem anderen Haus. Er ist unglücklich und böse auf Papa. Auch bei meinem anderen großen Bruder Arif stehen die Dinge nicht zum Besten. Er erträgt seine Frau Zeba, die ihm ständig Vorwürfe macht, immer weniger, zumal sie ihn unter Druck setzt, uns – seine Familie – nicht mehr finanziell zu unterstützen. Er ist ihrer derart überdrüssig, dass er sich häufig betrinkt, um die Streitereien zu vergessen.

Jeden Abend geht er zu seinen Freunden. Wenn er nachts nach Hause kommt, torkelt er in sein Zimmer und beschimpft Zeba und seine Schwiegereltern Zubieda und Murtaza, denen er vorwirft, skrupellos ihre Töchter zu verschachern. Zeba nennt ihn einen Säufer und beleidigt ihn. Gongui Ma ist betroffen, mischt sich aber nicht ein. Dann sinkt Arif auf seinen *Tscharpoi* und schnarcht so laut, dass keiner von uns mehr schlafen kann. Jeden Abend vertrinkt er seinen ganzen Tageslohn. Nach wenigen Wochen ist Arif völlig verschuldet. Und bald muss er das Hotel verkaufen. Vorbei ist es mit meinen einzigen Momenten der Freiheit, in denen ich beim Tassenspülen den Geschichten der Gäste lauschen konnte.

Seitdem ist Zeba ungenießbar. Sie macht der ganzen Familie Vorwürfe. Sie beklagt sich sogar bei Papa und droht, sich ebenfalls scheiden zu lassen. Papa soll die Familienkrise lösen. Und das tut er auf seine Art. Statt uns finanziell zu unterstützen, beschließt er, dass Salim mit der Schule aufhören und arbeiten soll. Einer der Söhne muss schließlich Geld verdienen, und auf Arif kann er im Moment nicht zählen. Jetzt ist also Salim an der Reihe, uns zu ernähren. Und so informiert mein Bruder, der ein hervorragender Schüler ist, seinen Lehrer, dass er die Schule verlässt.

Am Nachmittag desselben Tages erhält mein Vater überraschend Besuch. Salim erscheint in Begleitung seines Lehrers. Er ist ein kleiner, lebendiger Mann mit einer runden Brille. Er macht es sich mit gekreuzten Beinen auf einem *Tscharpoi* im Hof bequem, während Gongui Ma Tee kocht. Der Lehrer, der solche Geschichten sicher öfter erlebt, beginnt sein Plädoyer: «Ich habe gehört, dass Sie Ihren Sohn Salim von der Schule nehmen wollen. Wissen Sie, er ist wirklich der Beste, und ich würde es sehr gut finden, wenn er weitermacht.»

Dieses Gespräch ist Papa unangenehm. Er zündet sich eine der Zigaretten an, die er stückweise beim Tabakhändler kauft, seufzt und streicht über seinen Schnurrbart.

«Hören Sie, *Sahib* Lehrer, mein Sohn fängt als Maurerlehrling auf dem Bau an. Er braucht einen richtigen Beruf. Von der Schule können wir nicht leben.»

«Sie täuschen sich, das wäre wirklich ein Fehler. Ein Jammer. Mit einer Schulausbildung kann er später einen guten Beruf ergreifen. Er könnte auch Lehrer werden.»

«Vielen Dank für Ihre Freundlichkeit, *Sahib* Lehrer. Aber wir brauchen Geld. Ich muss so viele Kinder durchfüttern!», klagt Papa dramatisch. «Ich habe keine andere Wahl.»

Er ist von seiner Entscheidung nicht abzubringen, und so zieht der Lehrer enttäuscht von dannen. Er klopft meinem Bruder zum Abschied auf die Schulter und wünscht ihm viel Glück. Salim wird sein ganzes Leben lang bedauern, die Schule abgebrochen zu haben. Noch am selben Abend fährt er mit Arif, der beschlossen hat, wieder als

Maurer zu arbeiten, um seine Schulden abzuzahlen, zu einer Baustelle.

Gongui Ma wagt zunächst nicht, Papas Entscheidung in Frage zu stellen. Doch am nächsten Tag, als er zu uns kommt, entschließt sie sich, ihm zu sagen, was sie auf dem Herzen hat. Mein Vater hat ein *Biryani* – Hähnchen mit gewürztem Reis – mitgebracht. Das ist mein Lieblingsessen. Das Wasser läuft mir im Mund zusammen, als ich zusehe, wie er das in Pergament gewickelte Päckchen öffnet. Das Gericht ist heiß und duftet köstlich. Er isst es vor unseren Augen auf und nagt sorgfältig jeden Knochen ab, ohne uns auch nur das geringste bisschen abzugeben.

Gongui Ma nimmt all ihren Mut zusammen. Mit Gesten macht sie Papa verständlich, dass es keine gute Entscheidung war, Salim von der Schule zu nehmen. Sie regt sich auf. Warum tut Papa nichts für uns? Um Zubiedas Familie kümmert er sich. Zubieda muss nicht arbeiten! Papa duldet es nicht, dass man Zubieda kritisiert, sofort hagelt es Schläge. Er prügelt Mama noch heftiger als sonst. Ich sehe wie erstarrt zu. Er stürzt sich auf sie, um sie zu würgen. Ich habe Angst, dass er sie umbringt. Ich schreie. Zeba hat sich in ihrem Zimmer eingeschlossen, sie wird bestimmt nicht eingreifen. Ich flehe Papa an aufzuhören und ziehe an seinem Hemd. Verstört richtet er sich auf, stößt mich zur Seite und rennt wütend aus dem Haus. Mama richtet sich mühsam auf, ihre Lippe blutet. Sie zittert am ganzen Leib. Ich bin aufgebracht. Ich sage Mama, dass ich meinen Vater töten werde. Sie drückt mich an sich und macht mir mit Gesten verständlich: «Du bist noch ein Kind. Du kannst nichts machen.»

In den folgenden Tagen erkenne ich meine Mutter nicht wieder. Sie scheint ihre Lebensfreude vollständig verloren zu haben. Nichts macht ihr mehr Spaß. Sie wiederholt ständig, dass ihr Dasein nie besser werden wird. Und eines Morgens fordert sie mich auf, sie zur Familie Malik zu begleiten. Doch statt in das Haus zu gehen, setzt sie ihren Weg fort zum Chenab, der hinter dem Anwesen vorbeifließt. Sie läuft mit kleinen Schritten, ihr Blick ist ausdruckslos. Als wir am Ufer angekommen sind, erklärt sie mir mit Gesten:

«Wir stürzen uns beide ins Wasser, dann hat das Leiden ein Ende.»

Ich verstehe nicht genau, was sie meint, aber ich werde tun, was Mama sagt. Plötzlich höre ich die tiefe Stimme von Mister Malik. Von seiner Terrasse aus hat er uns am Ufer stehen sehen. Er ruft: «Kommt ihr heute nicht zum Arbeiten?»

Mama bricht zusammen. Ich antworte an ihrer Stelle und wiederhole, was sie gesagt hat: «Wir stürzen uns ins Wasser!»

Mister Malik sieht mich überrascht an und befiehlt uns, zu ihm zu kommen. Ich ziehe Gongui Ma an der Hand mit. Ihr Arbeitgeber erwartet uns verwundert am Eingang. Er fragt meine Mutter: «Was hat deine Tochter da gesagt?»

Mama wagt nicht, ihn anzusehen, sie ist zu verlegen. Schließlich erklärt sie, sie könne die Gewalttätigkeit meines Vaters nicht mehr ertragen und wolle lieber sterben. Ich übersetze ihre Gesten, Mister Malik streicht über seinen Schnurrbart und hört zu.

Dann bietet er Gongui Ma an, in den Dienstbotentrakt seines Hauses zu ziehen.

«Wenn du nicht mehr bei deinem Mann bleiben willst, bist du mit deinen Kindern hier willkommen. Du kannst in Frieden mit den anderen Dienstboten leben.»

Ich hoffe inständig, dass sie das Angebot annimmt. Aber sie antwortet, sie fürchte die Reaktion meines Vaters, er wäre imstande, uns zu töten.

Mister Malik nickt: «Die Entscheidung liegt bei dir. Wenn du bei deinem Mann bleiben willst, greife ich dir finanziell unter die Arme. Die anderen Dienstboten haben mir erzählt, dass du dich alleine mit deinen Kindern durchschlagen musst.»

Er lächelt und reicht uns eine Hundert-Rupien-Note. Mama bedankt sich mit Tränen in den Augen. Sie bückt sich, um zum Zeichen der Ehrfurcht seine Füße zu berühren. Nachdem wir die Hausarbeit erledigt haben, kehren wir schweigend nach Hause zurück.

5

Ich habe mich mit einem kleinen Spiegel in unserer Wellblechtoilette eingeschlossen und betrachte mich heimlich im Schein der Sonnenstrahlen, die durch die Ritzen dringen. Ich verziehe das Gesicht und mustere mich von allen Seiten. Ich bin dreizehn und fast eine Frau. Jetzt bedecke auch ich Haar und Brust mit einem Schleier, wenn ich das Haus verlasse.

Eigentlich finde ich das Bild, das mir der Spiegel zurückwirft, recht hübsch. Meine Augen sind mandelförmig, die Wimpern lang, der Mund ist schön geschwungen und die Haut hell. Helle Haut, das ist wichtig. Die Männer mögen keine Frauen mit dunklem Teint. Aber ich habe keinen Freund, ich bin ein anständiges Mädchen. Gongui Ma ist stolz auf mich, weil ich gehorsam bin und so gut wie nie nach draußen gehe.

Meine beiden älteren Schwestern sind schon lange weg, meine Lieblingsschwester Farah hat letztes Jahr geheiratet. Es hat mir das Herz gebrochen, als sie uns verlassen hat. Ich habe geweint und sie fest in die Arme geschlossen. Mein Vater hat sie für 50 000 Rupien (500 Euro) an einen Mann verkauft, der zehn Jahre älter ist als sie und in einem weit entfernten Dorf lebt. Es gab ein wunderbares Fest mit vielen Gästen, Musikern und einem großen Essen, das der Bräutigam ausgerichtet hat. Aber ich konnte es nicht genießen, die Vorstellung, von meiner Schwester getrennt zu sein, machte mich zu traurig. Sie ist ins Dorf ihrer Schwiegereltern gezogen. Jetzt bin ich ganz allein und habe niemanden mehr, mit dem ich lachen kann, wenn ich Zubieda nachahme, wie sie schluchzt und sich die Haare rauft. Voller Ungeduld warte ich also stets auf unsere seltenen Besucher. Oft denke ich daran, einfach abzuhauen. Aber wohin? Ein Mädchen kann nicht alleine, ohne Familie, leben. Und außerdem wäre Mama dann zu unglücklich.

Als ich später in Gedanken versunken das Geschirr abspüle, dringen Gesprächsfetzen zu mir herüber. Das Abendessen ist vorbei, und Papa unterhält sich leise mit Zeba. Wiederholt fällt mein Name, und ich horche auf. Die Arme mit Geschirr beladen, nähere ich mich unschuldig, doch sobald sie mich bemerken, verstummen sie. Dann geht Papa, ohne mich eines Blickes zu würdigen. Dabei bin ich sicher, dass sie über meine Hochzeit gesprochen haben.

Endlich werde ich das Haus verlassen! Abends im Bett bin ich so aufgeregt, dass ich nicht einschlafen kann. Ich stelle mir das Gesicht des Mannes vor, der mich von hier fortholen wird. Es ist kein unter der Last der Jahre gebeugter, zahnloser Greis. Nein, mein Zukünftiger gleicht einem der Filmstars, die ich auf den DVD-Hüllen in Tahirs Geschäft gesehen habe. Ein eleganter Mann mit buschigen Augenbrauen, festem Blick und fein gestutztem Schnurrbart. Ich schwebe auf Wolken, laufe im Traum über Felder mit goldgelben Senfblumen, durch Plantagen mit Mangobäumen, deren Früchte so süß sind wie Honig. Ich fliege bis zu dem Dorf, in dem mein Liebster wohnt.

Am nächsten Morgen lauere ich auf das geringste Zeichen oder Wort. Auf dem Rückweg von seiner Arbeit im Basar schaut mein Vater bei uns vorbei. Er hat ein triumphierendes Lächeln auf den Lippen und zwirbelt seinen Schnurrbart. Während er seinen Tee trinkt, erklärt er mir, er habe einen Mann für mich gefunden. Er kommt aus einem drei Autostunden entfernten Dorf, heißt Adil und ist zweiundzwanzig Jahre alt.

Adil ist ein entfernter Verwandter von Farahs Mann. Seine Eltern suchen eine Frau für ihn, und Farahs Schwiegervater hat ihnen von mir erzählt. Papa sagt, Adils Vater habe ihm im Basar einen Besuch abgestattet. Sie hätten zusammen Tee getrunken und sich unterhalten. Papa hat meine Vorzüge gerühmt und ihm ein Angebot gemacht. Adils Vater hat versprochen, darüber nachzudenken und ist gegangen. Heute Morgen hat er angerufen. So wie Papa strahlt, sind die Verhandlungen offenbar gut verlaufen. Ehe er geht, raunt er mir zu, Adil würde uns bald besuchen kommen.

Nach unserer Tradition bestimmen die Eltern, wen die Kinder heiraten, und die müssen sich ihrem Willen fügen. Adil hatte dabei sicher nicht mehr zu sagen als ich. Normalerweise wählen die Eltern den künftigen Partner sorgfältig aus, sie vermählen ihre Kinder nicht mit einer Person, sondern mit einem Klan. Es handelt sich um eine strategische Verbindung. Die neue Familie muss einen guten Ruf genießen und ihre soziale Stellung zumindest der eigenen entsprechen. Im Falle meines Vaters allerdings bin ich sicher, dass er wie immer den Meistbietenden gewählt hat. Später erfahre ich, dass er 40 000 Rupien (400 Euro) von Adils Vater verlangt hat. Er hat mich also auch verkauft. Aber Liebesheiraten gibt es ohnehin nur im Fernsehen. Unsere Nachbarin Zaira ist gekommen und nutzt die Gelegenheit, um uns die Geschichte eines jungen Mädchens aus ihrem Heimatdorf zu erzählen, die mit ihrem Geliebten durchgebrannt ist. Sie haben heimlich in Lahore, der Hauptstadt unserer Provinz, geheiratet. Gongui Ma schnalzt zum Zeichen der Missbilligung mit der Zunge.

«Und jetzt», ruft Zaira, «sucht die Familie des Mädchens die beiden überall. Wenn sie gefunden werden, droht ihnen der Tod, weil sie ihren Klan entehrt haben! Das wird mit einem *Karo-kari,* einem Ehrenmord, enden.»

Aber Zeba wirft ein:

«Das hängt von den Familien ab. Manche versuchen, die Dinge ins Lot zu bringen. Die Eltern können auch den *Panchâyat,* den Rat der Dorfältesten, anrufen, um die Sache zu regeln.»

«Die Ältesten haben ohnehin immer das letzte Wort», stimmt Zaira zu. «Manchmal beschließen sie, die Heirat anzuerkennen, oder aber sie sprechen die Todesstrafe aus. Und die Männer der Familie müssen das Urteil vollstrecken.»

Mama macht mir ein Zeichen, nicht auf diese Geschichten zu hören. Ich denke sowieso nur an Adil. Er wird bald zu uns kommen, und die Aufregung schnürt mir bereits die Kehle zusammen.

Die Tage vergehen. Nachts träume ich von meiner neuen Familie. Schlimmer als meine jetzige kann sie ohnehin nicht sein. Aber mir wird auch klar, dass ich mich von meiner Mutter und meinem Bruder trennen muss. Die Vorstellung, mich ins Unbekannte zu stürzen, weit entfernt vom vertrauten Ort meiner Kindheit und denen, die mich lieben, beginnt mich zu beunruhigen. Und auch Gongui Mas Begeisterung lässt langsam nach. Man könnte meinen, sie hätte Angst um mich.

Heute ist Freitag und der lang erwartete Besuch von Adil steht bevor. Morgens habe ich mich in der Wellblechhütte sorgfältig mit einem Eimer kaltem Wasser gewaschen, eine saubere Tunika angezogen und mein Haar lange gebürstet. Jetzt warte ich, aber es hält mich nicht auf meinem Stuhl, schon zum zweiten Mal fege ich den Hof. Eine Welle der Angst überkommt mich. Auf der Straße höre ich die Stimme meines Vaters und halte die Luft an. Endlich tritt er in Begleitung eines jungen Mannes durch das Tor.

Es ist Adil. Ich mustere ihn verstohlen: Er hat ein fein geschnittenes Gesicht, umrahmt von dichtem schwarzem Haar, das er mit Senföl gekämmt hat, um ihm Glanz zu verleihen. Sein kurz getrimmter Schnurrbart bildet einen Halbkreis über seiner Oberlippe und die schwarzen Augen funkeln, wie ich es mir erträumt habe. Adil ist sehr höflich, er begrüßt meine Brüder und nimmt auf einem *Tscharpoi* Platz. Ich darf ihm nicht in die Augen sehen, schließlich muss ich ihm beweisen, dass ich ein wohlerzogenes Mädchen bin.

Er tut so, als würde er mich nicht sehen, wirft mir aber verstohlene Blicke zu. Das verwirrt mich unglaublich. Er unterhält sich mit meinem Vater. Er hat bunte Armbänder für mich und Süßigkeiten für meine Eltern mitgebracht. Zeba nutzt die Gelegenheit, um weitere Geschenke zu verlangen. Beim nächsten Besuch solle er Shampoo bringen. Das ist bei uns ein Luxusartikel, der sehr teuer ist. Sie ist wirklich unmöglich, ich schäme mich für meine Schwägerin.

Mit gesenktem Blick trage ich auf einem Tablett Tee und Zuckerstücke herbei. Adil spricht kurz mit meinen Brüdern. Dann trinkt er schnell seinen Tee und erklärt, er könne nicht lange bleiben, weil er noch Weizensaat für seinen Vater kaufen müsse. Er verabschiedet sich höflich, ehe er geht und all meine Hoffnung mit sich nimmt – ich habe mich schon jetzt in ihn verliebt. Mein Vater begleitet ihn zum Tor. Er ist begeistert und wiederholt ständig, was für eine gute Partie er für mich gefunden hat. Für ihn bedeutet das einen Schwiegersohn, der genug zahlt, um eine Zeitlang seinen Lebensunterhalt zu sichern.

In den folgenden Tagen telefoniert Papa viel. Er muss die Hochzeit mit Adils Familie organisieren. Wir feiern zuerst die *Nikka,* die Unterschrift des Ehevertrags. Dann folgt die *Rukhsati*-Zeremonie, die bei der Familie der Braut stattfindet, und die *Walima,* die zur Ankunft der jungen Ehefrau in ihrer Schwiegerfamilie ausgerichtet wird. Meine und Adils Familie haben mehr als hundert Gäste eingeladen. Für die müssen Getränke und Essen gekauft werden. Das ist teuer, aber mein Vater hat gut verhandelt, Adils Familie bezahlt alles.

Ich habe die ganze Nacht über kein Auge zugetan. Der große Tag ist gekommen, an dem meine Mutter und meine Schwestern mich für das *Mehndi* vorbereiten – das Hennafest, das am Vorabend der Hochzeit stattfindet. Meine Mutter massiert Senföl in mein Haar ein und kämmt es, ehe sie es mit Stoffbändern zu einem Zopf flicht. Dann reibt sie meinen ganzen Körper mit *Multani Mud* ab, einer Schlammpaste, die die Haut schön weich macht, und hilft mir, Achsel-, Bein- und Schamhaare zu entfernen.

Anschließend lege ich ein goldgelbes Gewand mit einem passenden Schleier an – Zaira hat uns die traditionelle Kleidung für das *Mehndi* geliehen. Nun folgt das Schminken, das ist sehr wichtig, das Gesicht einer Braut muss schön aussehen. Meine alten Tanten überwachen die Aktion und geben mir Ratschläge für die Hochzeitsnacht und das Eheleben.

«Du musst deinem Mann gehorchen und geduldig sein. Lass ihn gewähren, wenn er mit dir schlafen will.»

Eine andere fügt hinzu: «Wenn du in deiner neuen Familie bist, ist das Wichtigste, dass du dich gut mit deiner Schwiegermutter verstehst. Du musst dich ihr gegenüber stets hilfsbereit und freundlich zeigen.»

Abends ist dann endlich die Zeit für die feierliche Körperbemalung, das *Mehndi,* gekommen. Alle weiblichen Mitglieder der Familie finden sich bei Gongui Ma ein. Es sind etwa zwanzig, und alle haben ihre schönsten Kleider und Schmuckstücke angelegt und sind geschminkt wie Prinzessinnen. Die alten Damen stürzen sich auf den süßen Reis mit Safran – ein teures Gewürz, das nur für Festessen verwendet wird. Zum Glück ist Farah da. Sie beruhigt mich:

«Dein Verlobter Adil hat einen guten Ruf. Er ist ein freundlicher Mann, du wirst bestimmt glücklich mit ihm.»

Zusammen mit meinen anderen Schwestern bemalt sie vorsichtig meine Hände und Füße mit Henna. Ich rutsche auf meinem Stuhl hin und her. Farah ruft mich zur Ordnung: Ich darf mich nicht bewegen, sonst misslingen die

Zeichnungen. Aber es dauert so lange, bis die Paste getrocknet ist. Das Henna muss einen dunkelroten Ton annehmen. Das ist ein gutes Vorzeichen, es bedeutet, dass die Braut die Zuneigung ihrer Schwiegermutter gewinnen wird.

Die Nachbarin hat uns einen CD-Spieler geliehen, aus dem jetzt in voller Lautstärke rhythmische Schlager erklingen. Reglos wie eine Statue beobachte ich den lasziven Tanz der Frauen. Die Arme in die Luft gestreckt, malen sie Kurven und wiegen sich in den Hüften, wie sie es in den Bollywood-Filmen gesehen haben. Meine Nichten sind außer Rand und Band und laufen zwischen den Frauen umher. Ich habe mich so auf diesen Moment gefreut, und nun habe ich einen Kloß im Hals, und Angst schnürt mir das Herz zusammen.

Wir warten auf die Ankunft von Adils Familie. Sie haben alle denselben Bus genommen und treffen gemeinsam ein. Angeführt von meiner künftigen Schwiegermutter, einer kleinen, zierlichen Dame in einer goldenen Tunika, betreten sie den Hof. Sie umarmt mich und erklärt, ich sei für sie wie eine Tochter. Meine Schwägerinnen stellen sich eine nach der anderen vor. Ich kann mir ihre Vornamen nicht merken, versuche aber, mir die Gesichter einzuprägen. Sie sagen mir, sie könnten es nicht erwarten, dass ich in ihrem Dorf lebe, denn jetzt sei ich ihre Schwester.

Mir ist ganz schwindelig von all den Leuten. Die Frauen setzen sich und tragen traditionelle Lieder vor. Meine Familie singt einen komischen Refrain, der meinen künftigen Mann verspottet. Dann ist die Reihe an meinen Schwägerinnen, sich über unsere Familie lustig zu machen. Ich lache und spähe immer wieder auf die Straße, um nach Adil Ausschau zu halten. Schließlich entdecke ich ihn mit seinem Vater, einem alten Herrn mit einem großen weißen Turban.

Adil trägt einen eleganten weißen *Shalwar Kamiz,* dazu die traditionelle Kopfbedeckung und eine Blumengirlande um den Hals. Die Männer gehen zu dem Zelt, das auf dem Grundstück neben unserem Haus errichtet ist. Dort bekommt Adil sein *Mehndi.* Die Männer tanzen ebenfalls, natürlich nur unter sich, hören Musik und essen.

Endlich ist mein Henna getrocknet. Ich entferne die Kruste von Händen und Füßen. Farah reibt die Haut mit Öl und Zitronensaft ein, damit die Pigmente besser eindringen. Jetzt sind meine Handinnenflächen und Füße mit orangefarbenen Ornamenten geschmückt, und das Ergebnis ist wunderschön. Ein gutes Zeichen, meine Schwiegermutter wird mich in ihr Herz schließen. Spätnachts gehen wir endlich schlafen. Das Haus ist voll, die Gäste legen sich auf verschiedene *Tscharpoi* und Matten im Hof.

Am nächsten Morgen muss ich mich für die *Nikka*-Zeremonie vorbereiten. Dazu werden mehr als hundert Gäste erwartet. Zubieda, die sich in ein enges Paillettenkleid gezwängt hat, winkt mich in mein Zimmer. Sie hat das *Nikka*-Gewand mitgebracht, das bei jeder Hochzeit hervorgeholt wird. Dieses Kleid haben schon meine Halbschwestern und Cousinen getragen. Sie gibt mir auch Goldschmuck, Ketten, Armbänder und Ohrringe. Als ich mich bedanke, erklärt sie kurz angebunden, sie wolle sofort nach dem Fest alles zurückhaben. Sie befiehlt mir, mich zu beeilen.

Farah hilft mir, das Gewand – ein dicker purpurfarbener Rock mit Stickerei und dazu passendem Hemd – anzulegen. Dann hüllt sie mich in einen großen roten, golddurchwirkten Schleier. Mit Haarnadeln befestigt sie einen Anhänger auf meiner Stirn und schminkt mich noch einmal. Zufrieden mit ihrem Werk, hält sie mir einen kleinen Spiegel vor. Das Bild, das er zurückwirft, ist erstaunlich. Ich habe das Gefühl, eine andere Frau zu sehen. Meine Lippen sind leuchtend rot, die Augen durch einen Kajalstrich betont, der Teint mit weißem Puder aufgehellt. Farah versichert mir, ich sähe bezaubernd aus. Sie führt mich an der Hand nach draußen.

Ich nehme im Kreis der Frauen auf dem Hof Platz. Der Tradition entsprechend, geben sich Männer und Frauen das Jawort getrennt. Das von Adil hat der Mullah wenige Minuten zuvor bereits im Zelt der Männer eingeholt. Jetzt bin ich an der Reihe. Der Mullah kommt mit kleinen Trippelschritten in den Hof und nimmt auf einem Stuhl neben mir Platz. Er hat einen langen grauen Bart und trägt eine dicke runde Brille. Bei der Andacht hat er schon so oft mit dem Kopf den Boden berührt, dass sich auf seiner Stirn eine kleine Schwiele gebildet hat. Er spricht ein Gebet. Dann fragt er mich, ob ich mit der Hochzeit einverstanden bin. Mit bebender Stimme bejahe ich. Er zeigt mir den Ehevertrag. Da ich nicht schreiben kann, tauche ich meinen Zeigefinger in Tinte und unterzeichne mit meinem Fingerabdruck. So hat es auch Adil gemacht. Jetzt bin ich seine Frau!

Von meiner Familie begleitet, gehe ich wie eine Schlafwandlerin mit gesenktem Kopf, das Gesicht von einem Schleier verhüllt, zum großen, mit Blumen geschmückten

Zelt der Männer. Als ich eintrete, spannen meine Brüder mit ausgestreckten Armen einen leuchtendroten Stoff über meinen Kopf. Die Gäste sitzen auf Plastikstühlen, und ich nehme auf einem kleinen Podest ihnen gegenüber neben Adil Platz. Ich spüre, dass er ebenso angespannt ist wie ich. Vor Rührung steigen mir Tränen in die Augen.

Die Verwandten treten einer nach dem anderen vor und schieben uns Süßigkeiten in den Mund, um uns eine glückliche Ehe zu wünschen. Sie bringen auch Geschenke, die auf einem Tisch neben dem Podest aufgebaut werden: Geschirr, Besteck, Gläser, Kleidung, Kosmetika und allerlei Nützliches für unseren Haushalt.

Am Abend feiern wir *Rukhsati,* den Abschied der Braut von ihrer Familie. Endlich kommt das von den Gästen lang ersehnte Essen. Sie drängen sich um das Buffet mit den duftenden Gerichten. Männer und Frauen nehmen mit ihren gefüllten Tellern an getrennten Tischen Platz. Alle stürzen sich auf die Speisen. Es gibt *Halim,* ein kräftig gewürztes Fleischgericht mit Linsen, *Korma,* ein Hähnchen-Curry mit Joghurt, und meine Leibspeise, *Biryani.* Zum Nachtisch wird *Halva,* eine Paste aus Kichererbsenmehl, Zucker, Butter und Nüssen, verziert mit vergoldetem Zuckerwerk, serviert; außerdem *Savaya,* in Milch und Zucker gekochte feine Nudeln mit Trockenfrüchten, und *Kiir,* mit Kardamom gewürzter Milchreis. Aber ich bringe kaum einen Bissen herunter. Das Fest ist in vollem Gang. Musiker in schillernden Gewändern, die auf einem kleinen Podium neben uns sitzen, spielen traditionelle Musik. Dann unterhält eine Schaustellertruppe die Gäste. Sie singen humorvolle Lieder und ziehen über Politiker und Grundherren her, erzählen Witze und spielen Sketche. Der Abend vergeht wie im Traum. Jetzt bin ich eine verheiratete Frau! Ich werde zu meinem neuen Mann geschickt. Morgen ziehe ich für immer zu meiner Schwiegerfamilie.

6

Die Hitze ist erdrückend. In dem Minibus riecht es nach Schweiß und Fett. Ich versuche, das Fenster zu öffnen, aber es klemmt. Das Radio hingegen funktioniert sehr gut. Seit der Abfahrt hören wir auf voller Lautstärke immer wieder dieselbe Kassette – und wir sind schon eine Stunde unterwegs. Am Rückspiegel tanzt eine Gebetskette aus braunen Plastikperlen. Meine drei Schwestern, die mit mir auf der Bank sitzen, sind eingenickt. Bei jedem Schlagloch wackeln ihre Köpfe hin und her. Heute Morgen habe ich zum ersten Mal das Haus meiner Kindheit verlassen. Als wir in den Kleinbus gestiegen sind, konnte Mama die Tränen nicht zurückhalten. Doch der Fahrer war ungeduldig:

«Bitte etwas schneller, wir haben drei Stunden Fahrt vor uns!»

Mamas Gestalt verschwand vor ihrem Haus.

Jetzt sind wir auf dem Weg zum Dorf meiner Schwiegerfamilie. Hinter der Scheibe zieht die Landschaft vorbei. Die Erde ist hier leuchtend rot, und von Zeit zu Zeit kommen wir an kleinen Oasen mit grünen Palmen vorbei, von denen die Datteln in dicken Trauben herabhängen. Die Schornsteine der Ziegeleien verbreiten den Geruch von gebranntem Ton. Ich wische mir das Gesicht mit meinem Schleier ab. Die Straße führt jetzt durch Felder mit goldgelben Senfpflanzen. Bäuerinnen in leuchtenden rot- und rosafarbenen Tuniken jäten ihre Gemüsegärten, in denen Tomaten und Gurken wachsen. Andere schneiden gebückt Gras für die Tiere.

Der Chauffeur erzählt einem Fahrgast schlüpfrige Witze, und beide lachen dreckig. Das ist mir peinlich, ich höre so etwas nicht gerne. Gestern ist Adil gekommen, um bei mir zu schlafen. Es war meine Hochzeitsnacht, aber Zeba hatte sich auf einem *Tscharpoi* in meinem Zimmer eingerichtet. Ich bin sicher, dass sie es absichtlich getan hat, um uns zu stören. Und so ist nichts passiert. Heute Morgen hat mich meine große Schwester Mariam zum Baden geschickt, wie man es tun soll, wenn man mit jemandem geschlafen hat. Sie hat mich gefragt, wie die Nacht war, und ich habe irgendetwas Unverständliches gemurmelt. Ich habe nicht gewagt, ihr zu sagen, dass ich noch Jungfrau bin, und bin mich waschen gegangen. Adil und seine Familie sind sehr früh am Morgen aufgebrochen.

Der Minibus fährt schnell. Etwas später durchqueren wir Mangoplantagen mit ihren niedrigen, ausladenden Bäumen und den großen grünen Blättern. Gebeugt unter dem Gewicht dicker Zuckerrohrbündel, beladen Frauen schwere Lastwagen. Ganz obenauf setzen sie ihre Kinder. Die Metallmonster fahren die Ernte dann zur Zuckerfabrik. Sie sind so breit, dass sie die ganze Straße in Anspruch nehmen, was unseren Chauffeur ärgert. Er kann nicht überholen und muss sich ihrem langsamen Tempo anpassen. Mein Vater sagt, Zuckerrohr sei in den letzten Jahren zum rentabelsten Produkt überhaupt geworden. Manche Grundbesitzer ziehen es sogar der traditionell in unserer Region angebauten Baumwolle vor.

Der Fahrer schimpft und hupt wie ein Wahnsinniger. Jetzt versperrt uns ein Traktor, der mühsam einen Anhänger voller riesiger Heuballen zieht, den Weg. Es sieht aus, als würde ein dicker Bauch auf kleinen Rädern dahinrollen. Am Rand der Felder haben die Bauern kleine Wassertümpel ausgehoben, in denen sie Fische züchten, ein begehrtes und teures Nahrungsmittel. Sie werden paniert und in Öl gebraten. Ich habe erst einmal bei einer Hochzeit davon gekostet. Aber ich fand es nicht gut, der Fisch hatte einen moderigen Geschmack und war voller Gräten.

Am Rand einer Kleinstadt hält der Bus, um neue Fahrgäste aufzunehmen. Am Straßenrand nutzen junge, behinderte Frauen die Gelegenheit, um an die Scheiben zu klopfen und Almosen zu erbetteln. Der Chauffeur wirft ihnen ein paar kleine Münzen zu. Er sagt, das bringe ihm Glück für den Rest der Fahrt.

Wir verlassen das Städtchen. Die Bauern fahren hier in kleinen Eselskarren. Die müden Hufe der Tiere klappern auf dem Asphalt. Ein Kamel zieht mit langsamem, wiegendem Schritt einen Holzwagen hinter sich her. Bunte Laster versuchen sich im Zickzack an allen anderen Fahrzeugen vorbeizuschlängeln. Als unser Bus plötzlich eine Vollbremsung macht, schrecke ich auf. Um Haaresbreite hätte er einen beinamputierten Mann überfahren, der in seinem von einer Handkurbel angetriebenen Rollstuhl die Straße überquerte. Und schon wieder verlangsamt sich das Tempo. Diesmal blockiert eine Rinderherde den Verkehr. Ich verfluche das Fenster, das sich nicht öffnen lässt, und nicke ein. Als ich aufwache, durchqueren wir einen anderen Ort. Einige Frauen mit glockenförmiger schwarzer oder weißer Burka tätigen ihre Einkäufe an Ständen mit frischem Gemüse. Auf einem Holzpodest sitzt ein Metzger und hackt Lammfleisch. Das Schlachtfleisch, das vor seinem Geschäft hängt, ist von Fliegen übersät. Blaue und grüne Rikschas fahren knatternd vorbei und stoßen schwarze Abgaswolken aus.

Auf dem Basar sieht man vor lauter Stromkabeln kaum die geschnitzten Holzfassaden der Stände. Hinter der Stadt geht es eine gute Weile auf einer unbefestigten Piste weiter. Schließlich wendet sich der Fahrer zu uns um und bedeutet uns, dass wir angekommen sind. Ich sehe zum ersten Mal mein neues Dorf: Zwischen Weizenfeldern erheben sich kleine Häuser aus ockerfarbenem Lehm, an deren Wänden plattgedrückte Kuhfladen trocknen. Nach dem Getöse der Straße und dem ewigen Gehupe herrscht hier angenehme Ruhe.

Eine Gruppe von Kindern, die an der Ortseinfahrt gespielt hat, läuft hinter dem Minibus her und stößt Freudenschreie aus. Es sind Adils Neffen. Sie weisen dem Chauffeur den Weg. Auf dem Basar mustern uns alle neugierig, sie wissen sicher, dass Adil seine neue Frau erwartet. Der Kleinbus fährt weiter über einen schmalen, holprigen Weg, der sich durch grüne Felder schlängelt. Am Ende biegt er nach rechts ab zu einem Lehmhaus. Weiter geht es nicht, hier müssen wir aussteigen.

Sobald ich einen Fuß auf den Boden gesetzt habe, bin ich von Adils Familie umringt. Eine aufgeregte Gruppe drängt sich um den Kleinbus. Alle meine Schwäger sind mit ihren Familien da, Onkel, Tanten, Cousins und eine Schar von Kindern, die wild durcheinanderlaufen. Die Frauen legen Girlanden aus Jasminblüten um meinen

Hals. Adil und einer seiner Brüder holen mein Gepäck aus dem Wagen.

Angeführt von den Kindern, legt der Zug die letzten Meter auf dem von schmalen Häusern gesäumten Weg zurück, an dessen Ende der Hof liegt. Dort erwarten uns Adils Eltern. Ich erkenne die kleine zierliche Frau und den alten Mann mit dem Turban wieder. Sie begrüßen uns herzlich. Ich komme um vor Durst und bitte um etwas zu trinken. Eine meiner Schwägerinnen bringt uns große Becher mit frischem Wasser.

Kirane, Adils Mutter, zieht mich beiseite. Sie zeigt mir das Haus. Es ist ein kleiner Ziegelbau mit einem steinernen Dachspitz, der mit eingemeißelten Blättern verziert ist. Das Vordach wird von drei bauchigen Säulen gestützt. Im Inneren gibt es zwei kleine Zimmer mit nacktem Betonboden, mit je einem vergitterten Fenster, die auf den Hof gehen. Das linke Zimmer ist das meiner Schwiegereltern, das rechte gehört Adil und mir.

In unserem Zimmer stehen zwei *Tscharpoi* und Regale, auf denen Blechteller und Becher hübsch angeordnet sind. Darüber hängen Fotografien von Mekka und Koransuren, die mit einem Fries von Tauben und Blumen umgeben sind. An der anderen Wand hängen zwei Werbeposter, eines zeigt ein Model in entspannter Pose in einem Brautkleid, auf dem anderen machen eine Mutter und ihr Kind Reklame für eine Seife. Alles ist sehr sauber, sie haben sicher vor meiner Ankunft gründlich geputzt.

Im Hof neben unserem Fenster befindet sich ein Getreidesilo, daneben der Hühnerstall. Eine Toilette und Strom gibt es nicht, die Dorfbewohner verrichten ihre Notdurft auf den Feldern. Waschen muss man sich unter einer Pumpe in der Nähe des Friedhofs, der im Schatten einer kümmerlichen Baumgruppe ein paar hundert Meter hinter unserem Haus liegt. Auf der anderen Seite des Hofs erstrecken sich durch ein Kanalsystem bewässerte Felder und Weiden, so weit das Auge reicht. An einem Mangobaum sind ein paar Ziegen und ein Ochse angebunden. Alles macht einen friedlichen, heiteren Eindruck.

Meine Schwiegermutter Kirane stellt mich Adils gesamter Familie vor. Sie wohnen einer neben dem anderen in den kleinen Häuschen, die wir zuvor an der Straße passiert haben und die meistens nur aus einem Zimmer bestehen. Neben Adil und mir lebt sein Cousin Jawad, dann folgen Fawad, Adils älterer Bruder, und seine Frau Shirin mit ihren vier Kindern. Gegenüber wohnen drei weitere Brüder von Adil mit ihren Familien, sowie Tanten, Onkel und Cousins. Wir gehen zurück zu den anderen. Die Frauen kochen auf einem kleinen, mit Kuhfladen befeuerten Herd das Essen. Es ist köstlich: Kartoffeln mit Rinderhack.

Wieder versuche ich, mir die Namen einzuprägen, schließlich muss ich mich unter all den neuen Gesichtern zurechtfinden. Das Dorf gefällt mir auf jeden Fall. Ich fühle mich hier wohl und glaube, dass ich endlich glücklich sein werde, auch wenn es mir im Moment noch schwerfällt, mir vorzustellen, dass ich mein ganzes Leben hier verbringen werde.

Adil ist mit den Vorbereitungen für die *Walima* beschäftigt, ein großes Fest, das die Ankunft einer Braut in ihrer neuen Familie feiert, und das am Abend beginnen soll. Ich lege ein leuchtend rotes Gewand an, das mir Kirane leiht, und einen dazu passenden Schleier, der meinen

Kopf bedeckt und bis zu den Hüften reicht. Das ganze Dorf hat sich auf einem Feld vor dem Haus von Adils Eltern eingefunden. Die Musiker, die in leuchtendem Orange mit passenden Turbanen gekleidet sind, polieren ihre Instrumente, sogenannte *Dhols,* die typischen Doppelfasstrommeln zum Umhängen. Dank eines Stromaggregats, das die ganze Nacht lang brummt, erhellen Lichterketten den Hof.

Zu meiner Verwunderung sind Männer und Frauen hier nicht getrennt, sie essen und tanzen Seite an Seite. Während des Mahls bietet mein Schwiegervater den Gästen an, 20 Rupien zu zahlen, um das Gesicht der Braut zu sehen, eine amüsante Tradition. Ich verberge mich zunächst noch schamhaft hinter meinem goldgesäumten roten Schleier, während mir Geldscheine vor die Füße flattern. Ich bin nicht nur wie eine Königin herausgeputzt, sondern werde auch als solche gefeiert. Die ganze Familie erweist mir alle Ehren.

Meine Schwestern beginnen ein anderes Spiel, das auf Hochzeiten beliebt ist. Sie entwenden Adil einen Schuh und verlangen für die Herausgabe Geld. Lachend reicht er ihnen ein Bündel Scheine. Dann macht einer von Adils Brüdern es mit mir genauso. Aber ich habe kein Geld, ich bin mit leeren Händen gekommen. Das versteht mein Schwager nicht, er ist enttäuscht. Es geht hoch her bei diesem Fest, das erst spät endet.

Ich verbringe die zweite Nacht mit meinem Mann. Diesmal sind wir allein in unserem neuen Zimmer, und ich werde wirklich Adils Frau. Am nächsten Tag fahren meine Schwestern zurück nach Hause. Nun bin ich allein. Mir ist schwer ums Herz. Sie wünschen mir alles Gute und versprechen, mich bald zu besuchen. Der Minibus verschwindet in einer Staubwolke. Jetzt gehöre ich einer anderen Familie an, und mein neues Leben beginnt.

Ich gehe zu Fuß mit Adil zurück. Ich finde mich noch nicht gut in den Gassen zurecht, und mein Mann deutet auf jedes Haus und nennt mir die Namen der Bewohner. Auf dem Hof erwartet mich meine Schwiegermutter Kirane. Ihr Lächeln vom Vortag ist verschwunden. Sie fragt:

«Naziran, warum hast du deinem Schwager gestern Abend das Geld verweigert?»

Ich stammele, dass mein Vater mir nichts mitgegeben hat, weder Geld noch Geschenke. Ich fühle mich unwohl, die Gesichter um mich herum verschließen sich. Adil schweigt. Die Feststimmung ist schnell verflogen.

Der Albtraum beginnt bereits am zweiten Tag. Meine Schwiegermutter ist vollkommen verändert. Ständig macht sie unangenehme Bemerkungen. Schon beim Frühstück ist sie eisig und abweisend.

«Eine Braut muss viele Geschenke für ihre Schwiegerfamilie mitbringen. Und du kommst mit leeren Händen! Dabei haben wir ein großes Fest zu deinen Ehren ausgerichtet!»

Ich senke den Blick auf meine Teetasse.

«Es tut mir leid, liebe Mutter, aber es ist die Schuld meines Vaters. Er hat mir kein Geld gegeben.»

«Dein Vater hat keine Achtung vor uns. Er respektiert uns nicht!»

Sie wirft einen Blick in die Runde, und alle nicken. Adil hütet sich, mich zu verteidigen.

«Nun gut, wenn die Sache so ist, fang an zu arbeiten!

Heute machst du das Haus sauber», befiehlt Kirane. «Wir haben teuer für dich bezahlt, also mach dich wenigstens nützlich!»

In meinem Dorf habe ich von unseren Nachbarinnen viele Geschichten über ihre Schwiegermütter gehört. Ihnen zufolge ist es ihre Hauptbeschäftigung, sich über die Frauen ihrer Söhne zu beklagen, weil diese nicht die erhoffte Aussteuer mitgebracht haben oder langsam und faul sind. Meine Schwester Mariam hat ihre eigene Theorie dazu: Sie behauptet, die Schwiegermütter seien einfach rachsüchtig. Denn als junge Ehefrauen wurden sie selbst von ihrer Schwiegerfamilie schikaniert. Jetzt, da sie alt und angesehen sind, nutzen sie ihre Machtposition, um die Neuen zu demütigen.

Dabei war Kirane während der Hochzeitsfeier freundlich zu mir, nannte mich «meine liebe Tochter» und behauptete, sie könne es kaum erwarten, mich um sich zu haben. Aber langsam begreife ich, dass diese zierliche alte Frau ein wahrer Tyrann ist. Und ihre Kinder gehorchen ihr. Ich muss mich dem Gesetz des Klans fügen. Wir leben in einer Familie, jeder überwacht den anderen und mischt sich in seine Angelegenheiten ein. Meine Schwäger behandeln mich überheblich, und einer fragt mich verächtlich:

«Dein Vater hat also unser Geld eingesteckt, und du bringst uns nichts mit?»

Der Einzige, der nett zu mir ist, ist Adils Vater. Wie die meisten Alten trägt er eine dünne Decke um die Schultern. Er ist der Patriarch des Klans. Er betrachtet mich eine Weile sanft und sagt:

«Mach dir nichts daraus, du wirst dich schon hier eingewöhnen.»

Nach dem Essen räume ich das Haus auf und flüchte in mein Zimmer. Ich packe meine Sachen aus. Viel ist es nicht: einige sorgfältig gefaltete Kleidungsstücke, Toilettenartikel und die beiden goldenen Armbänder, die mir Adil zur *Nikka* geschenkt hat. Ich fühle mich elend. Langsam begreife ich, warum meine Mutter Angst um mich hatte. Sie wusste, dass ich Schwierigkeiten bekommen würde, weil ich keine Mitgift habe.

Am schlimmsten aber ist mein Mann. Den ganzen Tag über spricht er nur das Nötigste mit mir und das in eiskaltem Ton. An diesem Abend warte ich stundenlang auf ihn. Vergebens.

7

Ich arbeite von früh bis spät. Das ist schon Routine geworden. Morgens stehe ich gegen vier Uhr auf, spreche meine Gebete und bereite das Frühstück zu – Tee, den wir auf dem Feuer im Hof kochen, und Fladenbrot. Anschließend gehe ich in den Stall, gegenüber vom Haus, um die Kühe und Ziegen zu melken. Ich fülle große Behälter mit frischer Milch und stelle sie in einem schattigen Winkel ab. Der Milchmann holt sie später mit seinem Motorrad.

Dann laufe ich den kleinen Kanal entlang und schneide mit einer Machete frisches Gras von der Böschung, das ich nach Hause trage, um die Tiere zu füttern. Danach sammele ich die Hühnereier auf, säubere den kleinen Stall im Hof und streue frisches Stroh für das Federvieh aus. Anschließend nehme ich die schmutzige Wäsche der ganzen Familie und wasche sie in einem großen Zuber am Fluss.

Wenn ich diese Pflichten gegen acht Uhr erledigt habe, arbeitete ich auf den Weizenfeldern oder im Gemüsegarten. Zusammen mit den anderen Frauen kehre ich ins Haus zurück, um das Mittagessen zu kochen. Oft werden Rubina, eine von Adils Schwestern, und ich mit dieser Aufgabe betraut. Ich mag Rubina sehr, sie behandelt mich wie eine Schwester, und wir sind uns inzwischen sehr nahe. Wir braten meist Linsen oder Blumenkohl in Baumwollöl. Dazu gibt es Fladenbrot.

Wenn alles fertig ist, schicken wir ein Kind auf die Felder, um die Männer zu holen. Nach dem Essen sammeln wir Holz. Wir müssen trockene Zweige für das Feuer finden. Das nimmt den ganzen Nachmittag in Anspruch. Wir kehren mit unseren Reisigbündeln nach Hause zurück und bereiten das Abendessen zu. Danach lege ich mich völlig erschöpft und wie gerädert schlafen. Die Dunkelheit bricht gerade erst herein. Adil teilt noch immer nicht das Bett mit mir.

Heute Abend zieht er sich nach dem Essen wortlos im Schlafzimmer um. Ich muss mich endlich entschließen, mit ihm zu sprechen. Schüchtern frage ich ihn, was nicht in Ordnung ist. Wütend dreht er sich um. Ich kauere mich auf meinem Bett zusammen. Mein Mann ist gereizt und aggressiv. Er hat mich schon einmal geohrfeigt, weil ich seine Kleidung nicht ordentlich zusammengelegt habe. Anfangs dachte ich, er wäre böse, weil ich weder Mitgift noch Geschenke für seine Familie mitgebracht habe. Aber sein Verhalten ist sonderbar. Adil setzt sich auf sein *Tscharpoi* und sieht mich kalt an.

«Willst du wirklich die Wahrheit wissen?», fährt er mich an. «Ich liebe eine andere Frau. Ich habe dich nie heiraten wollen. Mein Vater hat diese Hochzeit arrangiert. Und du interessierst mich nicht im Geringsten!»

Diese Worte sind wie ein Dolchstoß in mein Herz. Mein Mann hat eine andere! Er liebt mich nicht. Er wird mich niemals lieben. Trotzdem wage ich mit zitternder Stimme zu fragen, wer dieses Mädchen ist.

«Sie heißt Shanaz», antwortet er.

Er kramt in einer Schachtel, die im Regal steht, und zieht eine Fotografie aus einer Plastikhülle.

«Sieh nur, wie hübsch sie ist!»

Ich bin erschüttert. Auf dem Foto erkenne ich eine Nachbarin, der ich bisweilen im Dorf begegne, ein junges Mädchen mit scheuem Blick. Schön ist sie eigentlich nicht.

«Und warum hast du sie nicht geheiratet, wenn sie dir so gefällt?»

Adil murmelt, seine Eltern würden sie nicht besonders mögen. Sie hielten sie für eine Hure, die mit allen Männern im Dorf schläft.

«Zu ihr gehst du also heute Nacht?»

Schweigend und ohne mich eines Blickes zu würdigen, verlässt Adil das Zimmer.

Mir ist, als würde ich den Boden unter den Füßen verlieren.

Am nächsten Tag nehme ich all meinen Mut zusammen und gehe zu Shanaz. Sie sitzt vor der Tür und rupft ein Huhn.

Ich begrüße sie. Sie scheint überrascht, mich zu sehen. Ich blicke mich nach allen Seiten um. Niemand kann uns hören, höchstens die Kinder, die das Federvieh über den Hof jagen. Ich pflanze mich vor ihr auf und verkünde, dass ich über sie und Adil Bescheid weiß. Sie bleibt ganz ruhig, mustert mich mit kühlem Blick und einem spöttischen Lächeln:

«Weißt du, Adil ist meine große Liebe, für immer. Du bist diejenige, die gehen muss! Du weißt genau, dass du keine Chance bei ihm hast.»

Mit betont fester Stimme antworte ich:

«Er ist jetzt aber mein Mann. Er gehört mir. Lass ihn in Ruhe!»

Dann renne ich davon. Ich hasse dieses Mädchen! Dicke Tränen kullern mir über die Wangen. Auf dem Heimweg wische ich mir das Gesicht mit einem Zipfel meines Schleiers trocken. Ich versuche, mir gegenüber Rubina, die mich beim Reisigsammeln begleitet, nichts anmerken zu lassen. Doch ich muss immer wieder an die Begegnung mit Shanaz denken. Mit meinen Gedanken bin ich gar nicht bei der Arbeit. Ich kann es kaum abwarten, Adil zur Rede zu stellen.

Das Abendessen will kein Ende nehmen. Ich bin so von dieser Geschichte besessen, dass ich kaum antworte, wenn jemand das Wort an mich richtet. Endlich sind wir beide allein im Schlafzimmer. Ich hole tief Luft und berichte Adil, dass ich Shanaz aufgesucht und von ihr verlangt habe, ihn in Ruhe zu lassen. Ich beiße die Zähne zusammen, während ich auf Adils Reaktion warte. Er ist ein wenig überrascht, dann aber zuckt er nur grinsend die Schultern. Schließlich antwortet er:

«Wir beide, Shanaz und ich, kennen uns schon seit Ewigkeiten, und wir werden uns immer lieben. So einfach ist das, wir können nicht ohne einander leben.»

«Wenn du mich nicht liebst, will ich tot sein», brülle ich. Alarmiert durch mein Geschrei, stürzt meine Schwiegermutter Kirane in unser Zimmer. Sie sieht abgespannt aus und fragt mit erschöpfter Stimme, was los sei. Adil beruhigt sich sofort und hüllt sich in Schweigen. In Tränen aufgelöst, erzähle ich Kirane die ganze Geschichte – von Adils heimlicher Liebe, meinem Besuch bei Shanaz und Adils Erklärung, dass er dieses Mädchen immer lieben wird. Kirane fürchtet vor allem das Gerede im Dorf und versichert mir, sie werde alles regeln. Vor meinen Augen hält sie Adil eine Standpauke, dass er mich gefälligst gut behandeln soll. Wir seien verheiratet, und ich sei fortan seine Frau. Dann kehrt sie in ihr Zimmer zurück. Adil kocht vor Wut und schläft draußen auf einem *Tscharpoi*.

An den folgenden Tagen beleidigt mich Adil, wann immer sich die Gelegenheit bietet. Er sagt, ich sei eine schlechte Frau und würde ihm nur Ärger einbringen. Kirane überwacht mich pausenlos. Ich kann mich nicht einmal Rubina anvertrauen, sie ist Adils Schwester und würde für ihn Partei ergreifen. Die Einzige, der ich von meinem Unglück erzählen könnte, ist eine entfernte Cousine von mir, die ein paar Häuser weiter wohnt. Sie heißt Roxana. Ich kenne sie nicht besonders gut, doch sie würde mir vielleicht zuhören.

Am Nachmittag besuche ich sie. Sie wohnt mit ihrem Mann bei ihren Schwiegereltern. Sie ist eine hübsche junge Frau von zwanzig Jahren mit feinen Gesichtszügen und lockigem Haar. Sie empfängt mich mit offenen Armen und schlägt mir im Flüsterton vor, sie beim Reisigsammeln zu begleiten. Wir brauchen diesen Vorwand, um vor neugierigen Blicken und Ohren sicher zu sein. Ihre Schwiegermutter bedeutet uns, dass wir uns beeilen sollen.

Nachdem wir etwa eine halbe Stunde gearbeitet haben, setzen wir uns auf einem Feld hinter einen Heuschober. Ich spüre, dass auch Roxana das Bedürfnis hat sich auszusprechen. Sie erzählt mir, dass ihre Schwägerinnen und ihre Schwiegermutter ihr das Leben schwermachen. Sie werfen ihr vor, keine ausreichende Mitgift in die Ehe gebracht zu haben. Doch Roxana hat mehr Glück im Unglück als ich. Ihr Mann Adnan hängt sehr an ihr. Er verteidigt sie immer. Nur ist er tagsüber nicht da.

Eilig sammeln wir unser Reisig ein und kehren jede zu sich nach Hause zurück.

Als ich heimkomme, ist es schon spät. Adil ist bereits vom Feld zurückgekehrt. Er erwartet mich wütend und zerrt mich mit finsterem Blick am Arm ins Schlafzimmer.

«Ich habe erfahren, dass du bei Roxana warst. Was hast du dort zu suchen? Ich bin sicher, du hast etwas mit ihrem Mann! Du bist eine Hure!»

Ich breche in Tränen aus und erwidere, ich hätte nur meine Cousine besucht. Doch Adil ist außer sich vor Wut und belegt Adnan mit allen möglichen Schimpfnamen. Er sagt, Adnan sei ein Draufgänger und bekannt dafür, anderen Männern die Frau auszuspannen. So zornig habe ich Adil noch nie erlebt. Ich bin tief gekränkt. Anscheinend hat Adil Angst, ich könnte jemandem die Geschichte von seiner heimlichen Liebe erzählen. Er sucht einen Vorwand, um mich im Haus einzusperren, und er hat ihn gefunden. Er verbietet mir, fortan das Haus ohne ihn zu verlassen. Von nun an begleitet er mich auf Schritt und Tritt, und wenn er mal nicht da ist, bittet er Rubina, mich zu bewachen.

In jener Woche kommt meine Schwester Farah zu Besuch und bleibt einen ganzen Nachmittag bei mir. Das ist eine willkommene Abwechslung. Ich bin so glücklich, sie wiederzusehen. Sie ist mit ihrem ersten Kind schwanger. Letztes Jahr hatte sie eine Fehlgeburt, doch diesmal ist sie im Mausoleum von Uch Sharif gewesen und hat dort gebetet. Sie trägt ein Amulett um den Hals, das ihr ein *Pir,* ein heiliger Mann, geschenkt hat. Sie sagt, das sei ein besonderes *Tavis,* ein Glücksbringer, der das Baby schützen soll. Ihr Bauch ist schon rund, sie sieht prächtig aus.

Begeistert stellt sie mir alle möglichen Fragen. Sie will wissen, wie es mir in meiner neuen Familie geht. Aber Adil weicht nicht von meiner Seite und folgt mir wie ein Schatten. Er lässt uns keine Minute allein und wacht über alles, was ich sage. So erfährt Farah nichts von meiner Verzweiflung, von meinen Ängsten, von meiner Traurigkeit. Kaum ist meine Schwester aufgebrochen, verhält sich Adil wieder reserviert und kalt.

8

«Na, Naziran, immer noch nicht schwanger? Du weißt wohl nicht, wie das geht!»

Ich zucke zusammen. Es ist Rafiq, einer meiner Schwäger, ein reifer Mann mit lüsternem Blick. Mit kleinen trockenen Reisigzweigen entzünde ich ein Feuer im Hof. Ich beachte ihn gar nicht. Was sollte ich auch antworten?

Monate sind vergangen, seit ich Adil geheiratet habe, und mein Bauch bleibt hoffnungslos flach. Wenn in unserem Land geheiratet wird, rechnet die Familie in den nächsten zwölf Monaten mit einem Baby. Aber wie soll ich ein Kind bekommen, wenn mein Mann so gut wie nie mit mir schläft? Ich nehme an, dass er weiter heimlich Shanaz aufsucht. Aber ich muss Adil unbedingt einen Sohn schenken. Das erwarten alle von mir.

Die Stimmung im Haus wird immer unerträglicher. In letzter Zeit macht sich nicht nur Rafiq über mich lustig, auch die Frauen überhäufen mich mit spöttischen Andeutungen, und Kirane jammert unentwegt, dass sie keinen neuen Enkelsohn mehr bekommt. Jedes Mal, wenn ich ein Baby sehe, könnte ich in Tränen ausbrechen. Ich sehne mich so sehr nach einem eigenen Kind, das ich lieben und herzen kann. Dann würde ich mich weniger allein fühlen. Und wenn ich selbst Mutter wäre, würde ich von meiner Schwiegerfamilie endlich respektiert.

Ich kehre in mein Zimmer zurück und greife nach dem Handy, das Adil in einem Regalfach hat liegen lassen. Mein Mann ist mit einem seiner Neffen auf dem Basar, um Pestizide zu kaufen. Ich entfalte das Blatt Papier, auf dem mein Bruder Salim mir seine Telefonnummer aufgeschrieben hat, und wähle. Mein Bruder meldet sich sofort. Ich flüstere in den Hörer:

«Salim, du musst unbedingt kommen! Bitte hol mich nach Hause zurück. Ich halte es hier nicht mehr aus.»

«Warum denn? Was ist passiert, Naziran?»

«Es ist wegen Adil. Das erzähle ich dir dann. Aber komm, bitte, ich flehe dich an.»

Bevor er auflegt, verspricht mir Salim, eine Lösung zu finden. Noch am selben Abend ruft er Adil an:

«Bitte besuch uns mit meiner Schwester. Wir wollen sie sehen, sie fehlt uns. Gongui Ma fragt jeden Tag nach ihr.»

Adil willigt ein. Die Baumwollernte ist beendet. Er will die Gelegenheit nutzen, um in Multan Einkäufe zu erledigen. Er schlägt vor, gleich am nächsten Tag zu fahren. Früh am Morgen nehmen wir den Bus. Bevor wir auf die Hauptstraße kommen, bedecke ich Nase und Mund mit meinem Schleier. Ich bin eine verheiratete Frau, ich muss mich würdig verhalten. Während der dreistündigen Fahrt richtet Adil kaum das Wort an mich. Ich erinnere mich, wie ich, frisch verheiratet, den Weg in umgekehrter Richtung zurückgelegt und von meinem neuen Leben geträumt habe.

Als ich in der Ferne mein Dorf erblicke, überschlägt sich mein Herz vor Freude. Das Haus von Mister Malik, die Obstgärten des Nachbarn mit den Mangobäumen, die

Moschee, vor der wir mit den Heuschrecken spielten … Trotz der unangenehmen Erinnerungen beruhigt es mich, diesen Ort wiederzusehen. Ich bin wieder daheim im Dorf meiner Kindheit. Wir steigen aus dem Bus und laufen zu Fuß zum Haus von Salim und Gongui Ma. Vor dem Eisentor meines Elternhauses schnürt sich mein Herz zusammen.

Im Hof sehe ich meinen Vater auf einem *Tscharpoi*. Ich bin erstaunt, ihn hier anzutreffen. Salim wird ihm gesagt haben, dass ich komme. Ich habe nicht damit gerechnet, dass er mich bei Gongui Ma besuchen würde. Aber mein Vater begrüßt mich kaum, er kocht vor Wut. Als wir im Haus sind, pflanzt er sich vor Adil auf und ohrfeigt ihn. Adil, der nicht weiß, wie ihm geschieht, steht verdattert da, während Papa schimpft:

«Warum benimmst du dich so, du hast keinen Respekt. Ich habe dir meine Tochter gegeben, und du behandelst sie derart schlecht! Ich werde euch scheiden lassen!»

Die Geschichte von Adil und seiner Nachbarin ist also bis hierher vorgedrungen. Wahrscheinlich hat Roxana meiner Familie davon erzählt. Salim versucht, Papa zu beruhigen, der wutschnaubend wieder Platz nimmt. Mein Bruder erklärt Adil, er tue besser daran, in sein Dorf zurückzukehren. Voller Zorn und tief gedemütigt macht sich mein Mann auf den Heimweg.

Ich sehe Gongui Ma in ihrem Zimmer. Sie hat der Szene schweigend beigewohnt. Ich werfe mich in ihre Arme. Welches Glück, Mama wiederzusehen. Ich sage ihr, dass sie mir furchtbar gefehlt hat, dass ich sie immer in meiner Nähe haben will. Mein Vater beobachtet uns und knurrt, dass sich Adil hier bloß nicht wieder blicken lassen soll.

Gongui Ma wärmt mir den Rest des Abendessens auf. Ich erzähle von meiner misslichen Lage in meiner Schwiegerfamilie, von Adils Wutausbrüchen, von Kiranes Verhalten mir gegenüber, von den höhnischen Bemerkungen meiner Schwäger. Gongui Ma nickt, sie weiß, was ich durchmache. Salim aber murmelt, alles werde wieder ins Lot kommen, man müsse nur geduldig sein. Jedenfalls könne ich nicht zu meiner Mutter zurückkehren, es sei nicht genug Geld da, um alle zu ernähren. Meine Neffen gehen jetzt zur Schule, die Mädchen inzwischen auch. Das kostet.

Am nächsten Morgen sucht mich mein Vater auf. Er nimmt mir gegenüber im Hof Platz, zündet sich eine Zigarette an und zwirbelt nachdenklich seinen Schnurrbart. Er nimmt einen tiefen Zug und erklärt mir mit ernster Stimme, dass er nachgedacht habe. Es sei beschlossene Sache, ich solle mich scheiden lassen und nach Hause zurückkehren. Es sei ein Fehler gewesen, mich mit Adil zu verheiraten. Ich senke den Kopf. Ich mache mir keine Illusionen. Was ihm Sorgen bereitet, ist nicht das Wohl seiner Tochter. Er spielt sicher schon mit dem Gedanken, mich an einen anderen Mann zu verkaufen. Er hat einen guten Vorwand gefunden, noch einmal an mir zu verdienen. Ich flehe Papa an zu versuchen, die Dinge zu regeln.

Im Laufe unseres Gesprächs klingelt Papas Handy. Es ist Imtiaz, ein Cousin von Adil. Er spricht so laut, dass ich alles verstehen kann. Imtiaz beschwört meinen Vater, seine Entscheidung rückgängig zu machen. Er erklärt, es wäre eine Schmach für seine Familie, wenn ich meinen Mann verlassen würde. Und natürlich auch ein enormer finanzieller Verlust, schließlich hätten sie doch eine Menge für die Heirat bezahlt.

Der Cousin versichert meinem Vater, Adil würde sein Verhalten sehr bereuen, er wolle, dass ich zu ihm zurückkomme. Kaum hat Imtiaz aufgelegt, ruft mein Schwiegervater an. Er verspricht Papa, persönlich darauf achtzugeben, dass ich gut behandelt werde. Papa willigt ein. Vielleicht hatte er doch noch kein Angebot in Sicht, mich neu zu verheiraten. Warum also sollte er sich das Leben schwermachen?

Nach wenigen Tagen bei meiner Mutter kehre ich also zu meiner Schwiegerfamilie zurück. Zu Tode betrübt verlasse ich Gongui Ma. Sie verspricht mir, im Mausoleum unseres Dorfes für mich zu beten. Ich hoffe, Adil wird sich wirklich ändern, habe aber meine Zweifel. Ich bin besorgt, was mich erwartet. Unterwegs denke ich an meine letzten Monate dort zurück. Ich habe mich sehr bemüht, habe das Haus in Ordnung gehalten und hart gearbeitet. Und ich liebe Adil. Tief im Innern wünsche ich mir nur, dass er mich auch liebt.

Als ich im Dorf ankomme, empfängt mich meine Schwiegermutter mit einem honigsüßen Lächeln.

«Meine liebe Tochter, ich bin ja so glücklich, dich wiederzusehen. Du hast uns schon gefehlt.»

Mein Schwiegervater sitzt in seinem Zimmer und bittet mich einzutreten. Er ist der Einzige, den ich wirklich mag. Er legt die Hand auf meinen Kopf, um mir seinen Segen zu geben. Ich verneige mich und berühre seine Füße zum Zeichen der Ehrerbietung. Dann gehe ich aufs Höchste angespannt in mein Zimmer. Ich habe Adil noch nicht gesehen. Während ich meine Sachen auspacke, schauen meine Schwägerinnen vorbei. Sie umarmen mich und sagen, wie froh sie sind, dass ich zurückgekommen bin. Rubina nimmt meine Hände in die ihren:

«Weißt du, Naziran, sollte dich Adil jemals schlecht behandeln, dann sag es uns. Du kannst dich auf uns verlassen.»

Ich nicke stumm und frage mich, warum sie mir nicht vorher geholfen haben. Meine Schwiegermutter Kirane erscheint auf der Türschwelle und bedeutet ihnen zu gehen. Sie will unter vier Augen mit mir sprechen. Sie setzt sich auf mein Bett und fragt in scharfem Tonfall:

«Sag mir, Naziran, warum bist du immer noch nicht schwanger? Du musst verstehen, das ist ein wirkliches Problem für die Familie. Wenn das so weitergeht, muss ich Adil mit einer anderen Frau verheiraten ...»

Ich bin am Boden zerstört und beschließe, mit offenen Karten zu spielen.

«Meine liebe Mutter, Adil teilt so gut wie nie das Bett mit mir. Wie soll ich da schwanger werden?»

Kirane nickt nachdenklich und reibt sich mit ihrer schwieligen Hand das Knie. Sie ist ganz offensichtlich verlegen.

«Gut. Mach dir keine Sorgen, ich werde mit meinem Sohn sprechen.»

Den Rest des Tages arbeite ich mit den anderen Frauen auf dem Feld. Sie sind erstaunlich zuvorkommend zu mir. Am späten Nachmittag kehren wir mit unseren Reisigbündeln zurück und bereiten das Abendessen zu. Sadia, die Frau von Adils großem Bruder Fawad, leiht sich Öl bei uns aus. Sie wohnt nur ein paar Häuser entfernt. Sie ist sehr geschwätzig und heute besonders gut gelaunt. Ganz aufgeregt erzählt sie uns von den jüngsten Erlebnissen mit ihrem Mann.

Die ganze Familie weiß darüber Bescheid, dass Rafiq häufig Karten spielt und sich dabei mit seinen Freunden betrinkt. Wenn er nach Hause kommt, schlägt er seine Frau. Sadia hielt es nicht mehr aus. Und so fuhr sie zu einer ihrer Schwestern nach Bahawalpur, einer mehrere Autostunden entfernten Stadt. Sie gab vor, zum Grab eines Heiligen pilgern zu wollen. In Wirklichkeit aber hatte sie von einem *Pir,* einem Heiler gehört, der sich dort vor einigen Jahren niedergelassen hatte. Es hieß, er sei ein sehr mächtiger Mann, der sich auf Verwünschungen spezialisiert hatte. Der *Pir,* ein Magier mit kholumrandeten Augen, empfing Sadia und hörte ihr aufmerksam zu. So geschwätzig wie sie ist, muss das Stunden gedauert haben ...

Der *Pir* hat ihr dann einen ganz besonderen *Tavis* gefertigt. Er hat sie aufgefordert, ihn heimlich unter Rafiqs Matratze zu legen und zu warten, dass er schlafen geht. Sadia hat dem *Pir* 150 Rupien gegeben und ist nach Hause zurückgekehrt. Abends hat sie den *Tavis* unter die Matratze geschoben, wie es ihr empfohlen worden war. Rafiq kam stark betrunken nach Hause, legte sich ins Bett und schlief augenblicklich ein. Mitten in der Nacht wurde Sadia von einem schrecklichen Gebrüll geweckt. Es war Rafiq, der wie von der Tarantel gestochen durchs Zimmer lief und behauptete, sein Bett würde brennen. Dann rannte er hinaus und schrie. «Feuer! Feuer! Feuer!»

Wir haben Tränen gelacht über Sadias Geschichte, vor allem bei der Vorstellung, wie der dicke Rafiq in Unterwäsche, verfolgt von eingebildeten Flammen, über die Felder lief. Jetzt sei ihr Mann, so Sadia, derart kleinlaut, dass er ihr den ganzen Tag noch keine Vorhaltungen gemacht habe. Er habe ihr sogar versprochen, abends nicht mehr auszugehen. Sadia ist ganz beglückt über den Erfolg ihres *Tavis*. Ich sage mir, dass ich ebenfalls diesen *Pir* aufsuchen sollte. Ob er in der Lage ist, auch Adil zu verhexen? Es gibt bestimmt einen Zauber, der Adil in mich verliebt macht.

In der Ferne sehen wir die Männer, die von den Feldern heimkehren. Sie laufen bedächtig über den Pfad am Kanal entlang. Wir verabschieden uns von Sadia, die sich mit ihrem Öl auf den Heimweg macht, und breiten die große Wachstuchdecke am Boden des Hofes aus. Beim Abendessen weicht Adil meinem Blick aus, er ist ganz offensichtlich verlegen. Die ganze Familie geht schlafen. Ich lege mich auf mein Bett und lausche auf die Geräusche von draußen. Adil tritt zögernd ein.

«Naziran, es tut mir wirklich leid.»

Er nimmt zu meinen Füßen Platz.

«Ich verspreche dir, dass ich nichts mehr für Shanaz empfinde. Du bist meine Frau, und ich liebe dich mehr als jede andere.»

Seit diesem Abend schläft Adil jede Nacht bei mir. Ich bin sicher, dass Kirane es von ihm verlangt hat.

9

Der Geruch des Fladenbrots bereitet mir Übelkeit. Heute Morgen wird mir bei der Zubereitung des Frühstücks plötzlich schlecht. Ich laufe zum Graben hinter dem Haus und versuche mich zu übergeben. Doch mein Magen ist leer, ich würge nur, von Krämpfen geschüttelt. Seit mehreren Tagen schon leide ich an dieser sonderbaren Krankheit, die auch andere besorgniserregende Symptome mit sich bringt. Meine Brust ist steinhart, und ich bin völlig erschöpft. Am Abend falle ich in mein Bett und versinke in bleiernen Schlaf.

Als ich in den Hof zurückkehre, beäugt mich meine Schwiegermutter neugierig.

«Mir ist übel, dieser Geruch nach Öl widert mich an», erkläre ich.

Kirane holt Fenchelsamen, die ich kauen soll, um die Übelkeit zu vertreiben. Sie mustert mich aufmerksam.

«Hast du deine Periode gehabt?»

«Nein, ich bin spät dran. Vielleicht ist mein Körper einfach …»

Meine Schwiegermutter nickt.

«Mir ist schon aufgefallen, dass dein Gesicht verändert ist. Ich weiß, woran du leidest. Du bist schwanger.»

Ich kann es nicht glauben. Sollten meine Gebete tatsächlich erhört worden sein? Vor ein paar Wochen bin ich mit Rubina im Mausoleum von Uch Sharif gewesen. Das ist ein altes Bauwerk, verziert mit weißen und blauen Kacheln, überragt von einer teilweise verfallenen Kuppel. Im Gebäudeinneren habe ich den goldbraunen Stoff berührt, der das Grab des Heiligen bedeckt, und habe es mehrmals umrundet. Und ich habe von ganzem Herzen gebetet, habe gefleht, Gott möge mir ein Kind schenken. Ich möchte, dass Adil stolz auf mich ist, ich will Mutter werden. Beim Hinausgehen habe ich dem Wärter des Mausoleums sogar ein paar Scheine zugesteckt, damit er ein Gebet für mich spricht – 100 Rupien, meine gesamten Ersparnisse.

Ab jetzt denke ich an nichts anderes als an dieses Baby in meinem Leib. Mein Kind kann nicht viel größer als ein Weizenkorn sein, ich spüre noch keine Bewegung. Trotzdem bin ich außerstande, das Geheimnis für mich zu behalten. Noch am selben Abend bemerkt Adil, dass ich in einem sonderbaren Zustand bin. Ich halte es nicht länger aus und verkünde ihm die Neuigkeit, sobald er unser Zimmer betritt. Er ist überglücklich und sieht sich schon mit seinem Sohn auf dem Arm durch das Dorf spazieren.

Am nächsten Morgen ist bereits die ganze Familie auf dem Laufenden. Auch meine Schwiegermutter hat nicht den Mund halten können. Kirane vertraut mir sogar an, sie habe Adil verboten, mich zu schlagen, weil das schlecht für das Kind sei. Aber auch so ist Adil jetzt freundlich zu mir. Auch meine Schwäger und Schwägerinnen sind mit einem Mal geradezu fürsorglich. Endlich bin ich eine wichtige Person für die Familie. Ich werde Mutter!

Eines Morgens kommt Adil mit einem ganzen Bündel

Scheine zu mir. Er hat die Weizenernte zu einem guten Preis verkauft und möchte mir ein Geschenk machen.

«Naziran, sag mir, was würde dir Freude bereiten?»

Es gibt tatsächlich etwas, das ich mir seit meiner Ankunft hier wünsche … Und so antworte ich ihm:

«Könntest du dafür sorgen, dass wir Strom in unserem Zimmer haben?»

Die meisten Häuser im Dorf sind inzwischen an das Stromnetz angeschlossen. Ich beneide unsere Nachbarn, die abends Licht haben, bei großer Hitze ihren Ventilator einschalten und sogar fernsehen können. Doch als Adil mit seinen Eltern über das Vorhaben spricht, zucken sie nur mit den Schultern.

«Wozu brauchst du Strom, Adil? Das ist lächerlich! Für wen hält sich deine Frau? Meint sie etwa, nur weil sie aus einem größeren Dorf kommt, müsste sie im Luxus schwelgen? Lass dich nicht von ihr einwickeln, Junge!»

Doch diesmal bietet Adil seinen Eltern die Stirn. Elektriker legen Kabel zu unserem Haus. Wir haben jetzt eine Glühbirne an der Decke, die uns abends Licht spendet, und eine Steckdose in der Nähe des Regals. Während der großen Hitzeperiode könnten wir uns sogar einen Ventilator kaufen, der für etwas Kühle sorgt. Im Sommer ist die Hitze nur erträglich, wenn man *Tukh malanga* trinkt und im Schatten vor sich hin döst. *Tukh malanga* sind winzige schwarze Kerne, die wir im Gemüsegarten ziehen. Wenn man sie mit Wasser bedeckt, entsteht daraus ein dickflüssiges, erfrischendes Getränk. Aber nichts kommt einem Ventilator gleich!

Adil lässt auch eine Wasserpumpe installieren. Bislang mussten wir das Wasser vom Friedhof bis zum Haus schleppen – eine wahre Fronarbeit. Jetzt haben wir zehn Meter vom Haus entfernt endlich einen Hahn, der von einem Brunnen gespeist wird. Ein weiterer kleiner Luxus, der mich überglücklich macht, ist ein Radio, das Adil auf dem Basar für mich erstanden hat.

Im Laufe der Monate wird mein Bauch so dick, dass ich meine Füße nicht mehr sehen kann. Ich spüre, wie mir das Kind Tritte versetzt, wenn ich mich abends auf dem *Tscharpoi* ausstrecke. Kirane wacht über mich, als wäre ich ihre eigene Tochter. Wenn es Fleisch zum Essen gibt, schiebt sie mir ein großes Stück zu. Sie schenkt mir frische Milch ein, manchmal gibt sie mir sogar *Halva*. Meine Schwiegermutter behütet mich wie einen Schatz. Doch trotz meiner Schwangerschaft muss ich jeden Tag auf dem Feld arbeiten. Mein Bauch ist mir dabei immer mehr im Weg, und es fällt mir schwer, mich beim Reisigsammeln zu bücken. Ich muss oft Pausen einlegen, um wieder zu Atem zu kommen.

Als mein Bruder Salim mir seine Hochzeit ankündigt, bin ich sehr traurig. Eine Busreise in meinem Zustand kommt nicht in Frage, und so kann ich nicht an der Feier in meinem Dorf teilnehmen. Dabei würde ich ihn und seine neue Frau so gerne sehen. Sie haben mir versprochen, mich nach der Geburt des Kindes zu besuchen.

Eines Tages, als ich gerade Gras für die Kuh schneide, zerreißen mich plötzlich furchtbare Schmerzen. Mein Bauch wird hart wie Stein und lockert sich nach einer Weile. Dann geht das Ganze wieder von vorne los. Ich bin zu Tode erschrocken. Ich habe im Dorf viele Geschichten gehört von Frauen, die bei einer Fehlgeburt sterben. Es heißt, dass sie verbluten und das Baby in ihrem Bauch stirbt. Ich lasse mein Reisigbündel fallen und laufe vor Schmerzen gekrümmt mit kleinen Schritten nach Hause. Keuchend erreiche ich den Hof.

Kirane kommt herbeigeeilt. In Panik sage ich ihr, das Baby sei im Begriff zu sterben. Meine Schwiegermutter beruhigt mich. Sie erklärt mir, diese Schmerzen seien Anzeichen der bevorstehenden Geburt. Sie legt mich auf meinen *Tscharpoi* und massiert mir die Füße. Die Wehen dauern einen ganzen Tag an. Am folgenden Nachmittag werden die Abstände immer kürzer. Mir ist, als würde ich gevierteilt, am liebsten würde ich sterben. Ich schwitze so sehr, dass meine Kleider durchnässt sind. Kirane sagt, der Moment sei gekommen. Sie gibt der *Daï* Bescheid.

Die *Daï* ist die Hebamme, die auch alle Kinder meiner Schwägerinnen auf die Welt geholt hat. Ich werde zu Hause entbinden. Hier bringt niemand seine Frau ins Krankenhaus, das ohnehin viel zu weit weg ist. Endlich erscheint ganz außer Atem die *Daï*, eine alte, nahezu zahnlose Frau. Sie mustert mich durchdringend und tastet meinen Bauch ab. «Du musst warten, das Kind ist noch nicht bereit.» Sie lässt ein Gebräu aus speziellen Kräutern für mich kochen. Von Schmerzen geschüttelt, versuche ich, es zu trinken. Die *Daï* tröstet mich, der Tee werde meinen Unterleib öffnen, sagt sie. Und sie beruhigt mich, dies sei schließlich nicht das erste Baby, das sie auf die Welt holt.

Ich bin erschöpft und zittere am ganzen Leib. Ich habe jedes Zeitgefühl verloren. Draußen höre ich die Männer reden und versuche, nicht zu schreien, doch der Schmerz zerreißt mich. Das dauert jetzt schon eine Ewigkeit. Ich habe das Gefühl, die Nacht nicht zu überstehen. Die *Daï* ist an meiner Seite und massiert meine Beine, damit ich mich entspanne.

Meine Schwägerinnen sind auch bei mir. Sie haben Salim am Vortag Bescheid gegeben, er wird bald hier sein. Am frühen Morgen werden die Wehen immer heftiger. Ich habe plötzlich den unwiderstehlichen Drang zu pressen. Ein Zeichen, dass das Baby kommt, sagt die *Daï*. Sie drückt fest auf meinen Bauch, und ich spüre, wie der Kopf austritt. Die alte Frau zieht das Kind heraus. Es liegt blauverfärbt in ihren Händen, doch dann stößt es einen Schrei aus. Es lebt!

Die *Daï* durchtrennt die Nabelschnur mit einer Rasierklinge und reibt das Baby mit einem feuchten Tuch ab. Sie massiert es mit Senföl, damit es sich entspannt. Anschließend gibt sie ihm etwas Honig auf die Lippen, um es willkommen zu heißen, und kramt in ihrer Plastiktüte. Sie zieht ein Kästchen hervor, das Antimonpulver enthält, und zeichnet damit einen schwarzen Strich unter jedes Auge, um es vor bösen Geistern zu schützen und seine Sehkraft zu stärken. Sie legt ihm auch schwarze Armbänder an, um den bösen Blick abzuwehren. Dann reicht sie mir das Kind. Es ist ein winziges Baby mit honigfarbener Haut, großen schwarzen Augen und einem feinen Haarflaum. Ich weiß, dass es kein Fest zur Geburt meines Kindes geben wird. Es ist ein Mädchen.

Die *Daï* reinigt ihre Instrumente und streut Sand auf den Boden, um das Blut aufzusaugen. Meine Schwiegermutter, die draußen geblieben ist, steckt den Kopf zur Tür herein. Sie erkundigt sich aufgeregt, ob es ein Junge ist. Die *Daï* schüttelt den Kopf. Kiranes Gesicht verfinstert sich. Gleichgültig gegenüber meinem Schmerz, fährt sie mich an: «Haben wir dich für dieses Ding da so umhegt? Dich ernährt und verhätschelt? Da sieht man, wie undankbar du bist.»

Ohne das Kind auch nur eines Blickes zu würdigen, stürzt sie auf den Hof und bedenkt mich dabei mit einem Schwall von Flüchen. Mein Schwiegervater Mumtaz betritt in Begleitung meiner Schwägerinnen das Zimmer. Er spricht ein Gebet in das Ohr des Babys, wie es muslimische Tradition ist. Schließlich verlassen meine Schwägerinnen eine nach der anderen mein Zimmer. Ich bleibe einen Augenblick allein. Zum Glück erscheint Salim mit seiner Frau. Sakina setzt sich an mein Bett und erkundigt sich nach meinem Befinden. Ich frage sie, was meine Schwiegerfamilie draußen erzählt. Sie erwidert traurig: «Sie sind alle sehr enttäuscht. Sie hatten sich so sehr einen Jungen gewünscht. Sie sagen, du hattest kein Glück.»

Ich bin erschöpft und fange leise an zu weinen. Sakina versucht mich zu trösten: «Ich hole dir etwas zu essen. Sie haben bestimmt etwas Gutes für dich gekocht.»

Aber dann stellt sie verwundert fest, dass niemand etwas für mich zubereitet hat. Bei uns ist es üblich, dass einer Frau, die gerade entbunden hat, gebratene Geflügelleber gereicht wird, damit sie nach dem Blutverlust wieder zu Kräften kommt. Man gibt ihr auch Tomaten und Hühnersuppe. Meine Schwiegermutter hat mir überhaupt nichts gekocht. Salim geht auf den Basar, um Hühnerfleisch, Butter und frische Milch für mich zu kaufen. Seine Frau kocht mir eine stärkende Geflügelsuppe daraus. Sie drängt mich zu essen. Todmüde und tief getroffen von der Reaktion meiner Schwiegerfamilie schlafe ich schließlich ein.

Als ich einige Stunden später die Augen öffne, ist Adil in meinem Zimmer. Er sagt, mein Bruder sei mit seiner Frau nach Hause zurückgekehrt. Er deutet auf das Baby und wirft mir einen vorwurfsvollen Blick zu. Ich weiß, wie sehr er sich einen Sohn gewünscht hat. Er hatte auf dem Basar schon Zuckerwerk bestellt, das er unter Familienangehörige und Freunde verteilen wollte, um die Geburt seines Sohnes zu feiern. Aber ein Mädchen! Er will es nicht einmal auf den Arm nehmen.

Die ganze Familie ist bestürzt. Kirane spricht kein Wort mit mir. Aber ich weiß, was sie denkt. Wenn ein Junge auf die Welt kommt, wird ein Fest veranstaltet, und sieben Tage nach der Geburt versammelt sich die Familie zu seiner Beschneidung. Musikanten spielen auf, und die Gäste geben dem Kleinen Löffel mit Milch.

Mein Schwager Rafiq steht draußen vor meinem Zimmerfenster und macht sich über mich lustig.

«Naziran, du bist wirklich ein Pechvogel. Erst kommst du mit leeren Händen hier an, und dann bringst du auch noch ein Mädchen zur Welt.»

Ich antworte nicht. Was sollte ich auch sagen? Den ganzen Tag über ignoriert Adil sein Kind und sagt, ich solle zusehen, wie ich zurechtkomme. Ich bitte Rubina, meinen Schmuck zu verkaufen – die beiden goldenen Armbänder, die mir Adil zur *Nikka* geschenkt hat. Sie bringt sie zum Basar und kommt mit einer kleinen Plastiktüte voll winziger Kleidungsstücke aus Baumwolle zurück.

Ich ziehe der Kleinen ein Hemdchen an, lege ein Stück Stoff zwischen ihre Beine und umwickele sie ganz fest mit einer Windel. Meine Tochter ist süß und weint so gut wie nie. Von draußen höre ich die Nachbarn, die mich besuchen und sich nach meinem Baby erkundigen wollen. Kirane weist sie grob ab und verflucht mich vor ihnen, weil ich ein Mädchen geboren habe. Es gebe also gar keinen Anlass, mir zu gratulieren.

Vier Tage nach meiner Entbindung, es ist noch dunkel, befiehlt mir Kirane aufzustehen.

«He, Naziran, denkst du etwa, du könntest dich ausruhen, als ob du uns einen Sohn geschenkt hättest? Was glaubst du denn? Mach dich gefälligst an die Arbeit.»

Trotz der Unterleibsschmerzen, die mich noch immer peinigen, quäle ich mich hoch. Gemäß unserer Tradition ruhen sich die Frauen bis zu vierzig Tage nach der Geburt aus. Aber Kirane sieht das in meinem Fall anders. Gezwungenermaßen fange ich also wieder an zu arbeiten. Ich wasche die schmutzige Wäsche, bereite die Mahlzeiten zu, putze das Haus. Wenn diese Pflichten erledigt sind, muss ich trotz meines Zustands auf dem Feld helfen. Meine Tochter nehme ich mit. Sie schläft in eine Decke gewickelt.

Am Rand des Gemüsegartens bastele ich ihr eine Hängematte. Ich knote die beiden äußeren Enden meines Schleiers an zwei Äste und lege mein Baby in diese beschattete Wiege. Immer wenn ich zwei Reihen Unkraut gejätet habe, stille ich die Kleine. Sie ist ein braves Baby und trinkt gut. Aber manchmal fängt sie anschließend an zu weinen, weil sie Bauchschmerzen bekommt. Dann singe ich ihr Wiegenlieder und massiere sie. Es beruhigt mich, sie in den Armen zu halten. Und doch muss ich Adil einen Sohn schenken. Das nächste Kind muss ein Junge werden!

Nach sechs Tagen geben wir meiner Tochter einen Vornamen. Adil will sie unbedingt Hina nennen. Ich mag diesen Namen nicht, er erinnert mich zu sehr an meine Schwägerin, aber ich lasse ihn wählen. Mit der Zeit fasst er doch Zuneigung zu dem Kind und wiegt es, wenn ich zu erschöpft bin.

Ansonsten geht der Albtraum weiter. Adil lässt mich dafür büßen, dass ich ihm keinen Sohn geboren habe. Es hagelt Schläge und Beleidigungen. Meine Schwiegermutter hört nicht auf, mir Vorwürfe zu machen, weil ich angeblich zu langsam bin. Ich weine oft und bin immer deprimierter. Nach so manchem harten Arbeitstag sitze ich alleine hinter der Mauer des Grundstücks und schluchze.

Eines Morgens verdünne ich auf dem Hof in einem Eimer Pestizide mit Wasser. Wenn dieses chemische Gemisch fertig ist, gibt Adil es in einen Plastikkanister, den er sich mit Riemen auf den Rücken schnallt. Unten an dem Gefäß ist ein Schlauch angebracht, mit dem man die Saat im Gehen besprühen kann. Adil sitzt neben mir und wartet ungeduldig, dass ich fertig werde. Ich werfe ihm einen Seitenblick zu, ich möchte ihn etwas fragen.

«Bald heiratet deine Schwägerin, nicht wahr? Könntest du mir eine Tunika für die Feierlichkeiten kaufen? Ich habe nichts anzuziehen für so ein Fest.»

Adil sieht mich finster an.

«Frag doch deinen ach so großzügigen Vater.»

Ich breche in Tränen aus.

«Du bist ungerecht. Schließlich bist du mein Mann, du musst dich um mich kümmern.»

«Halt den Mund und mach deine Arbeit.»

Mit tränenverschleiertem Blick verrühre ich die Mischung in dem Eimer. Adil findet, dass ich zu langsam bin.

«Du bringst nur Unglück! Und außerdem ertrage ich dein ewiges Geheule nicht mehr. Beeil dich!»

Er ohrfeigt mich. Ich versuche, mich zu wehren. Da greift er nach einer schweren Eisenstange und schlägt mir damit auf den Kopf. Ich schreie auf, Blut aus einer Platzwunde läuft mir ins Gesicht, sodass ich nichts mehr sehe. Niemand reagiert, niemand greift ein. Taumelnd erreiche ich mein Zimmer und breche auf dem *Tscharpoi* zusammen. Als ich wieder zu mir komme, tupfe ich die Wunde mit einem Stück Stoff ab, um das Blut zu stillen, und wasche mein Gesicht mit Wasser.

So kann es nicht weitergehen, ich muss aus diesem Dorf fliehen. Ich will zurück zu meiner Mutter. Von draußen ist kein Laut zu hören. Die Männer sind aufgebrochen, um die Pestizide auf den Feldern auszubringen. Ich stecke die hundert Rupien ein, die ich unter der Matratze versteckt habe, und nehme meine kleine Hina auf den Arm. Dann laufe ich in der Hoffnung, dass niemand mich beobachtet, den Pfad hinunter. Als ich die Straße erreiche, zittere ich am ganzen Leib und mein Herz klopft zum Zerspringen. Der Schmerz pocht in meinem Kopf, dort wo die Wunde ist. Endlich nähert sich ein Minibus und hält auf meiner Höhe an. Ich steige ein.

Genau in diesem Augenblick taucht Adil auf. Er macht dem Fahrer ein Zeichen zu warten, klettert in den Bus und zerrt mich mit Gewalt heraus. Mit dem Baby auf dem Arm folge ich ihm. Die Fahrgäste kichern und haben sichtlich Spaß an dem gebotenen Spektakel. Adil bringt mich wortlos zum Haus zurück und sperrt mich in meinem Zimmer ein. Er droht, bei einem erneuten Fluchtversuch würde ein Unglück geschehen. In unserem Ehevertrag sieht eine islamische Klausel, die *Haq meher,* eine Geldsumme vor, die der Ehemann seiner Frau im Fall der Trennung zu entrichten hat. Wenn ich Adil verlasse und zu meinen Eltern zurückkehre, muss er mir 5000 Rupien zahlen. Nur deshalb will er, dass ich bei ihm bleibe, da bin ich mir ganz sicher.

Ich warte ungeduldig auf den Besuch meiner Schwester Farah, die ihre Nichte Hina sehen will. Schließlich kommt sie mit vielen Geschichten über das Dorf und die Familie im Gepäck. Sie hat mir auch ein Geschenk mitgebracht: neue Kleider. Ich stelle das Paket in meinem Zimmer ab und koche uns Tee. Farah erzählt mir, dass Gongui Ma mich sehr vermisst. Ich lächele traurig, wage aber nicht, von meinen Problemen hier zu sprechen, weil ich nicht will, dass Mama sich Sorgen macht. Meine Schwester nimmt Hina auf den Schoß und singt ihr Kinderlieder vor.

Am späten Nachmittag begleite ich sie zur Straße, wo sie den Bus nimmt, bevor es dunkel wird. Wieder zu Hause ziehe ich die hübschen Kleider an, die Farah mir mitgebracht hat – eine blassgelbe Pluderhose, eine grüne *Kamiz* und einen perlenbestickten ockerfarbenen Schleier. Ich lege auch Lippenstift auf. Ich möchte schön sein für meinen Mann. Als ich mein Zimmer verlasse, mustert mich meine Schwiegermutter misstrauisch von oben bis unten, sagt aber nichts.

Ich lege Hina gerade in ihre Wiege, als Adil von der Feldarbeit heimkommt. Ich höre, wie meine Schwiegermutter ihm zuruft: «Warum kaufst du deiner Frau Kleider? Sie braucht solche hübschen Sachen nicht!»

Adil stürmt in mein Zimmer, sieht mich in meiner neuen Tunika und schreit mich an: «Du hast einen Liebhaber! Er hat dir diese Kleider geschenkt!»

Ich flehe ihn an, sich zu beruhigen. Das Baby fängt an zu weinen.

«Reg dich nicht auf. Das ist doch nur ein Geschenk von meiner Schwester!»

Aber er will mir nicht glauben. Er nimmt seinen Schuh und prügelt damit auf mich ein. Ich kauere am Boden, bis er sich beruhigt hat.

10

Hina zwitschert wie ein kleiner Kohèl, der Vogel, der den Monsun ankündigt. Ich reibe ihren pummeligen kleinen Körper mit Weizenöl ein, das tut ihr abends vor dem Schlafengehen gut. Sie ist nun schon fast drei Monate alt und wirklich ein niedliches Kind. Auch auf den Kopf träufle ich ihr ein wenig Öl, damit der feine Haarflaum glänzt, der schon wieder zu sprießen beginnt. Der Tradition entsprechend wurde ihr einige Wochen nach der Geburt der Schädel geschoren. Anschließend bereite ich für sie einen Brei aus Mehl, Milch, Salz und Honig zu, den ich ihr vor dem Schlafengehen zusammen mit einer zerdrückten Banane gebe. Während ich sie füttere, klingelt Adils Handy. Es ist mein Bruder Salim, der völlig aufgelöst ist: «Gongui Ma ist verschwunden! Sie ist heute Nachmittag auf den Markt gegangen, aber sie war bei Sonnenuntergang noch nicht wieder zurück. Wir suchen sie überall!»

Mir bleibt das Herz stehen. Wie ist es möglich, dass Mama abends nicht nach Hause kommt? Meine Brüder und Schwestern machen sich furchtbare Sorgen. Ihr muss etwas zugestoßen sein. Salim verspricht, sich wieder zu melden, sobald er Neuigkeiten hat. Ich bitte meine Schwiegermutter inständig, mich zu meinem Bruder fahren zu lassen, damit ich helfen kann, meine Mutter zu suchen. Doch Kirane sagt nur kalt: «Tut mir leid, Naziran, aber das kommt nicht in Frage, du hast hier im Haus zu viel zu tun.»

Ich fühle mich wie ein Tiger im Käfig, kann die ganze Nacht nicht schlafen und vergehe vor Unruhe. Was ist Gongui Ma bloß zugestoßen? Ich male mir die schlimmsten Sachen aus. Was, wenn sie tot ist? Im Fluss ertrunken oder in einen Graben gestürzt? Nach einer durchwachten Nacht bitte ich Adil erschöpft um Erlaubnis, meinen Bruder anrufen zu dürfen. Er reicht mir sein Handy.

Auch Salim hat kein Auge zugetan. Er erzählt mir, dass er mit meinen beiden Brüdern das ganze Dorf abgelaufen ist, um Mama zu suchen. Sie haben im Basar gesucht und alle Händler nach ihr gefragt. Niemand hat meine Mutter gesehen. Dann sind sie zu den Nachbarn gegangen, haben bei den Verwandten geklopft und Passanten befragt. Vergebens – Gongui Ma ist wie vom Erdboden verschluckt.

Ich komme fast um vor Sorge. Am Abend ruft Salim wieder an, er klingt niedergeschlagen. Er ist zur Polizei gegangen und hat eine Vermisstenanzeige aufgegeben. Die Polizisten haben ihn nur spöttisch angeschaut und erklärt, sie könnten nichts machen. Wegen einer vermissten Bäuerin scheinen sie keinen Finger rühren zu wollen. Es interessiert sie einfach nicht. Einer hat sogar grinsend gemeint, Mama sei bestimmt mit einem Liebhaber durchgebrannt. Mein Bruder ist wutschnaubend aus der Polizeistation gestürmt. Hätte er ihnen ein ordentliches Schmiergeld zustecken können, wären sie sicherlich motivierter gewesen.

In seiner Verzweiflung wendet sich mein Bruder am nächsten Tag an den Mullah des Dorfs, einen Greis, der im Ruf steht, ein Seher zu sein. Der Mullah empfängt ihn freundlich und lässt ihn auf einem *Tscharpoi* im Hof seines Hauses Platz nehmen. Salim erzählt ihm die ganze Geschichte. Der Mullah hüstelt und bittet ihn um den Namen meiner Mutter. Er kritzelt ihn auf ein Blatt Papier und vertieft sich in komplizierte Berechnungen, bis er eine Zahl gefunden hat, die Glückszahl meiner Mutter, wie er sagt.

Dann schließt er die Augen und konzentriert sich. Nach einigen Sekunden verkündet er Salim mit geheimnisvoller Stimme, dass er Mama sieht. Sie sei allein, sitze am Straßenrand und bettele. Der Mullah seufzt, schlägt die Augen auf und wendet sich wieder dem Blatt mit den Zahlen zu, fügt ein paar Koransuren hinzu, faltet es dann ganz klein zusammen und steckt es in ein Plastikmedaillon. Anschließend fordert er Salim auf, es stets bei sich zu tragen, dann würde meine Mutter bald zurückkommen. Dafür will er 500 Rupien (5 Euro), und zum Schluss segnet er meinen Bruder.

«Allah möge dich beschützen!»

In der Hoffnung, dass der Talisman helfen wird, kehrt mein Bruder nach Hause zurück. Dort erwartet ihn einer der Brüder von Gongui Ma, der mit ihm reden möchte. Es ist ein Mann von gedrungener Statur und einem runden Gesicht.

«Ich bin mir sicher, dass dein Vater Gongui Ma verkauft hat», erklärt mein Onkel. «Jemand, der all seine Töchter verkauft hat, ist auch imstande, seine Frau zu verscherbeln! Du solltest noch einmal zur Polizei gehen und ihn anzeigen.»

Salim ist unschlüssig. Er hat kein Vertrauen in die Polizei mehr. Zudem ist es heikel, seinen eigenen Vater anzuzeigen. Es würde Schande über die ganze Familie bringen, wenn sich das im Dorf herumspräche. Mein Bruder dankt meinem Onkel für seinen Besuch und sagt, er wolle es sich überlegen. Schließlich fasst er sich ein Herz und stattet Papa einen Besuch im Basar ab. Murtaza sitzt hinter seinen Früchten, und als er meinen Bruder sieht, verfinstert sich sogleich seine Miene. Salim kommt ohne Umschweife zur Sache: «Du weißt nicht zufällig, wo Mama steckt?»

«Natürlich nicht. Ich weiß von nichts. Keine Ahnung!»

Papa scheint auf einmal sehr beschäftigt und verabschiedet meinen Bruder rasch. Salim kehrt grübelnd nach Hause zurück. Er hat Verdacht geschöpft, trotzdem kann er sich nicht zu einer Anzeige entschließen.

Am nächsten Tag erhält mein Bruder Besuch von einem hilfsbereiten Nachbarn. Er empfiehlt ihm einen anderen Mullah aus der Gegend, der über außerordentliche Fähigkeiten verfügen soll. Angeblich hat er schon mehrere verschwundene Personen wiedergefunden. Salim fährt mit dem Bus zu diesem Mullah, der etwa eine Stunde entfernt wohnt. Der Mullah ist ein beleibter, gutmütiger Mann, der viel Selbstvertrauen ausstrahlt. Umgeben von seinen Schülern thront er auf einem *Tscharpoi* im Hof vor seinem kleinen Lehmhäuschen. Als Salim ihm sein Problem schildert, lacht er nur. Er brüstet sich damit, schon ganz andere Fälle gelöst zu haben.

«Natürlich kann ich dir helfen. Das kostet dich allerdings eine Kleinigkeit ... Sagen wir, 2000 Rupien.»

Salim ist unentschlossen. Das ist viel Geld, praktisch seine gesamten Ersparnisse, die er vorsichtshalber mitgenommen hat. Schließlich gibt ihm mein Bruder aber das sorgfältig mit Plastik umwickelte Bündel Geldscheine. Der Mullah brummt zufrieden. Dann beginnt er zu meditieren. Er öffnet einen alten Koran, blättert in den vergilbten Seiten und bleibt schließlich an einer Stelle hängen. Mit rauer Stimme rezitiert er ein Gebet.

Anschließend legt er das Buch weg und bittet einen seiner Schüler, ihm ein Säckchen mit Perlen zu reichen, die er sich auf die Hand schüttet. Er haucht darüber und lässt sie in eine kleine Tüte gleiten. Es handelt sich um einen ganz besonderen *Tavis.* Geheimnisvoll erläutert der Mullah Salim, wie er wirkt: Er soll den *Tavis* an den Rotor eines Ventilators binden und ihn einige Minuten lang laufen lassen. Dann würde seiner Mutter schwindlig werden, wodurch sie schlagartig wieder zur Besinnung kommen und den Weg zurück nach Hause finden würde.

«Es wirkt sofort», versichert der Mullah in leutseligem Tonfall.

Mein Bruder macht sich voller Hoffnung auf den Heimweg. Zu Hause bindet er den *Tavis* mit einem Faden an den Ventilator in seinem Zimmer und schaltet ihn ein. Er wartet bis zum nächsten Tag, lauscht auf das kleinste Geräusch am Tor, blickt jedem Passanten entgegen. Nichts passiert. So vergehen mehrere Tage. Mein Bruder ist zornig, denn er hat ein kleines Vermögen für diesen *Tavis* bezahlt.

«Was können wir denn sonst noch tun?», fragt er mich am Telefon. Ich habe keine Ahnung. Papa bleibt stumm wie ein Fisch. Nach einigen Tagen stellt Salim seine Nachforschungen ein. Ich bin verzweifelt, aber es gibt keine Möglichkeit, Mama wiederzufinden. Salim muss zu einer Baustelle in Afghanistan aufbrechen, er hat Arbeit in Kandahar gefunden. Der Lohn ist gut, doppelt so hoch wie in Pakistan, denn das Leben dort ist gefährlich. Jetzt muss ich mir nicht nur um meine Mutter, sondern auch noch um meinen Bruder Sorgen machen.

Wenigstens ist mein Leben im Dorf etwas leichter geworden. Seit dem Verschwinden meiner Mutter ist Adil viel freundlicher zu mir. Er schlägt mich nicht mehr und versucht, seine Wutanfälle zügeln. Ich habe mich an seine Unberechenbarkeit gewöhnt. Ich weiß, dass ich ihm nicht widersprechen darf, wenn er schlechte Laune hat. Manchmal versucht er sogar, mir eine Freude zu machen und kauft mir kleine Geschenke wie *Bangles* oder Pralinen. Unsere kleine Hina hat er schließlich doch noch ins Herz geschlossen und trägt sie manchmal auf dem Arm, wenn er die Nachbarn besucht.

Einige Monate später kann ich Adil mitteilen, dass ich wieder ein Kind erwarte. Diesmal wusste ich bei den ersten Anzeichen gleich Bescheid. Ich habe es aber vorgezogen, erst einmal nichts zu sagen und abzuwarten, bis ich einen dicken Bauch bekam. Jetzt kann ich ihn aber nicht mehr verstecken, selbst das weite *Kamiz* ist mir viel zu eng geworden. Kirane hat es schon vor längerer Zeit erraten, aber ich habe sie gebeten, es für sich zu behalten. Nun bin ich doch noch mit dem ersehnten Sohn schwanger. Als ich es Adil dann sage, beherrscht er sich sehr, wie es sich für einen Mann gehört, aber ich spüre, dass er sich riesig freut.

Doch während mein Bauch immer runder wird, geht es mit Adils Gesundheit bergab. Eines Abends bemerkte ich erste Anzeichen einer Krankheit bei ihm. Er fing an zu husten und nach Luft zu ringen. Ich dachte anfangs, es käme vom Ausbringen der Pestizide, denn diese Chemikalien greifen die Lungen an und können Asthma, Erstickungsanfälle und Hautkrankheiten auslösen. Doch jetzt wacht Adil jede Nacht auf und wird von Hustenanfällen geschüttelt, die ihm sämtliche Kräfte rauben. Morgens ist er dann völlig erschöpft und bittet mich, ihm eine Hühnersuppe zu kochen, bevor er hinaus aufs Feld geht. Doch auch das bringt ihn nicht auf die Beine. Er wird von Tag zu Tag schwächer, sein Gesicht wirkt wächsern und seine Augen sind gelb geworden. Es geht ihm so schlecht, dass sein Bruder Rafiq ihn schließlich nach Jalalpur, die nächste größere Stadt, zum Arzt fährt.

Der Arzt horcht seine Lunge ab und röntgt ihn anschließend umgehend. Nachdem er die Aufnahme studiert hat, erklärt er, Adil habe Tuberkulose. Um wieder gesund zu werden, muss mein Mann nun viele Monate lang teure Medikamente nehmen. Am Abend drückt er mich an sich und flüstert mir zu meinem großen Schrecken zu: «Meine größte Hoffnung ist, einen Sohn zu bekommen. Ich habe das Gefühl, dass mir nicht mehr viel Zeit bleibt.»

Einige Wochen später muss Adil wieder zum Arzt nach Jalalpur. Sein Zustand hat sich trotz der Tabletten nicht gebessert. Auf seinen Wunsch hin begleite ich ihn. Ein Nachbar hat ihm von einer Praxis in der Stadt erzählt, die einen Apparat besitzt, mit dem man das Baby im Bauch der Mutter sehen und sogar sein Geschlecht erkennen kann. Als ich das höre, bekomme ich plötzlich Angst. Was, wenn es wieder ein Mädchen wird? Ich darf gar nicht daran denken. Also stammele ich nur: «Das ist keine gute

Idee, Adil. Es bekommt mir nicht, in meinem Zustand stundenlang in einem Bus zu sitzen ...»

Aber er lässt nicht locker, und so begleite ich ihn widerstrebend. Während der ganzen Fahrt bete ich mit aller Kraft zu Gott: Bitte, bitte, mach, dass es ein Junge wird. Ein Junge!

An der Busstation fragen wir nach dem Weg zu dem Arzt. Weder Adil noch ich können die Schilder und Wegweiser lesen. Ein Verkäufer, der Zuckerrohrsaft feilbietet, weist uns den Weg zur Praxis mit diesem «Ultraschall», die in einem kleinen Betonbau inmitten des Basars untergebracht ist. Der Eingang des Gebäudes wirkt düster. Wir nehmen in einem kleinen Wartezimmer auf Plastikstühlen Platz. Einige Frauen in Burka sind in Begleitung ihrer Männer gekommen. Wir beobachten uns gegenseitig. Schließlich ruft eine Arzthelferin Adils Namen auf. Im Untersuchungsraum hilft sie mir auf eine metallene Liege.

Der Arzt, ein Mann mit grauen Schläfen und einer sanften Stimme, kommt herein. Er bittet mich mein *Kamiz* hochzunehmen. Ich bin sehr verlegen, denn es ist unschicklich, sich vor einem anderen Mann zu entblößen, auch wenn es nur teilweise ist. Aber schließlich ist ja Adil bei mir. Der Arzt schmiert ein Gel auf einen kleinen Apparat und fährt damit über meinen Bauch. Auf einem Schwarz-weiß-Bildschirm zeichnen sich die Umrisse eines Babys ab. Der Arzt schaut ganz genau hin. Ich halte die Luft an. Endlich fällt er sein Urteil.

«Kein Zweifel, es ist ein Mädchen.»

Mir steht das Herz still. Adil ist fassungslos: «Du bist verflucht, das ist unmöglich!»

Der Arzt schaut ihn verständnisvoll an, setzt aber die

Untersuchung fort. Mit einem Instrument, das er um meinen Arm legt und aufpumpt, misst er meinen Blutdruck. Dann verschreibt er mir einige Medikamente und legt mir ans Herz, unbedingt Eisen zu mir zu nehmen. Kaum haben wir die Praxis verlassen, wirft Adil das Rezept weg. Er ist außer sich: «Ich kaufe keine Medikamente für dich, ich will dieses Kind nicht, es ist mir vollkommen gleichgültig! Du bringst mir nur Unglück!»

Wir kehren mit dem Bus in unser Dorf zurück. Adil richtet während der ganzen Fahrt kein einziges Mal das Wort an mich. Zu Hause angekommen, erklärt er vor der Schwiegerfamilie, ich sei eine völlig nutzlose Frau, ich würde schon wieder ein Mädchen erwarten. Was für eine Schmach! Ich schließe mich in meinem Zimmer ein. Hunger habe ich keinen, so verzweifelt wie ich bin. Meine Schwägerinnen reden auf dem Hof miteinander, ich höre ihr Getuschel durch das offene Fenster.

In meinem Unglück suche ich meine Cousine und Vertraute Roxana auf. Sie bittet mich gleich in ihr Zimmer und fragt, warum ich so traurig aussehe. Ich beginne, ihr die Geschichte von der Ultraschalluntersuchung zu erzählen und schildere ihr Adils Reaktion, aber noch bevor ich damit zu Ende bin, breche ich in Tränen aus. Roxana sieht mich freundlich an: «Quäle dich nicht, unser Schicksal liegt in Gottes Hand, so oder so. Wir können nichts daran ändern.»

Sie fragt mich, ob ich etwas essen will, aber ich sage ihr, ich hätte schon etwas zu mir genommen. Roxana hebt die Augen zum Himmel und erwidert: «Ich kenne Adil, ich bin mir sicher, dass er dir nichts gegeben hat!»

Sie wärmt ein paar Reste auf dem Herd im Hof auf und

richtet mir einen Teller. Ich zwinge mich zu essen, obwohl ich gar keinen Appetit habe. Als ich Roxana erzähle, dass Adil das Rezept weggeworfen hat, seufzt sie. Sie geht zur Speisekammer und kommt mit Linsen und frischem Obst zurück.

«Hier, das wird dir Kraft geben. Du musst gut auf dich aufpassen.»

Ich danke ihr mit Tränen in den Augen und nehme die Lebensmittel nach Hause mit. Dort erwartet mich Adil im Schlafzimmer. Sogleich nimmt er mir die Tüte ab.

«Woher hast du denn Geld, Linsen zu kaufen?»

Adil weiß natürlich, dass ich überhaupt kein Geld habe, denn wenn ich bei dem Großgrundbesitzer auf dem Baumwollfeld arbeite, nimmt er mir jedes Mal meinen Lohn ab. Nun regt er sich schrecklich auf.

«Du hast wohl einen Liebhaber? Einen, der dir Geschenke macht?»

Ich habe es satt, mir ständig solche haltlosen Vorwürfe anzuhören.

«Ach, Unsinn. Die Lebensmittel sind von meiner Cousine Roxana. Die hat wenigstens Mitleid mit mir!»

Adil brummelt weiter vor sich hin. Ich wage es nicht, ihm zu widersprechen, denn er wird immer kränker. Unsere gesamten Ersparnisse sind bereits von Arztbesuchen und Medikamenten aufgezehrt worden. Adil hat inzwischen sogar etwas Land verkaufen müssen, um die Rechnungen bezahlen zu können. Aber die Tabletten scheinen gar nicht zu wirken. Der Mullah des Dorfs schreibt für ihn Koransuren auf ein Blatt Papier, das Adil in ein Glas stecken, mit Wasser auffüllen und in einem Zug austrinken soll. Doch auch das hilft nicht.

Jeden Abend bete ich heimlich zu Gott, dass er Adil wieder gesund machen soll. Schließlich ist er mein Ehemann, und trotz seiner Fehler ist er alles, was ich habe. Obwohl der Doktor mir gesagt hat, dass seine Krankheit ansteckend ist, pflege ich Adil, massiere ihm die Beine und bereite ihm Hühnersuppe zu. An manchen Abenden sagt Adil selbst, ich soll mich nicht zu ihm legen, weil er Angst hat, dass ich auch krank werde. Doch das ist mir egal, alles, was ich will ist, dass er wieder gesund wird.

Aus meinem Heimatdorf kommen auch keine guten Neuigkeiten. Meinem Vater geht es schlecht, seit Gongui Ma verschwunden ist. Die Nachbarn machen sich über ihn lustig: «Siehst du, Murtaza, Allah bestraft dich dafür, dass Du Deine Frau verkauft hast! Das geschieht dir ganz recht!»

Er ist zum Gespött des ganzen Dorfes geworden. Aus Verzweiflung darüber ist mein Vater zwischenzeitlich sogar nach Lahore, der Hauptstadt der Provinz des Punjab, gezogen, wo er als Obstverkäufer mit einem Karren durch die Straßen gezogen ist. Doch eines Morgens ist er in erschreckendem Zustand ins Dorf zurückgekehrt, er besteht nur noch aus Haut und Knochen und geht am Stock wie ein Greis. Die meiste Zeit über bleibt er im Bett, er hat nicht einmal mehr die Kraft, zum Basar zu gehen.

Einige Tage später kommt ein Anruf von Zubieda. Als ich höre, wie sie hysterisch in den Hörer kreischt, begreife ich sofort, dass Murtaza tot ist. Ich hatte nicht damit gerechnet, dass es so schnell gehen würde. Zusammen mit Adil nehme ich den nächsten Bus in mein Heimatdorf.

Dort ist bereits die ganze Familie versammelt. Nach muslimischer Tradition soll Papa noch am gleichen Tag beerdigt werden. Meine Schwestern, meine Cousinen, meine Onkel und Tanten, die Freunde und Nachbarn jammern und weinen. Zubieda rauft sich die Haare und zerreißt ihren Schleier.

Zeba berichtet mir von den letzten Stunden meines Vaters. An diesem Morgen hat Papa zu Zubieda gesagt: «Ich werde sterben, ich möchte meine ganze Familie um Verzeihung bitten.»

Da geriet meine Stiefmutter in Panik. Sie rief sofort meinen Bruder Salim an, der immer noch in Afghanistan auf der Baustelle in Kandahar arbeitet. Die Verbindung war sehr schlecht, doch als mein Bruder verstand, was mein Vater von ihm wünschte, sagte er ihm: «Ich will dir nicht verzeihen, Vater, du hast zu viel Unheil angerichtet. Du hast das Leben meiner Schwestern und meiner Mutter ruiniert, unser aller Leben.»

Murtaza flehte ihn an: «Bitte, mein Sohn, komm zu mir, ich sterbe!»

Salim legte einfach auf. Anschließend hat mein Vater zu essen verlangt. Zubieda brachte ihm kleingeschnittenes Hähnchenfleisch. Papa nahm einige kleine Bissen zu sich, schob aber plötzlich den Teller weg, schloss die Augen und starb.

Sein Leichnam ruht auf einem Gurtbett im Hof. Meine Brüder haben ihn gewaschen und in ein weißes Laken gewickelt. Nur sein Kopf ist unbedeckt. Beim Anblick seines Gesichts bekomme ich einen Schreck, er sieht sich selbst nicht mehr ähnlich. Nur die Männer gehen mit zum

Friedhof, sie formieren sich zu einem kleinen Zug und tragen schweigend den *Tscharpoi*. Frauen dürfen nicht an Begräbnissen teilnehmen.

Der in ein weißes Tuch gehüllte Leichnam wird in die Grube hinabgelassen, die der Totengräber anschließend zuschaufelt. Auf dem kleinen Hügel wird ein steinerner Gedenkstein errichtet. Der Mullah unseres Viertels, derselbe, der mich verheiratet hat, spricht mit den Männern gen Mekka gewandt das Totengebet. Schon ist es vorbei. Der Trauerzug kehrt schweigend zum Haus zurück.

Meine Schwestern und ich haben an diesem Tag viel geweint. Auch wenn Murtaza uns das Leben schwer gemacht hat, er war immerhin unser Vater. Ich denke viel an Mama, und manchmal ist mir, als sei sie noch am Leben, auch wenn eigentlich kaum noch Hoffnung besteht. Mein Vater hat sein Geheimnis mit ins Grab genommen. Nun habe ich keine Eltern mehr, ich bin eine Waise. Alles, was mir bleibt, ist Salim.

Wir erwarten die Heimkehr meines Bruders aus Afghanistan. Zubieda hat ihn über den Tod meines Vaters informiert, und er hat sofort seine Arbeitsstelle verlassen und sich auf den Weg gemacht. Die Reise von Kandahar dauert zwei Tage. Um nach Pakistan zurückzukehren, muss mein Bruder die Grenze von Chaman überschreiten, ein Gebiet, in dem es von Taliban und Schmugglern nur so wimmelt. Er übernachtet in Quetta und reist am nächsten Tag nach Multan weiter. Als Salim endlich staubbedeckt vor der Tür steht, wird meine Stiefmutter völlig hysterisch. Sie stürzt sich auf ihn, traktiert ihn mit Fäusten und überschüttet ihn mit Vorwürfen: «Du bist schuld am Tod deines Vaters, du hast dich geweigert, ihm zu verzeihen! Deshalb ist er vor Kummer gestorben!»

Vergebens versucht mein Bruder, sie zu beschwichtigen. Er verspricht Zubieda, sämtliche Kosten des Begräbnisses zu übernehmen. Aber meine Stiefmutter ist nicht zu beruhigen. Sie macht ihn für das große Unglück verantwortlich, nun allein und ohne Mann dazustehen. Ihre Söhne werden sich um sie kümmern müssen.

Einige Tage später kehre ich ins Dorf zu Adil zurück. Mittlerweile habe ich durch die Schwangerschaft so zugenommen, dass mir das Gehen schwerfällt. Eines Abends, als ich auf meinem *Tscharpoi* liege, krampft sich mein Bauch zusammen. Der Schmerz wird so stark, dass mir die Tränen in die Augen steigen. Das Baby kündigt sich an. Rubina holt die *Daï*. Im Unterschied zum letzten Mal dauern die Wehen nur einige Stunden. Die *Daï* braucht nur leicht auf meinen Bauch zu drücken, um meine zweite Tochter auf die Welt zu holen.

Ich werde sie Fizza nennen. Diesmal suche ich den Namen aus, Adil will sie ja nicht einmal sehen. Er hat mir wiederholt gesagt, dass dieses Mädchen ihn nicht interessiert. Ich bin völlig erschöpft von der Geburt und möchte nur noch weinen. In meiner Verzweiflung wende ich mich an Gott: «Warum tust du mir das an? Ich habe keinen Vater und keine Mutter mehr, und ich habe immer noch keinen Sohn, warum werde ich so bestraft? Was habe ich bloß getan?»

Ein Tag vergeht wie der andere, ich bin ständig müde und habe an nichts mehr Freude. Mechanisch versorge ich meine Tochter.

Eines Abends erhalte ich einen Anruf von Salim. Aufgeregt erzählt er mir, dass unsere Cousine Shabaz, die Lehrerin in Multan ist, einen merkwürdigen Artikel in einer Lokalzeitung gelesen hat. Darin geht es um Mama, es gibt sogar ein Foto von ihr. Wie die Zeitung meldet, sucht Gongui Ma ihre Familie. Jemand hat sie bei sich aufgenommen und auch seine Telefonnummer angegeben. Mein Bruder will sich unverzüglich auf den Weg nach Multan machen.

Und bald darauf teilt mir mein Bruder am Telefon mit, dass er meine Mutter in Multan bei ihrem Wohltäter abgeholt hat. Drei Jahre nach ihrem Verschwinden ist meine Mutter wieder zu Hause. Ich erzähle alles meiner Schwiegerfamilie, und Adil erklärt sich bereit, mich und meine beiden Töchter zu meinem Bruder zu bringen. Als ich Hina sage, dass wir ihre Großmutter Gongui Ma besuchen werden, die lange verschwunden war, schaut sie mich nur mit großen Augen an.

Im Bus versuche ich, mir vorzustellen, was Mama wohl zugestoßen sein mag. Vielleicht hat sie ihr Gedächtnis verloren und ist jahrelang herumgeirrt. Oder Papa hat sie wirklich verkauft? Aber an wen? Ist sie misshandelt worden? Ich wage kaum, darüber nachzudenken, trotzdem lassen mich diese Fragen bis zu meiner Ankunft im Dorf nicht los.

Mama hat sich äußerlich gar nicht verändert. Fröhlich steht sie im Hof unseres alten Hauses, so als hätte ich sie erst am Abend zuvor gesehen. Sie trägt ein neues weißes Kamiz und schließt mich so fest in ihre Arme, dass ich fast keine Luft mehr bekomme. Ich breche in Tränen aus.

«Ich kann es gar nicht fassen, Mama! Ich hatte schon

alle Hoffnung aufgegeben, dich noch einmal wiederzusehen.»

Gongui Ma weint vor Freude, als sie ihre beiden Enkelinnen sieht, die sie noch gar nicht kennt. Hina ist ein bisschen schüchtern und versteckt sich hinter mir. Ich lege Fizza in die Arme ihrer Großmutter, die sie herzt und küsst. Dann nehmen wir auf dem Hof Platz, und ich bestürme sie mit Fragen: «Nun sag schon, Mama! Wo warst du denn?»

Ein wenig fürchte ich mich auch vor dem, was sie sagen wird. Sie erklärt mir mit Gesten, dass sie jetzt gar nicht daran denken will, dass die Erinnerungen sie quälen. Sie hat die Geschichte schon Salim erzählt – er soll mir alles erklären.

11

Mama wurde an jenem Tag, als sie zum Einkaufen im Basar war, von bewaffneten Männern in ein Auto gezerrt. Sie verpassten ihr einen Knebel und gaben ihr eine Spritze, worauf sie das Bewusstsein verlor. Sie wachte in einem fremden Haus als Gefangene auf. Dort gab es viele Frauen und Kinder, manche von ihnen waren behindert, einige hatten nur ein Bein oder einen Arm, andere waren blind oder entstellt. Eine alte, einäugige Frau erklärte Mama, dass sie alle von ihren Familien verkauft worden waren – sie wahrscheinlich auch. Da Gongui Ma taub ist, verstand sie nicht viel von dem, was um sie herum vorging, sie wusste nicht einmal, in welcher Stadt sie sich befand.

Was sie aber schnell begriff, war ihre neue Arbeit. Jeden Morgen setzten die Bandenmitglieder sie mit den anderen Frauen irgendwo am Straßenrand ab. Dann mussten sie bis zum Sonnenuntergang betteln. Am Abend sammelten ihre Kerkermeister sie wieder ein und nahmen ihnen das Geld ab. Wie alle Bettler wurde Mama jeden Tag geschlagen, denn ihre Peiniger waren nie mit dem Tagesertrag zufrieden. Gongui Ma bemühte sich nach Kräften, im Namen Allahs flehte sie jeden Tag die Passanten um ein paar Rupien an. Und dafür bekam sie ein wenig schlechten, nicht selten sogar verschimmelten Reis zu essen.

Gongui Ma verlor jedes Zeitgefühl, und sie hatte nur

wenig Hoffnung, jemals fliehen zu können. Tagsüber war es unmöglich, die Bettler wurden aus der Ferne ständig von Mitgliedern der Bande überwacht. Doch am Abend versuchte meine Mutter, den Türwächter, einen jungen, schüchternen Mann, zu erweichen. Mit Gesten erklärte sie ihm, er solle sie gehen lassen, damit sie zu ihren Kindern könne. Eines Nachts bekam er solches Mitleid mit ihr, dass er leise das Tor öffnete und Mama mit einem Zeichen bedeutete, sich aus dem Staub zu machen.

Gongui Ma rannte davon, so schnell sie konnte. Sie irrte völlig allein durch die dunklen Straßen, bis sie irgendwo ein Licht entdeckte. Es war ein CD-Laden, der noch zu später Stunde geöffnet hatte. In ihrer Verzweiflung ging sie hinein. Der Verkäufer wunderte sich über die seltsame alte Frau, die am ganzen Leib zitterte und etwas verwirrt zu sein schien. Aber er begriff, dass sie Hilfe brauchte. Also schloss er den Laden und nahm Gongui Ma mit zu sich nach Hause.

Mama blieb keine Wahl, als dem Unbekannten zu vertrauen. Doch im Kreis seiner Familie fühlte sie sich bald sicher. Die Frau ihres Wohltäters gab ihr saubere Kleider. Am nächsten Tag nahm der Händler sie mit in die Redaktion der Lokalzeitung. Gongui Ma konnte nicht erklären, wo ihr Heimatdorf lag. Die Journalisten waren zunächst ratlos, schlugen dann aber vor, ihr Foto in der Zeitung abzudrucken. Am nächsten Tag erschien der Artikel, den unsere Cousine Shabaz zufällig las. Was für ein unglaubliches Glück!

Ich frage mich, ob nicht doch Papa hinter dieser Entführung steckte. Hat er vielleicht Geld für Gongui Ma bekommen?

Schon oft habe ich solche Bettler am Straßenrand gesehen, wenn ich mit dem Bus unterwegs war, meist am Eingang von Ortschaften. Greise ohne Beine, die im Staub kauern, blinde Frauen, Kinder mit verkrüppelten Armen ... Sobald ein Fahrzeug vorbeikommt, strecken sie flehend die Hände aus. Wahrscheinlich sind sie alle Opfer derselben Mafia, die sich an diesen Unglücklichen bereichert.

«Das ist weit verbreitet!», schimpft mein Bruder. «Erst neulich habe ich von einem behinderten Kind gehört, das auf ungeklärte Weise aus seinem Dorf verschwunden ist. Bestimmt ist es auch entführt worden, wie Gongui Ma.»

Mama möchte heute, da ihre ganze Familie so glücklich vereint ist, für uns alle kochen. Salim hat zur Feier des Tages eine Ziege gekauft, die er im Hof schächtet. Seine Frau Sakina hilft ihm anschließend, das Tier zu zerlegen. Sämtliche Nachbarn kommen zu Besuch, einige bringen meiner Mutter neue Kleider, andere Süßigkeiten als Geschenke.

Mit der Rückkehr von Gongui Ma ist meine Traurigkeit verflogen. Ich möchte noch ein wenig in ihrer Nähe sein und mache ihr den Vorschlag, mich einige Tage im Dorf meiner Schwiegerfamilie zu besuchen. Sie sagt zu und verspricht, bald zu kommen.

Wieder zurück bei Adil, richte ich mein Zimmer her, schmücke es mit Blumen und bunten Bildern. Auch Adil gibt sich Mühe und schenkt Mama bei ihrer Ankunft zwei neue *Kamiz,* die er im Basar gekauft hat. Seine gesamte Familie empfängt meine Mutter äußerst liebenswürdig, und auch hier wird für das Willkommensmahl eine Ziege geopfert.

Am nächsten Tag will Adil mit uns ins Nachbardorf fahren, um dort bei einem Fotografen ein Familienfoto machen zu lassen. Meine Mutter meint, ich solle mich etwas schminken, doch Adil erwidert, ich sei hübsch genug, das hätte ich nicht nötig. Dann flüstert er mir ins Ohr: «Es tut mir leid, dass ich dich geschlagen habe, das hast du nicht verdient. Du bist eine gute Frau. Ich bin sehr froh, dich zu haben.»

Ich trage trotzdem ein wenig Lippenstift auf und schlüpfe in ein hübsches *Kamiz* aus feinem, goldglänzendem Stoff mit roten Stickereien. An den Handgelenken trage ich rote und grüne Armbänder. Mama kämmt mein Haar und flicht es zu einem langen Zopf, der mir bis auf den Rücken hinabreicht. Hina ziehe ich ein rosa Kleidchen an. Auch Adil sieht sehr elegant aus, er trägt eine strahlendweiße Tunika.

Nach einer kurzen Busfahrt kommen wir ein wenig nervös im Laden des Fotografen an. Ganz hinten befindet sich sein Atelier, das mit einem großen Poster geschmückt ist. Es zeigt Berge unter einem blauen Himmel, im Vordergrund breitet sich ein türkisfarbener See aus. Der Fotograf platziert uns sorgfältig vor dieser Kulisse. Zum Schluss arrangiert er noch einige Plastikblumensträuße zu unseren Füßen. Ich trage meinen Schleier nicht auf dem Kopf, er ist um meine Schultern drapiert und fällt bis auf meine Füße. Ich konzentriere mich ganz darauf, ernst und würdevoll auszusehen.

Zwei Fotos werden gemacht. Eines zeigt mich und Adil, der Hina auf dem Arm hat, und auf einem sind wir alle zusammen mit meiner Mutter zu sehen. Während wir auf die Abzüge warten, bestellt uns der Fotograf Tee mit Milch bei einem Straßenverkäufer. Der junge Mann serviert uns das sehr heiße und stark gezuckerte Getränk in kleinen, angeschlagenen Tassen. Endlich sind die Fotos fertig. Wir sehen wahrhaftig wie eine Sultansfamilie aus! Adil ist sehr zufrieden. Als ich Hina das Foto zeige, staunt sie. Sie deutet mit ihrem Fingerchen darauf und ruft entzückt: «Hina! Da ist Hina!»

Adil bezahlt den Fotografen, und als wir wieder vor dem Laden stehen, gibt er auch Mama und mir ein paar kleine Scheine als Geschenk. Wir danken ihm.

Mama ist sichtlich glücklich. Sie steuert den Basar an, um Einkäufe zu machen, denn sie möchte für uns alle kochen. Sie kauft Peperoni, Blumenkohl, Kartoffeln und saftige Orangen für Hina, die diese Früchte über alles liebt. Morgen muss Gongui Ma zurück.

Am Nachmittag des folgenden Tages holt mein Bruder Salim meine Mutter ab, und die beiden fahren mit dem Bus zurück in ihr Heimatdorf. Ich hätte sie gerne bei mir behalten, doch das wäre eine unzumutbare Belastung für meine Schwiegerfamilie. Sie waren sehr nett zu ihr während dieser Tage, aber hier bleiben, das kann sie nicht. Schließlich ist es Tradition, dass sich die Söhne um ihre Mütter kümmern, nicht die Töchter.

Gongui Ma zieht also bei Salim ein, der mit seiner Frau und seinem kleinen Sohn neben meinem großen Bruder Tahir wohnt, der einst den Unfall hatte und heute mit seinen beiden inzwischen erwachsenen Söhnen zusammenlebt.

12

Mitten in der Nacht steht Adil auf und geht schwankend auf den Hof. Ich höre, wie er hustet und auf die Erde spuckt. Jede Nacht wecken ihn nun solche Anfälle. Sein Zustand hat sich verschlechtert, und er fühlt sich zunehmend schwächer. In den letzten Tagen habe ich gemerkt, wie sehr ihm die Arbeit auf dem Feld zusetzt. Nach der geringsten Anstrengung muss er sich ausruhen.

Er hat stark abgenommen, die Kleider schlottern an seinem Leib. Im Morgengrauen berate ich mich mit meiner Schwiegermutter Kirane. Ihr ist ebenfalls nicht entgangen, dass es mit ihrem Sohn bergab geht, und sie macht sich Sorgen. Sie bedrängt Adil, noch einmal zu dem Arzt in Jalalpur zu fahren. Adil willigt widerstrebend ein. Auch er spürt natürlich, dass sich sein Zustand verschlechtert.

Am Nachmittag kommt er mit finsterer Miene zurück. Der Arzt hat ihm Pillen verschrieben, die ihn in einigen Wochen heilen sollen. Aber Adil hat das Medikament nicht einmal gekauft. Er schimpft nur: «Das sind die gleichen Tabletten, die er mir schon beim letzten Mal gegeben hat, und die haben nicht geholfen! Er verschweigt mir einfach, wie es um mich steht.»

Ich versuche ihn aufzumuntern und koche ihm Hühnerbrühe, damit er wieder zu Kräften kommt.

«Mach dir nicht zu viele Sorgen, es wird alles gut werden», sage ich ihm.

Zornig erwidert er: «Was weißt du denn schon? Bist du vielleicht Ärztin? Ich spüre doch, dass meine Nieren nicht mehr richtig arbeiten, und ich habe Herzrasen. Schau bloß mal meine Augen an, wie gelb sie geworden sind!»

Ich senke den Kopf und reiche ihm stumm die Schale mit der Brühe, die er mühevoll auslöffelt.

In der folgenden Nacht wacht Adil schweißgebadet und von Krämpfen geschüttelt auf. Seine Stirn glüht vor Fieber, er ist im Delirium. Ich sage ihm, er soll liegen bleiben, und kühle seine Stirn mit einem feuchten Tuch, wie ich es auch bei meinen Töchtern mache, wenn sie Fieber haben.

«Naziran, mir ist furchtbar elend, bitte, hol einen Arzt.»

«Das ist nicht nötig, das geht vorüber, morgen geht es dir bestimmt besser.»

Doch Adil lässt nicht locker, und so rufe ich von seinem Handy den Arzt in Jalalpur an. Ich reiße ihn aus dem Schlaf, trotzdem verspricht er, zu kommen. Eine Stunde später ist er mit seinem Arztkoffer da. Er horcht Adil mit besorgter Miene ab, schärft mir ein, ihm genug zu trinken zu geben, und verabreicht ihm eine Spritze gegen das Fieber. Mehr kann er nicht tun.

Adil stöhnt die ganze Nacht und atmet rasselnd. Ich wache an seiner Seite. Zwischen zwei Hustenanfällen stöhnt er einmal: «Ich war oft schlecht zu dir, verzeih mir bitte. Ich fürchte, ich werde den Morgen nicht erleben.»

Ich versuche, mir nicht anmerken zu lassen, wie viel Angst ich um ihn habe.

«Sag so was nicht, Adil, du wirst wieder gesund!»

Ich verlasse das Zimmer, damit er nicht sieht, dass ich weine. Im Hof presse ich Apfelsaft für ihn aus. Vor lauter Tränen kann ich kaum etwas sehen. Bevor ich wieder an sein Lager trete, wische ich mir die Augen ab. Dann reiche ich ihm das Glas. «Trink das, das wird dich aufbauen!»

Doch schon den ersten Schluck spuckt Adil in einem Hustenanfall wieder aus. Er ist bleich wie der Tod. «Sorge für die Kinder, wenn ich nicht mehr da bin», murmelt er.

Schreckliche Angst steigt in mir auf und schnürt mir die Kehle zu. Ich rufe meine Schwiegermutter, die nebenan schläft. Als Kirane sieht, in welchem Zustand ihr Sohn ist, fängt sie an zu weinen. Adil bittet seine Mutter, in seinem Zimmer zu schlafen. So verbringen wir beide die Nacht an seinem Lager.

Am Morgen klagt Adil über starke Leibschmerzen. Ich hole Senföl, um ihm den Bauch zu massieren. Er verzieht das Gesicht, als ich es auftrage, doch es verschafft ihm ein wenig Linderung.

«Ruh dich jetzt aus, Adil. Ich gehe aufs Feld, zum Mittagessen bin ich wieder da.»

Er schaut mich flehend an und sagt: «Bleib bei mir! Ich weiß nicht, ob ich noch lebe, wenn du zurückkommst.»

Seine Worte zerreißen mir das Herz. Hina ist aufgewacht, sie steht auf und tappt beunruhigt zum Lager ihres Vaters.

«Abba, Papa! Bist du krank?»

Adil streichelt ihr sanft über das Haar.

«Du hast so kalte Hände, Abba!»

Ich höre Schritte draußen im Hof. Kirane hat die ganze Familie zusammengetrommelt. Alle drängen sich nun um Adils Bett. Ein Cousin hat ihm Hähnchenfleisch mitgebracht, das seine Frau für ihn zubereitet hat. Doch Adil rührt es nicht an. Sein Gesicht ist wächsern geworden, und er atmet schwer.

Meine Schwägerin Rubina ruft einen Nachbarn, der ein Auto hat. Er erklärt sich bereit, Adil ins Krankenhaus zu bringen. Vor der Abfahrt umarmt Adil Hina und verspricht ihr, schöne Kleider mitzubringen, wenn er wieder nach Hause kommt. Wir betten ihn so bequem wie möglich auf die Rückbank. Ich möchte ihn begleiten, aber Kirane meint: «Bleib lieber bei deinen Kindern, Naziran!»

Das macht mich zornig, und ich widerspreche ihr, aber Kirane hebt nur den Blick zum Himmel und versichert mir, alles werde gut werden. Die Augen halb geschlossen, drückt Adil meine Hände – seine Finger sind eiskalt. «Weine nicht», sagt er. «Ich komme bald zurück.» Schon ist das Auto verschwunden.

Ich laufe zum Mausoleum in der Nähe des Friedhofs, um dort zu beten. Inständig flehe ich Allah an, meinen Mann gesund zu machen. Als ich zurückkomme, ruft meine Schwägerin an. Mein Mann ist auf der Fahrt ins Krankenhaus gestorben.

Ich breche zusammen.

Während der dreitägigen Begräbnisfeierlichkeiten befinde ich mich in einem Schockzustand. Rubina lässt mich keine Sekunde allein. Meine ganze Welt ist zusammengebrochen. Ich kann nicht einmal mehr weinen und balle nur den ganzen Tag die Hände fest zusammen. Meine

Kehle ist wie zugeschnürt, und ich werde von trockenen Schluchzern geschüttelt, die mich völlig erschöpfen.

Die Nachbarn kommen vorbei, um ihr Beileid auszusprechen. Ich bin nicht einmal in der Lage, ihnen zu danken. All das kommt mir wie ein Albtraum vor, ich bin völlig abwesend. Meine Schwiegereltern opfern mehrere Ziegen, um all die Verwandten zu verköstigen. Alles rauscht an mir vorbei, ich höre die Stimmen der Leute, ohne zu verstehen, was sie sagen.

Es dauert einige Tage, bis ich wieder zu mir komme. Die Rückkehr in die Wirklichkeit ist schmerzlich, ja brutal. Ich bin nun Witwe, ich habe niemanden mehr, der mich schützt und unterstützt. Und ich muss mich um meine Kinder kümmern. Seit Adils Tod bemuttere ich sie wie eine Glucke ihre Küken. Hina und Fizza sind alles, was mir noch bleibt. Mein größter Wunsch ist es, wieder mit meiner Mutter in unserem Dorf zu leben. Bei meiner Schwiegerfamilie möchte ich nicht bleiben. Nach reiflicher Überlegung erkläre ich meiner Schwiegermutter Kirane, dass ich mit meinen Kindern wegziehen will. Doch sie schüttelt nur den Kopf: «Du kannst jetzt nicht weg, Naziran. Eine Witwe muss nach dem Tod ihres Manns vierzig Tage bei seiner Familie leben, so will es die Tradition, das weißt du doch.»

Um Adils Ansehen willen erkläre ich mich einverstanden, noch zu bleiben. Vielleicht war mein Entschluss auch wirklich etwas voreilig. Ich bin mir nicht einmal sicher, ob ich überhaupt unter dem Dach meines Bruders Salim bei Gongui Ma wohnen kann. Warum sollte er bereit sein, drei weitere Esser durchzufüttern? Im Gegensatz zu

Salim hat meine Schwiegermutter ein nur allzu großes Interesse daran, mich und die beiden Mädchen in ihrem Haus zu behalten. Schließlich haben wir nach Adils Tod seinen Landbesitz geerbt.

Kirane gibt sich mir gegenüber als Großmut in Person. Sie lässt keine Gelegenheit aus, mir unter die Nase zu reiben, dass ich nun Witwe bin: «Du musst hart arbeiten, du weißt, dass du jetzt eine Belastung für die Familie bist!»

Sie befiehlt mir, mit Fizza, die ich noch stille, wieder zur Feldarbeit zu gehen. Aber es ist gerade die Saison der Baumwollernte, eine sehr anstrengende Zeit. Kirane hat eine Idee: «Du kannst das Baby ja bei Mukhtara lassen, gleich hier um die Ecke!»

Mukhtara ist mit Faiz verheiratet, einem Bruder von Adil, der den lieben langen Tag nur Karten spielt. Sie ist eine kleine, stille und unscheinbare Frau, knapp über zwanzig Jahre alt, seit fünf Jahren verheiratet, aber immer noch kinderlos. Sie nimmt mein Anliegen sehr freundlich auf: «Mach dir keine Sorgen, Naziran, ich kümmere mich gern um Fizza. Geh ruhig arbeiten!»

Sie scheint sich sehr darüber zu freuen, die Kleine versorgen zu dürfen. So kann ich zusammen mit den anderen Frauen in großen Körben die weißen Blüten der Baumwollsträucher sammeln. Als die Sonne hoch am Himmel steht, machen wir erschöpft eine Pause im Schatten eines Wäldchens. Auf einmal springe ich auf, ich habe doch wahrhaftig vergessen, dass es Zeit ist, meine Kleine zu stillen! Ich laufe so schnell wie möglich zu Mukhtara, wo ich völlig außer Atem ankomme. Wider Erwarten höre ich Fizza nicht weinen. Meine Schwägerin zeigt sie mir, sie schläft friedlich in einem Körbchen.

«Ich habe ihr Kuhmilch gegeben, weil sie Hunger hatte. Am besten kaufst du ihr ein Fläschchen auf dem Basar. Sie hat sehr viel getrunken, und nun schläft sie.»

Als ich mit meinem Baby nach Hause zurückkehre, spricht meine Schwiegermutter mich an: «Du weißt ja, Naziran, wenn ein Mann stirbt, dann darf die Witwe kein Baby stillen. So will es die Tradition, und außerdem hindert dich das Kind an der Arbeit. Am besten bringst du Fizza jeden Tag zu Mukhtara, sie gibt ihr Kuhmilch, wenn du nicht da bist.»

Ich würde mein Baby viel lieber mit aufs Feld nehmen, aber ich kann mich nicht gegen den Willen von Kirane stellen. Also gewöhne ich mir an, meine Tochter während der Erntezeit tagsüber bei Mukhtara zu lassen. Ich zähle die Tage, bis ich die Kleine wieder ganz für mich haben werde. Aber Kirane hat andere Pläne.

Als die Baumwollernte zu Ende ist, bin ich völlig ausgelaugt und leide unter Rückenschmerzen. Eines Tages ruhe ich mich gerade mit Fizza auf meinem Bett aus, als Kirane sich zu mir setzt: «Naziran, als Witwe kannst du unmöglich zwei Kinder durchbringen. Was soll nur aus deinen Töchtern werden?»

Ich versichere ihr, dass ich es schon schaffen werde. Ich muss nur einfach noch härter arbeiten. Aber Kirane erwidert: «Ich habe nachgedacht, meine liebe Tochter. Am besten überlässt du Fizza ganz Mukhtara. Ich habe schon mit ihr darüber gesprochen, sie ist einverstanden. Du weißt ja, wie sehr sie darunter leidet, kein Kind zu haben.»

Mein Herz krampft sich zusammen. Ich versuche, mich zu wehren: «Das geht nicht, Fizza ist doch noch so klein, sie braucht ihre Mutter. Ich kann sie nicht hergeben!»

Kirane sieht mich streng an: «Du weißt sehr wohl, was bei uns Brauch ist: Kann eine Frau keine Kinder bekommen, so gibt ihr jemand aus der Familie eines ab.»

«Aber ich habe doch nur zwei Kinder, Kirane! Warum fragst du nicht Rubina, sie hat sechs!»

«Rubina ist keine Witwe. Du bist viel zu arm, um zwei Kinder zu ernähren. Du wirst deine Tochter sehr schnell vergessen, glaub mir.»

Ich will aber mein Kind nicht opfern. Meine Fizza ist noch zu klein. Doch meine Schwiegermutter schreit, dass ich keine andere Wahl habe. Sie nimmt das Körbchen mit Fizza und geht. Ich renne hinaus auf den Hof und schreie, dass ich Fizza behalten will. Doch Kirane geht einfach. Verzweifelt kehre ich zurück ins Haus.

Ich weiß nicht mehr aus noch ein. Was ist das Beste für meine Töchter? Vielleicht hat Kirane am Ende recht. Wie soll ich denn ohne Mann für zwei Kinder sorgen? Vielleicht geht es Fizza bei Mukhtara wirklich besser. Doch ich leide sehr darunter, von meinem Baby getrennt zu sein – mir ist, als hätte man mir das Herz aus dem Leib gerissen.

Als der Abend kommt, kann ich mich nicht mit der Vorstellung abfinden, dass die Kleine nicht an meiner Seite schlafen wird. Meine Brust, die noch prallvoll mit Milch ist, schmerzt. Ich flehe Kirane an, mich meine Tochter noch so lange stillen zu lassen, bis die Milch versiegt. Doch sie lehnt ab und reicht mir zwei Fladen getrockneten Büffeldung.

«Hier, leg dir das auf die Brust, davon hört die Milchbildung auf.»

Ich gehorche, aber es erleichtert mich nicht. Die ganze

Nacht kann ich kein Auge zutun, jede kleinste Bewegung treibt mir vor Schmerz die Tränen in die Augen. Meine Not ist umso größer, als ich meine kleine Fizza bei Mukhtara schreien höre. Das Weinen meines Babys verstärkt die Milchbildung noch. Und ich darf sie nie wieder stillen.

Am nächsten Morgen habe ich nur den einen Wunsch, meine Tochter in die Arme zu schließen. Als meine Schwiegermutter von Mukhtara zurückkommt, frage ich sie gleich, wie es Fizza geht. Sie grummelt nur, dass das Baby das Fläschchen verweigert. Die Kleine weint ohne Unterlass. Mukhtara weiß nicht mehr ein noch aus. Was ich da höre, geht mir sehr ans Herz. Ich weiß, dass Fizza mich ruft und dass sie ihre Mutter spüren möchte. Es ist die reinste Tortur. Doch Kirane verbietet mir weiterhin, meine Tochter zu sehen. Sie hat eine andere Lösung, sie ruft eine junge, unverheiratete Cousine zu Hilfe.

«Um ein Baby von der Mutterbrust zu entwöhnen, legt man es einer Jungfrau an», erklärt sie mir. «Dann beruhigt es sich.»

Am Abend geht die Cousine, ein Mädchen von fünfzehn Jahren, enttäuscht nach Hause. Fizza lässt sich nicht beruhigen.

Meine Brust schmerzt so sehr, dass ich heimlich hinters Haus laufe und weine. Nach zwei Tagen nimmt mein Baby vor lauter Hunger schließlich doch das Fläschchen an. Die Kleine fehlt mir immer noch schrecklich, und so fasse ich den Entschluss, trotz allem zu ihr zu gehen. Statt morgens aufs Feld zu gehen, setze ich mich in einem Wäldchen ab und kehre auf einem Umweg ins Dorf zurück. So kann mich Kirane nicht sehen.

Heimlich gehe ich zu Mukhtara. Meine Schwägerin wundert sich, mich zu sehen, doch sie erlaubt mir, mein Baby in die Arme zu nehmen. Die Kleine erkennt mich sofort, und ich spüre, wie sie sich entspannt. Ich liebkose meine Fizza, ich atme den Duft ihrer Haut, ich überschütte sie mit Küssen. Dann bitte ich Mukhtara, meiner Schwiegermutter nichts zu verraten, und sie verspricht es mir. Als sie davon spricht, wie widerwärtig es ihr ist, Fizzas Windeln zu waschen, verspreche ihr sofort, das fortan zu übernehmen, was Mukhtara sehr erleichtert.

Ich zeige ihr, wie man sich um so ein kleines Baby kümmert, wie man ihm vorsichtig frische Kleider anzieht und es mit Öl massiert. Mukhtara ist ein wenig ungeschickt, aber sie gibt sich Mühe. Es beruhigt mich einigermaßen, wie liebevoll sie mit Fizza umgeht. Trotzdem fehlt mir mein Baby.

Von jetzt an nehme ich jeden Tag den Umweg, um bei Mukhtara meine Tochter in die Arme schließen zu können. Ich wasche ihre Babysachen zusammen mit denen der Familie im Fluss und bringe sie anschließend heimlich zu meiner Schwägerin. Mukhtara ist nicht eifersüchtig, allerdings darf ich Fizza nur in ihrer Gegenwart liebkosen. Manchmal sagt sie besorgt: «Wenn Fizza größer wird, darf sie die Wahrheit nicht erfahren. Das macht nur Probleme – vielleicht lehnt sie mich dann ab.»

Ich versichere Mukhtara, dass ich nichts verraten werde.

Eines Tages habe ich das Gefühl, dass meine Schwiegermutter Verdacht geschöpft hat, denn sie schaut mich mit einem seltsamen Blick an. Als ich zur Feldarbeit aufbreche, folgt sie mir in einigem Abstand. Ich kauere mich hinter ein Gebüsch und beobachte sie durch das hohe Gras. Kirane lässt ihren Blick auf der Suche nach mir in alle Richtungen schweifen. Als sie mich nirgends entdeckt, macht sie kehrt. Ich bin ganz schön ins Schwitzen gekommen. Nachdem ich auf dem üblichen Umweg zu Mukhtara gegangen bin, versichert sie mir, nichts verraten zu haben. Bald hört Kirane auch auf, mir nachzuspionieren. Ich lebe nur für die wenigen Augenblicke des Tages, in denen ich heimlich mein Kind in die Arme schließen kann.

Drei Monate später wird Mukhtara schwanger. Die Leute im Dorf sagen, Allah habe sie dafür belohnt, dass sie sich um Fizza kümmert. Als ich davon erfahre, schöpfe ich neue Hoffnung. Jetzt, da Mukhtara selbst ein Kind bekommt, kann sie mir doch meine Tochter zurückgeben. Als ich sie darauf anspreche, reagiert sie abweisend. Sie hat sicherlich mit dieser Frage gerechnet, aber sie will sich nicht von Fizza trennen. Es dauert nicht lange, bis ich verstehe, warum: Sie ist sehr abergläubisch.

«Ich möchte Fizza lieber bei mir behalten. Sie bringt mir Glück. Ihr habe ich es zu verdanken, dass ich endlich doch noch schwanger geworden bin.»

All mein Flehen hilft nichts. Fizza ist ihr Talisman, sie gibt sie nicht her. Ich beschließe, mit meiner Schwiegermutter darüber zu reden.

«Kirane, Mukhtara muss mir meine Tochter zurückgeben. Wenn ihr eigenes Kind erst auf der Welt ist, wird sie das Interesse an Fizza verlieren und sie vernachlässigen. Das ist nicht gut für die Kleine.»

Meine Schwiegermutter seufzt: «Was willst du nur

immer, Naziran? Du kannst eben nicht zwei Kinder versorgen, das weißt du doch.»

Sie macht ein verdrossenes Gesicht und gibt mir zu verstehen, dass sie nichts mehr davon hören will. Doch ich möchte um jeden Preis mein Baby wiederhaben. Ich rufe meinen Bruder Salim mit dem Handy meiner Cousine Roxana an und erkläre ihm mein Problem. Mein Bruder fängt sogleich an mit mir zu schimpfen: «Naziran, du hast doch nur zwei Kinder, wie konntest du da Fizza weggeben? Das hättest du niemals akzeptieren dürfen. Was ist das für eine schreckliche Familie! Sie sind nicht ehrlich zu dir, warum bist du nur so naiv? Ich kann dir da nicht mehr helfen. Damit musst du selbst klarkommen.»

Wenn er mir schon nicht helfen kann, so kann ich ihn doch wenigstens besuchen. Ich antworte ihm also: «Jetzt, da meine Trauerzeit um ist, würde ich gerne wieder einmal unser Dorf sehen.»

Salim sagt mir zu, mich jederzeit aufzunehmen, und legt auf. Ich bitte meine Schwiegermutter um die Erlaubnis zur Reise. Sie stimmt zu, allerdings unter der Bedingung, dass meine Töchter im Dorf bleiben und sie mich begleitet. Sie hat offenbar Angst, ich könnte nicht zurückkommen. Was führt sie im Schilde? Sie scheint mir anders als sonst, ich habe den Eindruck, dass sie mir etwas verheimlicht.

Im Haus meines Bruders blühe ich richtig auf. Hier fühle ich mich heimisch und beschützt. Auch meine große Schwester Mariam ist gerade mit ihren Kindern da. Als Salim von der Arbeit nach Hause kommt, bedenkt er Kirane mit einem unfreundlichen Blick und flüstert: «Was will deine Schwiegermutter hier?»

Ich erkläre ihm, dass ich nur unter der Bedingung fahren durfte, dass sie mitkommt. Mein Bruder ist nicht begeistert.

Während Mariam uns Tee serviert, überreicht mein Bruder mir Geschenke, die er im Basar gekauft hat. Es sind neue Kleider für meine Töchter, ein kleines weißes Kamiz für Hina mit einem passenden Schleier und ein winziges Jäckchen für Fizza. Ich danke ihm von Herzen.

Mein Bruder setzt sich zu uns und fragt meine Schwiegermutter ohne Umschweife: «Warum hast du meiner Schwester Fizza weggenommen? Glaubst du nicht, dass sie genug darunter gelitten hat, ihren Mann zu verlieren?»

Meine Schwiegermutter tut überrascht: «Ich bitte dich, wir haben Fizza meiner Schwiegertochter mit Nazirans Einwilligung überlassen. Da gibt es gar kein Problem.»

Ich senke betreten den Blick. Salim sieht meine Schwiegermutter durchdringend an und erklärt bestimmt: «Ich möchte, dass Naziran bei mir lebt, und zwar mit ihren Kindern. Ihr behandelt sie nicht gut.»

Meine Schwiegermutter ereifert sich: «Wie kannst du nur so etwas sagen? Wir tun alles, um deine Schwester glücklich zu machen. Ich behandle sie wie meine eigene Tochter!»

Nun wendet sich auch meine große Schwester Mariam, die bislang geschwiegen hat, entrüstet gegen Kirane: «Warum darf Naziran dann nie telefonieren? Ihr behandelt sie wie eine Sklavin! Sie macht die ganze Arbeit im Haus! Siehst du denn gar nicht, wie schlecht es ihr geht?»

Es stimmt, dass ich mich sehr schwach fühle, müde aussehe und keinen Appetit habe. Das Gespräch dringt wie aus weiter Ferne zu mir, ich bringe kaum noch die

Energie auf, mich für mein eigenes Schicksal zu interessieren.

Kirane versucht, die Wogen zu glätten: «Gut, Naziran braucht nicht mehr aufs Feld zu gehen. Sie soll nur noch im Haus arbeiten, wenn euch das beruhigt.»

Salim blickt sie verwundert an. Kirane möchte offenbar das Gespräch beenden, sie steht auf und geht in den Hof, um die Mangos aufzuschneiden, die sie mitgebracht hat. Ich nutze die Gelegenheit, um Salim zu erzählen, dass mich meine Schwiegerfamilie seit Adils Tod unablässig beobachtet. Sie haben irgendetwas vor, da bin ich mir sicher.

Kurz nachdem wir Tee getrunken haben, erhält Salim einen seltsamen Anruf. Es ist Shirin, die Frau von Fawad, einem der Brüder Adils. Sie flüstert ins Telefon: «Ich flehe dich an, lasst Naziran nicht zurück zu ihrer Schwiegerfamilie kommen. Sie wollen sie mit meinem Fawad verheiraten.»

Als Salim aufgelegt hat, ist er völlig perplex. Ohne Umschweife erzählt er in Anwesenheit von Kirane, was sich da anbahnt. Meine Schwiegermutter schweigt und tut so, als hätte sie gar nichts gehört. Salim fährt sie an: «Was treibst du hier für ein Spiel? Was ist das für eine Intrige?»

Kirane erwidert honigsüß: «Das ist doch alles nur Gerede, so etwas würde ich nie tun! Diese Shirin ist ein bisschen überdreht, das ist alles.»

Dann verlegt sie sich aufs Argumentieren. Mein Bruder schaut sie misstrauisch an.

«Eins steht jedenfalls fest, Naziran muss wieder heiraten. Sie ist noch jung und schön. Es wäre doch das Allerbeste, wenn man einen Mann für sie finden könnte. Eine

Frau kommt nicht allein durchs Leben, sie braucht einen Mann, der für sie sorgt.»

Salim nickt: «Meine Schwester kann natürlich wieder heiraten, wenn sie möchte. Aber einen Mann aus einem anderen Dorf, nicht einen aus eurer Familie. Sie ist bei euch nicht glücklich.»

Da legt meine Schwiegermutter eine kinoreife Szene hin. Sie kniet sich auf den Boden und breitet als Zeichen des Respekts ihren Schleier vor den Füßen meines Bruders aus.

«Es tut mir leid, wenn sie in der Vergangenheit bei uns nicht glücklich war. Ich verspreche dir, dass sie von jetzt an gut behandelt wird. Für mich ist sie wie eine eigene Tochter! Wir werden ihr jeden Tag Fleisch zu essen geben. Niemals würden wir sie gegen ihren Willen verheiraten!»

«Du bist älter als ich und ich schulde dir Respekt. Ich hoffe nur, dass du auch die Wahrheit sprichst», seufzt mein Bruder.

Kirane versichert es ihm, erleichtert, dass mein Bruder so schnell nachgegeben hat.

«Natürlich ist es ihre Entscheidung! Es wäre doch ein großes Glück, wenn sie einen Mann finden würde, der sie als Witwe mit zwei Kindern nimmt. Das muss sie bedenken!»

Salim stimmt ihr zu und erhebt sich, um im Basar ein Huhn für das Essen zu kaufen. Mariam macht sich am Herd zu schaffen und kocht den Reis. Ich sitze allein meiner Schwiegermutter Kirane gegenüber. Sie wirft mir einen stechenden Blick zu: «Ich warne dich, wenn du bei deinem Bruder bleibst, siehst du deine Mädchen nie im Leben wieder. Dafür werde ich sorgen. Und wage es ja nicht, dich noch einmal bei deiner Familie zu beklagen. Wir fahren sofort zurück, sag ihnen, du hast keinen Hunger!»

Ich beiße mir auf die Lippen und fange an zu zittern. Mariam kommt herein und setzt sich neben uns. Kirane lächelt sie süßlich an und erklärt: «Tut mir leid, aber wir bleiben nicht zum Essen, wir fahren gleich, damit wir vor Einbruch der Dunkelheit zu Hause sind.»

Kirane bedeutet mir durch ein Zeichen, aufzustehen, und wir verlassen das Haus.

13

Auf der Rückfahrt schwört meine Schwiegermutter hoch und heilig, sie denke überhaupt nicht daran, mich wieder zu verheiraten, aber ich traue ihr nicht. Seit Adils Tod umschleichen mich meine drei Schwäger wie die Bären den Honig. Waren sie früher sehr zurückhaltend, so sind sie nun richtig aufdringlich geworden. Und das, während ich noch ganz unter dem Schock von Adils Tod stehe – ihr Verhalten ist einfach widerwärtig.

Außerdem sind sie alle viel älter als ich. Selbst Tahir, der mein Vater sein könnte, hat sein Glück versucht. Die beiden anderen, Rafiq und Faiz, verbringen ihre Zeit mit Trinken und Kartenspielen. Einzig Fawad ist ein anständiger Mensch. Aber ich bin noch lange nicht so weit, wieder an Heirat zu denken, ich habe den Verlust von Adil noch nicht verschmerzt. Und es geht mir nicht in den Kopf, wie meine Schwiegerfamilie überhaupt auf die Idee kommen kann, mir einen neuen Ehemann aufzuzwingen, wo doch Adils Tod erst einige Monate zurückliegt.

Wir sind noch nicht lange im Dorf zurück und ich bin damit beschäftigt, die Geschenke meines Bruders zu verstauen, als Shirin, die Frau von Fawad, in mein Zimmer stürmt. Sie ist völlig außer sich: «Warum bist du zurückgekommen? Die Familie bereitet deine Hochzeit mit meinem Mann vor! Willst du mein Leben ruinieren?»

Ich bin sprachlos. Die Geschichte ist wirklich ein Albtraum. Wie können sie es wagen, mir so etwas anzutun? Zitternd laufe ich auf den Hof und suche nach Kirane. Ich finde sie zusammen mit Fawad in ihrem Zimmer. Als ich eintrete, berichtet sie gerade vom Besuch bei meinem Bruder: «Deine Frau hat Salim angerufen und ihm alles gesagt. Ich hatte die größte Mühe, ihn davon zu überzeugen, dass das Unsinn ist.»

Als sie mich erblickt, verfinstert sich ihre Miene. Sie reicht mir Fawads Handy.

«Du rufst jetzt sofort deinen Bruder an und sagst ihm, dass du Fawad heiratest. Schwöre ihm, dass du es aus freien Stücken tust. Andernfalls kannst du zu deiner Mutter zurückgehen und wirst deine Kinder nie mehr wiedersehen.»

Ich schlage ihr das Handy aus der Hand und laufe in mein Zimmer. Ich bin völlig aufgelöst. Meine Schwägerin Rubina setzt sich zu mir. Ganz bestimmt hat ihre Mutter sie geschickt, damit sie mit mir redet. Rubina fragt mich ruhig: «Warum willigst du denn nicht in die Heirat ein? Was soll daran so schlimm sein? Sieh doch mal, was für eine Chance es für dich ist, einen neuen Ehemann zu bekommen. Wer soll dich mit deinen zwei Töchtern schon nehmen?»

Schluchzend lehne ich ab und bitte sie im Namen von Adils Andenken, mich nicht so zu quälen.

«Wie du willst», erwidert Rubina unfreundlich. «Morgen sehen wir weiter. Vergiss aber nicht, das Abendessen zu kochen. Und übrigens schlafen deine beiden Töchter heute bei Mukhtara, damit das klar ist.»

Mir zittern die Hände, während ich das Essen zubereite. Als es fertig ist, verkrieche ich mich in meinem Zimmer. Ich habe keine Lust, mit meiner Schwiegerfamilie zu essen. Weinend gehe ich zu Bett, finde allerdings keinen Schlaf.

Am nächsten Morgen stehe ich völlig erschöpft auf, die Augen rot und geschwollen von den Tränen. Ich bereite das Frühstück zu und erledige den Haushalt, ohne ein Wort mit jemandem zu wechseln. Rubina spricht mich im Hof an und bringt mir eine Tasse Tee.

«Na, bist du über Nacht klüger geworden? Willigst du nun in die Heirat ein?»

Ich erwidere, dass ich nach wie vor nicht einverstanden bin. Da taucht Kirane aus ihrem Zimmer auf. Sie ist völlig zerzaust und keift: «Du bringst uns nur Unglück, du bist Witwe und hast kein Geld. Da gebe ich mir so viel Mühe, dir zu helfen, und das ist der Dank! Du solltest dich schämen.»

Ich flüchte in mein Zimmer zurück.

In den folgenden Tagen rede ich mit niemandem ein Wort. Nein, so können sie mit mir nicht umgehen. Fawad fängt an, mir nachzustellen. Kaum dreht Shirin ihm den Rücken zu, macht er mir Komplimente. Er bietet mir kleine Geschenke an, *Bangles* oder Kleider, die ich ihm vor die Füße werfe. Eines Morgens, als ich vor dem Herd kauere, um Wasser für den Tee zu kochen, beugt er sich über mich und flüstert mir zärtliche Worte ins Ohr. Ich beachte ihn gar nicht. Da versucht er, seinen Arm um mich zu legen, doch ich stoße ihn zornig zurück: «Wie kannst du Shirin so etwas antun, hast du gar keinen Respekt vor deiner Frau?»

Er lacht nur. «Shirin? Siehst du nicht, wie hässlich sie ist? Außerdem ist sie faul, sie tut rein gar nichts für die Familie, du hingegen hast alles, was eine Frau braucht.»

Shirin muss ungefähr 35 Jahre alt sein. Ihr ältester Sohn ist 22 und bereits verheiratet. Außer ihm hat sie noch drei weitere Kinder. Fawad ist um die 40, also doppelt so alt wie ich. Seine bereits ergrauten, gelockten Haare kämmt er sich mit Senföl. An den Händen trägt er große, billige Ringe. Ich kann ihn überhaupt nicht ausstehen. Aber sein Verhalten macht mich stutzig.

«Warum machst du mir solche Komplimente?», frage ich ihn.

«Ich bin nun mal in dich verliebt, seit du zu unserer Familie gekommen bist ...»

Ich bin mir sicher, dass meine Schwiegermutter ihm diese Worte eingeflüstert hat. Fawad ist noch der am wenigsten faule unter ihren Söhnen, und wahrscheinlich hat sie ihn deshalb dazu auserkoren, mich zu heiraten. Schließlich muss er dann zwei Frauen finanziell versorgen. Aber ich will mich nicht beugen und gebe ihm einen Korb. Enttäuscht zieht er ab. Da bemerke ich Kirane, die uns von ihrem Fenster aus beobachtet hat. Sie kommt mit einem Handy aus ihrem Zimmer. In meiner Gegenwart ruft sie meinen Bruder Salim an. Sie spricht sehr laut, damit ich höre, was sie ihm mitzuteilen hat: «Die Heirat mit Fawad ist nun beschlossene Sache, Naziran hat endlich eingewilligt, sie ist sehr glücklich!»

Mit gebieterischem Gesichtsausdruck reicht sie mir das Handy. Ich stammle etwas hinein, ohne es zu wagen, ihr zu widersprechen. Unterdessen bedenkt sie mich mit drohenden Blicken. Ich weiß, dass sie in der Lage ist, mir meine Kinder wegzunehmen, das hat sie bereits bewiesen. Die Verbindung ist schlecht und ich kann Salim kaum verstehen.

«Ich halte das nicht für eine gute Entscheidung», sagt er, «aber ich komme am Freitag, um den Ehevertrag mit deiner Schwiegerfamilie auszuhandeln. Ich werde eine Klausel verlangen, dass dir eine Rente zusteht, falls du dich von Fawad trennst.»

Ich wende mich um, meine Schwägerin Rubina hat sich hinter mir aufgebaut. Sie hat das Gespräch mitverfolgt und brüllt nun ins Handy: «Die Hochzeit ist heute, wenn du daran teilnehmen willst, musst du sofort aufbrechen.»

Ich erhebe Einspruch: «Aber es sind doch drei Stunden Fahrt, mein Bruder kann unmöglich rechtzeitig hier sein!»

Auch Salim ist empört: «Du darfst auf keinen Fall akzeptieren, dass die Hochzeit heute stattfindet. Warte bis Freitag, wenn ich komme! Andernfalls kannst du vergessen, dass du einen Bruder hast.»

Da reißt mir Rubina das Telefon aus der Hand und macht es aus. Ich laufe in mein Zimmer, schlage die Tür hinter mir zu, werfe mich aufs Bett und breche in Tränen aus. Meine schlimmsten Albträume werden Wirklichkeit. Ich weiß nicht mehr aus noch ein.

Zehn Minuten später höre ich die Stimme des Mullahs unseres Dorfes.

«Salam aleikum! Nun, sind die Brautleute bereit?»

«Setzt Euch doch, ehrwürdiger Mullah. Ich hole sie», antwortet ihm Kirane.

Meine Schwiegermutter kommt in mein Zimmer und gebietet mir: «Naziran, steh auf! Hör auf rumzuheulen, hast du mal in den Spiegel geschaut? Du wirst dem Mullah sagen, dass du aus freien Stücken heiratest. Andernfalls siehst du deine Töchter nie wieder, hast du mich verstanden?»

Kirane reicht mir einen alten roten *Shalwar Kamiz,* den sie in einer Truhe aufbewahrt. Rot ist die traditionelle Farbe der Hochzeitskleidung, der Legende nach aber auch die des roten Sandes, den der Wind mit sich führt, wenn irgendwo ein Unschuldiger ermordet wird.

«Zieh das an!», befiehlt mir Kirane. «Ich rede mit Shirin. Sie soll sich bei der Zeremonie bloß zusammenreißen.»

Da tritt Rubina ein und flüstert mir zu: «Wenn der Mullah nach deiner Familie fragt, dann sag ihm, sie hätten zu viel zu tun und könnten deshalb heute nicht kommen. Es gibt sowieso keine Gäste.»

Beide gehen hinaus. Ich sitze in der Falle. Mechanisch erhebe ich mich. Trotz allem schlüpfe ich zum Zeichen meiner Ablehnung in ein schwarzes Trauergewand. Dazu lege ich einen schwarzen Schleier an und setze mich auf den *Tscharpoi.*

Da kommt meine Schwiegermutter wieder herein. Sie wirft mir einen zornigen Blick zu, aber sie wagt es nicht, etwas zu sagen. Die Tür steht offen, der Mullah könnte uns hören. Kirane richtet in aller Eile das Zimmer und wirft die herumliegenden Kleider in meinen Koffer. «So kommt doch herein! Setzt Euch!», sagt sie in gespielt fröhlichem Ton zu dem Mullah. «Dies ist die Braut.»

Der Mullah ist ein vertrockneter Greis. Auf seinem kleinen Kopf trägt er einen weißen Turban. Er sieht mich kaum an. Ich weiß nicht, ob er bemerkt, wie sehr mich der Kummer quält. Dann treten meine Schwäger und Schwägerinnen ein und nehmen wortlos auf dem Boden Platz. Dem Mullah kann die gedrückte Atmosphäre eigentlich nicht entgehen. Vielleicht weigert er sich ja, die Eheschließung zu vollziehen …

Fawad hat sich neben mich gesetzt. Ich beachte ihn gar nicht, ich verabscheue ihn. Sein Schweißgeruch bereitet mir Übelkeit.

Der Mullah richtet sich an mich.

«Bist du bereit für die Eheschließung?»

Mit erstickter Stimme murmele ich: «Ja.»

«Aber wo sind deine Eltern?»

«Mein Vater lebt nicht mehr und mein Bruder wohnt nicht hier.»

«Gut … du willigst also aus freien Stücken in die Ehe mit Fawad ein?»

Mit gesenktem Kopf presse ich ein weiteres «Ja» hervor.

Nun stellt der Mullah an Fawad dieselbe Frage und erhält ebenfalls eine positive Antwort.

Wie in einem Albtraum höre ich, wie der Mullah Fawad weitere Fragen stellt. Ob eine Rente vorgesehen sei? «Ehrenwerter Mullah, wir haben großen Respekt vor Naziran, aber dazu hat mein Sohn nicht die Mittel.»

«Gut, gut … wir machen also einen einfachen Ehevertrag.»

Der Mullah reicht mir ein Schriftstück, unter das ich zitternd den Abdruck meines mit Tinte geschwärzten Fingers setze. Es ist geschehen, ich bin wieder verheiratet, ich bin offiziell Fawads Frau.

Der Mullah gibt uns seinen Segen. Er steht auf, Fawad steckt ihm 100 Rupien zu und dankt ihm zum Abschied.

Kirane ruft Salim an, um ihm zu sagen, dass ich verheiratet bin. Sie reicht mir das Telefon. Mein Bruder schimpft furchtbar. Er sagt mir, er betrachte mich nicht mehr als seine Schwester und legt auf. Ich bin völlig am Boden zerstört. Niemand hat Verständnis für mich! Da zischt mir Rafiq zu: «Wenn du mich anstelle von Fawad genommen hättest, wärst du glücklicher!»

Ich antworte nicht. Sie haben mich in die Falle gelockt, und ich sehe keinen Ausweg mehr. Das Einzige, was mir jetzt noch bleibt, ist, den Vollzug der Ehe zu verweigern. Am Abend dieser im Eilverfahren durchgeführten Hochzeit nimmt Kirane Hina zu sich, damit ich in meinem Zimmer alleine bin. Ich weiß, dass Fawad kommen wird. Ich kauere mich auf meinem Bett zusammen und warte, und bald schon höre ich seinen schweren Schritt.

«Mein Liebling, hier bin ich! Komm in meine Arme!», ruft er mit lüsternem Blick.

«Wage es bloß nicht! Scher dich raus», höre ich mich mit fester Stimme sagen.

Er lehnt sich enttäuscht an die Wand. Voller Zorn frage ich ihn: «Was hast du dir bei dieser Heirat gedacht, Fawad?»

«Du hast mir von Anfang an gefallen, gleich als du zu uns gekommen bist.»

«Aber ich liebe dich doch gar nicht! Ich gehöre Adil und ihm allein!»

Seufzend verlässt Fawad das Zimmer und geht zu Shirin zurück.

Am folgenden Morgen entdecke ich meine kleine Lieblingsziege tot vor der Tür. Mit Adil zusammen habe ich ihr den Namen Tchoutchi gegeben, auch er mochte sie und hat eigenhändig frisches Gras für sie geschnitten. Ich war dabei, als sie eines Nachts im Stall zur Welt kam.

Tchoutchi ist ein zahmes Zicklein geworden, sie lief im Haus herum und folgte uns auf Schritt und Tritt. Nach Adils Tod ist sie mir noch mehr ans Herz gewachsen, denn sie erinnerte mich an die schönen Augenblicke mit meinem Mann. Und nun finde ich sie kalt und starr im Hof. Vor Kummer bleibt mir fast das Herz stehen. Ich höre, wie Rubina Kirane zuflüstert: «Shirin hat Tchoutchi vergiftet, um sich an Naziran zu rächen ...»

Als Fawad auf den Hof kommt, will Kirane wissen, wie die Nacht verlaufen ist. Fawad gesteht ihr, dass ich mich geweigert habe, das Lager mit ihm zu teilen. Kirane schimpft: «Du musst dich fügen, Naziran. Du bist seine Frau, Fawad hat ein Recht darauf.»

Drei Tage lang schließe ich mich in meinem Zimmer ein. Das schwarze Trauergewand behalte ich an. Ich gehe auch nicht zur Feldarbeit und nehme nicht an den Mahlzeiten der Familie teil.

Rubina versucht mehrmals, mich zu holen, aber ich sage ihr, dass ich keinen Hunger habe. Jeden Abend kommt Fawad in mein Zimmer, doch ich schicke ihn stets weinend weg.

Am Morgen des vierten Tages bin ich am Ende meiner Kräfte. Meine kleine Hina ist unruhig, sie läuft um mein Bett herum und drückt sich an mich.

«Bist du krank, Mama? Wirst du sterben wie Papa?»

Ich nehme sie in die Arme.

«Nein, mein Liebling, es wird schon werden. Deine Mama ist nur müde.»

Es bestürzt mich, dass mein Töchterchen sich solche Sorgen macht. Ich muss mich um sie kümmern, also stehe ich auf. Ich gehe auf den Hof, um Tee zu kochen. Meine Schwägerinnen sitzen auf dem Boden und geben ihren Kindern zu essen. Rubina begrüßt mich: «Sieh an, Naziran, es geht dir wohl besser? Komm her und iss etwas!»

Sie reicht mir ein Stück Fladenbrot, das ich mit gezuckertem Tee herunterwürge.

Rubina gibt mir mehr. Ich sage kein Wort. Doch sie hat nicht die Absicht, mich in Frieden zu lassen: «Naziran, du bist jetzt verheiratet. Du weißt, dass du mit Fawad schlafen musst.»

Die ganze Familie weiß Bescheid. Die anderen Schwägerinnen nicken, und keine kann sich ihren Kommentar verkneifen: «Du bist seine Frau, du musst ihm deinen Körper überlassen!»

«Du darfst dich ihm nicht verweigern.»

Ich versuche, mich gleichmütig zu geben. Doch sie bedrängen mich derart, dass ich ihnen entgegenschleudere: «Ich gehöre Adil, jetzt und für immer. Fawad widert mich an.»

Auch Kirane meldet sich zu Wort: «Wenn du dich weigerst, brauchst du dich nicht zu wundern, dass du unglücklich wirst, meine Kleine! Du bist ein dummes Ding, du musst deinem Mann gehorchen, basta.»

Ich werfe ihr einen finsteren Blick zu. Durch das Brot und den Tee etwas zu Kräften gekommen, spaziere ich durch den Gemüsegarten. Ich will meine Ruhe haben und mit niemandem reden. Nur Hina nehme ich mit. Wir hocken uns auf den Boden, und ich zeige ihr, wie man das Unkraut auszupft, das das Gemüse erstickt. Ich erkläre ihr die Pflanzen: Die Tomaten sind noch grün, da sprießen die kleinen Blätter der Pastinaken, dies hier ist Blumenkohl ...

Plötzlich taucht Shirin auf. Sie mustert mich böse und sagt: «Wen haben wir denn da, Naziran! Bist du jetzt endlich zufrieden, nachdem du mir meinen Ehemann gestohlen hast?»

Ich protestiere, doch sie bricht nur in hämisches Gelächter aus: «Ich weiß, dass Fawad jeden Abend zu dir geht, hältst du mich für dumm? Pass gut auf dich auf! Es könnte dir leicht etwas zustoßen! Und deiner Tochter auch!»

Sie spuckt auf die Erde, dreht sich auf dem Absatz um und stapft davon. Hina schaut mich erschrocken an.

«Mama, wird sie uns töten, so wie Tchoutchi?»

Ich sage ihr, sie solle sich keine Sorgen machen, Shirin könne uns nichts antun.

Ich warte, bis Shirin ein gutes Stück entfernt ist, bevor ich mich auf den Rückweg mache. Hina läuft zu ihrer Großmutter Kirane, die im Hof Spinat zubereitet. Bevor ich auch nur den Mund aufmachen kann, hat Hina schon ausgeplappert, was Shirin gesagt hat. Kirane steht wutentbrannt auf. Sie geht zu Shirins Haus, das direkt neben unserem steht, und ruft laut: «Shirin, was denkst du dir eigentlich? Naziran ist jetzt Fawads Frau! Er hat das Recht, zu ihr zu gehen!»

Ich weiß, dass Shirin im Haus ist. Sie hat genau gehört, was Kirane ihr zugerufen hat, aber sie zeigt sich nicht. Meine Schwiegermutter kommt auf den Hof zurück. Giftig schleudert sie mir entgegen: «Und was dich betrifft, hör auf, dich so anzustellen! Bald weiß es das ganze Dorf, was für eine Schande für unsere Familie!»

Ich kehre in mein Zimmer zurück, fest entschlossen, es nicht mehr zu verlassen. Die Attacken von Shirin, das Gekeife von Kirane, die nächtlichen Besuche von Fawad, all das habe ich gründlich satt.

14

Rubina klopft an und bringt mir eine Tasse Tee und Brot. Sie stellt beides auf meiner Truhe ab und erklärt barsch: «Naziran, es reicht jetzt. Seit einer Woche hast du nichts mehr gegessen. Die Leute im Dorf reden schon, sie glauben, du hast den Verstand verloren.»

Ich liege im Bett und drehe mich zur Wand. Nein, ich spreche nicht mit ihr, und was die Leute sagen, ist mir egal. Mir ist, als sei ich bereits gestorben. Wenn ich versuche, aufzustehen, wird mir schwindlig, und manchmal verliere ich auch das Bewusstsein. Ich habe Krämpfe, und ich bin sehr schwach, manchmal beginne ich zu phantasieren. Selbst die Gegenwart meiner kleinen Hina kann mich nicht mehr trösten.

Auch Fawad sorgt sich um meine Gesundheit. Ich höre, wie er sich auf dem Hof mit Kirane berät. Er schlägt vor, mich zu einem Arzt zu bringen, Kirane pflichtet ihm bei. Sie hat offenbar Angst, dass die Leute am Ende sagen, sie hätte tatenlos zugesehen, wie ihre Schwiegertochter stirbt. Fawad sagt dem Nachbarn Bescheid, der ein Auto besitzt.

Da ich nicht gehen kann, trägt mich Fawad zum Wagen und bettet mich vorsichtig auf die Rückbank. Mein Kopf rutscht ab und hängt im Leeren. Fawad stützt ihn sorgsam gegen die Autotür und schiebt mir ein Kissen in den Nacken. Meine Fäuste sind so fest geballt, dass es schmerzt. Als Fawad vorn neben dem Fahrer einsteigt, bemerke ich, dass er weint.

«Hast du gesehen, wie abgemagert sie ist? Ein richtiges Skelett ...», murmelt er.

Unser Nachbar antwortet: «Was weinst du, Fawad? Du bist selbst schuld, wenn deine Frau in einem solchen Zustand ist, du hättest sie nicht so schlecht behandeln dürfen.»

Fawad schnieft.

«Ich kann doch nichts dafür. Meine Mutter und meine Schwestern haben mich gezwungen, Naziran zu heiraten, die nichts von mir wissen wollte.»

Während der holprigen Fahrt verliere ich mehrmals das Bewusstsein. Erst auf dem metallenen Untersuchungstisch des Arztes komme ich wieder halbwegs zu mir.

«Sie isst nichts, wird immer dünner, hat Krämpfe ... Was hat sie nur?», höre ich Fawad sagen.

Der Arzt misst meinen Blutdruck, der sehr niedrig ist. In nüchternem Tonfall erklärt er: «Ihre Frau hat seelische Probleme, sie zeigt Symptome von Angstzuständen und Depression.»

Fawad fragt verlegen, was er tun kann.

«Bringen Sie sie nach Bahawalpur», antwortet der Arzt. «Dort gibt es eine Spezialklinik für psychische Erkrankungen.»

Wir fahren mit dem Auto weiter. In Bahawalpur legt mich ein Krankenpfleger auf eine Trage. Nach einiger Zeit kommen zwei Ärzte. Eine Krankenschwester bittet mich, den Arm zu heben, um meinen Blutdruck zu messen, doch ich bin zu schwach.

Ich höre sie flüstern: «Sie ist so abgemagert, dass sie nicht mal mehr den Arm heben kann.»

«Es hat gar keinen Sinn, sie hier aufzunehmen. Sie wird ohnehin sterben», sagt der jüngere Arzt.

Sein älterer Kollege wendet sich in vorwurfsvollem Ton an Fawad: «Wie kommt es, dass Ihre Frau in einem solchen Zustand ist? Was haben Sie denn mit ihr angestellt?»

Fawad murmelt, ich sei depressiv und wolle seit unserer Hochzeit nichts mehr essen.

«Sie muss wieder Freude am Leben gewinnen, sonst stirbt sie. Geben Sie ihr gut zu essen und zwingen Sie ihr nichts auf!», sagt der Arzt.

Zur Krankenschwester gewandt, fügt er hinzu: «Also gut, wir hängen sie einen Tag an den Tropf, um ihr Flüssigkeit zuzuführen. Mehr können wir nicht tun.»

Am Abend bringt mich Fawad mit dem Auto wieder nach Hause.

Als wir im Dorf ankommen, fühle ich mich etwas besser. Die kleine Hina erwartet mich schon voller Unruhe. Als sie sieht, wie ich mich in meinem Gurtbett aufsetze, ist sie erleichtert, dass ich wieder etwas zu Kräften gekommen bin.

«Mama kann sitzen! Mama, sag etwas!», ruft sie aufgeregt.

Doch zum Sprechen bin ich immer noch zu schwach. Ihr Gesichtchen wird gleich wieder traurig. Ich mache ihr ein Zeichen, dass sie mich schlafen lassen soll.

Am nächsten Tag teilt mir Rubina mit, dass meine Schwägerin Mukhtara endlich ihr Kind bekommen hat.

«Es ist ein Mädchen. Nun ja, nach so langer Zeit besser als nichts! Sie hat schließlich fünf Jahre gebraucht, um schwanger zu werden!», erklärt Rubina. «Das nächste wird dann mit Allahs Hilfe sicher ein Junge.»

Rubina hilft mir, eine Tasse Tee mit Milch zu trinken, den sie stark gezuckert hat, damit ich zu Kräften komme. Ich kann mich gar nicht über die Geburt von Mukhtaras Tochter freuen, weil ich Angst habe, dass sie nun meine kleine Fizza vernachlässigt, die immer noch bei ihr wohnt. Die Vorstellung, dass es meiner Fizza schlecht ergehen könnte, bringt mich zur Verzweiflung. Sie ist ja noch so klein! Ich versuche nun doch, etwas zu essen und zu trinken, um wieder auf die Beine zu kommen. Rubina macht für mich eine nahrhafte Hühnersuppe.

Anderthalb Wochen später hat sich mein Zustand erheblich gebessert. Ich bitte Hina, zu Mukhtara zu gehen und ihre Schwester zu holen. Jetzt, wo ich wieder aufstehen kann, will ich unbedingt meine Kleine sehen. Da höre ich schon die beiden Mädchen vor der Tür lachen, und Fizza kommt hereingestürmt. Zu meiner Überraschung nennt sie mich sogleich «Mama». Sie hat mich also nicht vergessen. Doch meine sonstigen Befürchtungen werden durch das bestätigt, was Hina mir von ihrem Besuch bei Mukhtara erzählt: «Fizza hat geweint! Mukhtara schimpft und schlägt Fizza!»

Die kleine Fizza muss sich seit der Ankunft des Babys ganz vernachlässigt vorkommen. Es bricht mir das Herz. Nicht nur dass Mukhtara mir mein Kind weggenommen hat, jetzt schlägt sie es auch noch. Ich schwöre mir, Fizza wieder nach Hause zu holen, sobald ich einigermaßen bei Kräften bin.

Wie jeden Tag verlangt Hina, dass ich ihr das Foto ihres Vaters von der Wand hole. Das Porträt zeigt Adil vor einem blauen, mit Blumen dekorierten Hintergrund. Wie jung er auf diesem Bild aussieht! Er schaut mit ernster Miene in die Kamera. Mit seinem Schnurrbart und den großen Mandelaugen sieht er verführerisch aus. Und stattdessen habe ich nun diesen alten Fawad ... Ich gebe Hina das Foto und höre zu, wie sie ihrem Papa mit ihrem Kinderstimmchen Geschichten erzählt und Lieder vorsingt.

Einige Tage später hat mich die Krankheit erneut gepackt. Ich bin wieder müde und trübsinnig, verliere den Appetit und kriege keinen Löffel von der Hühnersuppe mehr hinunter, die Rubina für mich kocht. Meine Kräfte schwinden, und hin und wieder verliere ich das Bewusstsein. Auch das Zeitgefühl verlässt mich. Eines Morgens schauen zwei unserer Nachbarn, Jalil und seine Ehefrau, bei mir vorbei. Es sind sehr nette Leute, mit denen ich mich gut verstehe. Sie wollen wissen, wie es mir geht und fragen leise: «Wenn du mit deiner Schwiegerfamilie nicht reden willst, uns kannst du doch wenigstens sagen, was dir fehlt!»

Jalil reicht mir ein Glas Wasser. Mühsam richte ich mich auf, öffne den Mund, schaffe es aber nicht, richtig zu trinken. Hustend spucke ich das Wasser wieder aus. Mein Nachbar ruft nach meiner Schwiegermutter: «Jemand muss ihrem Bruder Bescheid sagen. Er muss sofort vorbeikommen!»

Ich höre, wie Kirane Salim anruft, sie hat den Lautsprecher angeschaltet, damit auch Fawad mithören kann: «Deine Schwester ist sehr krank, sie stirbt möglicherweise ...»

Mein Bruder brüllt Kirane an: «Daran bist nur du schuld, wegen dir geht es ihr so schlecht! Du hattest versprochen, dass sie bei euch glücklich wird ... nennst du das vielleicht glücklich? Wir werden sie nach Hause holen!»

Fawad baut sich vor meinem Bett auf und erklärt: «Naziran bleibt hier! Sie ist meine Frau, und ich bin dafür verantwortlich, dass sie wieder gesund wird. Sonst sagen die Leute im Dorf am Ende, ich hätte mich nicht um sie gekümmert.»

«Man muss sie unbedingt zu einem *Pir* bringen!»

«Kirane hat bereits mit einem Heiler Kontakt aufgenommen, er kommt heute noch vorbei. Es ist *Pir* Hasnain Shah vom Mausoleum Lal San Di Crore, er hat schon Fälle wie diesen behandelt.»

Am frühen Abend kommt der *Pir* mit seinem Assistenten, dem *Khalifa*. Kirane führt die beiden in mein Zimmer. Die Stimme des *Pir* schreckt mich aus meinem elenden Dämmerzustand auf.

«Das ist sie also? Ich kann ihr nicht mehr helfen, sie ist ja nur noch Haut und Knochen, sie wird sterben!»

Kirane redet zuckersüß auf ihn ein.

«Wir werden es Euch zu danken wissen, macht Euch keine Sorgen. Ihr seid unsere letzte Hoffnung. Bitte, helft ihr!»

«Nun gut, ich kann es versuchen. Aber zuerst einmal gehen alle raus, ich muss allein mit ihr sein.»

Ich höre draußen im Hof Geflüster und Fußscharren. Der *Pir* schließt die Tür. Als wir allein sind und alles still geworden ist, zündet der *Pir* ein Räucherstäbchen an und besprenkelt mich mit Duftöl. Mit seiner klangvollen

Stimme sagt er mir, ich bräuchte keine Angst zu haben, ich würde mich bald besser fühlen.

Er setzt sich still an meine Seite und rezitiert Gebete über einem Wasserglas, das er mir anschließend zum Trinken reicht. Er ist ein kräftiger Mann mit durchdringendem Blick, von seinen schwarzen Pupillen fühle ich mich fast hypnotisiert. Mit tiefer Stimme erklärt er mir: «Jemand hat dir einen bösen Zauber geschickt und ein Geist hat von deinem Körper Besitz ergriffen und versucht, dich zu vernichten. Aber ich werde diesen Dämon vertreiben.»

Der *Pir* ruft seinem Assistenten durch das Fenster zu: «Lauf zum Friedhof und sieh dich nach einem *Tavis* um, der mit Schwarzer Magie zu tun hat. Den bringst du mir, aber schnell.»

Der *Khalifa* stürzt davon und kommt kurz darauf mit einem Amulett zurück.

«Hier, Meister!», ruft er außer Atem. «Das hier habe ich gefunden!»

Der *Pir* betrachtet eingehend das Amulett, entfaltet den Zettel, der darin steckt und liest ihn aufmerksam. Schließlich erklärt er: «Diese junge Frau ist von einem bösen Dschinn besessen. Ich brauche eine schwarze Ziege und einen schwarzen Hahn. Beeilt euch, sonst wird sie sterben.»

Nachdem ihm meine Schwiegermutter die Tiere eiligst besorgt hat, befiehlt mir der *Pir*: «Leg dich auf den Fußboden!»

Im Fenster tauchen die Gesichter meiner Schwäger auf, die neugierig hereinschauen.

Der *Pir* führt den Hahn und die Ziege siebenmal um

mich herum und rezitiert jedes Mal dieselbe Koransure. Dann dreht er dem kreischenden Hahn den Hals um. Der *Pir* schließt die Augen und spricht mit geheimnisvoller Stimme: «König der Dämonen, hol dein Kind heim, das in den Körper dieser jungen Frau gefahren ist. Sie hat dir nichts getan. Dein kleiner Dschinn muss ihren Körper verlassen!»

Der *Pir* befiehlt mir, aufzustehen. «Leg deine Hand auf die Ziege und wasch dich anschließend.»

Erst als der *Pir* mir die Hand auf die Schultern legt, finde ich die Kraft, seinem Befehl Folge zu leisten. Als ich die Ziege berühre, erbebt sie und bricht zusammen. Sie verdreht die Augen, und Schaum tritt vor ihr Maul. Dann erstarrt sie.

Der *Pir* befiehlt seinem Assistenten, die Ziege in vier Teile zu zerschneiden und sie auf den Friedhof zu werfen, worauf der *Khalifa* das tote Tier aus dem Zimmer schleift. Anschließend fordert der *Pir* Fawad auf, hereinzukommen und mir mit einer Schaufel auf den Rücken zu klopfen. Ich liege immer noch auf dem Boden. Bei jedem Schlag stoße ich grelle Schreie aus, wie eine jaulende Wildkatze. Fawad schlägt mich so lange, bis auch der schwarze Hahn endgültig verendet ist. Da verkündet der *Pir*: «Der Dämon hat den Körper von Naziran verlassen, ihre Seele ist nun wieder frei.»

Der *Pir* geht kurz aus dem Zimmer und kommt mit Früchten und Hähnchenfleisch zurück. Immer noch in Trance, richte ich mich mühsam auf. Der *Pir* schneidet ein kleines Stückchen Banane ab und schiebt es mir in den Mund. Ich muss mich fast übergeben, aber er befiehlt mir, es hinunterzuschlucken. Man solle mir eine kräftige

Hühnersuppe kochen, ordnet der *Pir* an. Dann nimmt er lächelnd an meiner Seite Platz und erklärt: «So, Naziran, jetzt wirst du wieder gesund werden. Bleib ganz ruhig und denk nicht mehr an dein Unglück. Und wasch dich.»

Ich danke ihm und fühle mich, als wäre mir eine Last von den Schultern genommen worden. Endlich kann ich wieder frei atmen. Rubina hilft mir, ein weites Gewand ohne Ärmel überzustreifen, das ich zum Waschen trage. Sie begleitet mich zur Wasserpumpe, um mir zu helfen. Langsam und mit kleinen Schritten bewege ich mich voran.

Das kalte Wasser erfrischt mich, und ich komme etwas munterer nach Hause zurück. Dort löffle ich die Suppe aus, die Kirane inzwischen für mich zubereitet hat, und verschlinge dazu einen ganzen Brotfladen. Meine Schwiegermutter bietet auch dem *Pir* und seinem *Khalifa* einen Teller mit Gemüse und Hähnchen an, was sie gerne annehmen.

Fawad steckt dem *Pir* ein Bündel Geldscheine zu, 3000 Rupien (30 Euro), eine stattliche Summe. Der *Pir* erklärt, er wolle bleiben, bis ich selbst in der Lage bin, ihm Essen zuzubereiten. Bis dahin will er bei uns wohnen.

Drei Tage später besucht mich meine Mutter zusammen mit meiner Schwester Farah. Sie verwöhnen mich mit allen möglichen Leckereien. Ihre Anwesenheit und Zuneigung geben mir neuen Lebensmut. Vor allem meine Mutter beruhigt mich.

Mein Bruder Tahir kündigt mir am Telefon an, dass er mir einen gebrauchten Fernseher und einen DVD-Player aus seinem Laden geschickt hat. Einige Tage später kommt das Paket mit dem Bus an. Fawad baut die Geräte gegenüber von meinem Bett auf. Jetzt kann ich Filme in Panjabi und Musikvideos mit traditionellen Liedern sehen, die ich so sehr mag.

Auch meine kleine Hina spürt, dass es mir schon viel besser geht, und sie verlangt, von mir wieder einmal ihre Lieblingsgeschichten zu hören. Also erzähle ich sie ihr: «Es war einmal ein Mann, der hatte zwei Töchter. Eines Tages sagte er zu ihnen: ‹Wer ernährt euch denn, meine Töchter?› Die erste antwortete: ‹Du, Papa!› Der Vater war mit dieser Antwort zufrieden. Doch die andere Tochter widersprach: ‹Nein, nicht du ernährst uns, Papa, sondern Allah!› Da wurde der Vater böse und sagte zu ihr: ‹Schön, wenn das so ist, dann werde ich dich mit einem armen Mann verheiraten. Dann werden wir ja sehen, ob Allah dir zu essen gibt!› Bald darauf zog das Mädchen mit seinem armen, kranken Ehemann über die Landstraßen. Eines Tages waren sie müde, und das Mädchen setzte sich unter einen Baum. Und dort entdeckte sie eine Truhe voller Goldstücke. Mit diesem Geld pflegte sie ihren Mann, der bald wieder gesund wurde. Dann kaufte sie ein großes Haus. Eines Tages lud sie ihren Vater zum Essen ein, ohne sich zu erkennen zu geben. Während der gesamten Mahlzeit verbarg sie ihr Gesicht hinter einem Schleier. Der Vater sagte ganz erstaunt: ‹Merkwürdig, mir schmeckt es, als hätte meine Tochter gekocht, jene, die ich mit einem armen Mann verheiratet habe!› Das Mädchen hob den Schleier, und der Vater erkannte sie. Überrascht rief er: ‹So ist es also doch wahr! Allah hat dich ernährt!›»

Doch die Geschichte, die Hina noch mehr liebt, ist die folgende: «Ein Blinder und ein Stotterer sind mit dem Fahrrad unterwegs. Der Blinde, der fährt, sagt zu dem

Stotterer, der auf dem Gepäckträger sitzt: ‹Wenn du ein Schlagloch siehst, sag Bescheid, damit ich nicht reinfahre.› ‹Mach ich›, sagt der Stotterer. Da ruft er plötzlich: ‹Sch... Sch... Sch...!› ‹Was willst du?›, fragt der Blinde. Schon ist das Fahrrad in das Loch gefahren und überschlägt sich. Der Stotterer ruft: ‹Schlagloch!›»

Diese Geschichte findet Hina sehr lustig. Anschließend soll ich ihr noch Schlaflieder vorsingen. Aber ich muss mich erst einmal ausruhen. Es dauert noch zehn Tage, bis ich endlich in der Lage bin, aufzustehen und zu kochen.

15

Nun habe ich doch noch Adils Handy zurückbekommen. Rubina hat es mir kurz nach seinem Tod abgenommen. Ich habe sie angefleht, es mir zur Erinnerung an meinen Mann zu lassen, doch sie hat nur erwidert, Adil sei auch ihr Bruder gewesen und sie hätte ebenso gut ein Recht darauf wie ich. Doch nachdem ich nun wieder gesund bin, hat sie es mir zurückgegeben. Ich bin froh, dass ich jetzt ein eigenes Telefon habe. So kann ich jederzeit meine Familie anrufen.

Meine Schwestern und mein Bruder rufen mich regelmäßig an. Sie wollen wissen, ob Fawad sich mir gegenüber nun anständig benimmt. Ich kann ihnen berichten, dass er richtig freundlich geworden ist. Unser Verhältnis hat sich sehr entspannt. Er hat alles getan, damit ich wieder gesund werde, und dafür bin ich ihm dankbar. Ohnehin ist er jetzt mein Mann, und dagegen kann ich nichts tun.

Aber Fawad steht weiterhin unter dem Einfluss von Shirin. Ich weiß, dass er ihr jedes meiner Worte weitergibt. Ich spüre, dass diese Hexe etwas im Schilde führt. Und wirklich dauert es nicht lange. Auf einmal bekomme ich anonyme Anrufe: Zu jeder Tageszeit klingelt das Handy, und fremde Männer sagen mir schmutzige Dinge.

Bald weiß ich, dass Shirin meine Nummer an irgendwelche Strolche weitergegeben hat, die sich einen Spaß daraus machen, mich zu belästigen. Und es entgeht mir nicht, dass Shirin mich jedes Mal, wenn das Handy klingelt, mit einem spöttischen Blick bedenkt. Am Ende lasse ich es einfach klingeln. Ich bin zornig, aber ich schäme mich auch. Schließlich besorge ich mir auf dem Basar eine neue SIM-Karte. Doch kaum habe ich einen Tag Ruhe gehabt, da geht es schon wieder los mit den Anrufen. Ich weiß nicht wie, aber sie haben meine neue Nummer herausgefunden.

Ich schildere Fawad mein Problem in der Hoffnung, dass er mich vor Shirin schützt, und er verspricht mir, sich darum zu kümmern. Doch am nächsten Tag fährt mich Fawad wütend an: «Shirin hat mir gesagt, du hast Kontakt mit diesen Männern aufgenommen. Du hast wohl Liebhaber hier im Dorf?»

Ich falle aus allen Wolken. Eine solche Gemeinheit übersteigt mein Vorstellungsvermögen.

«Aber Fawad, wenn das so wäre, dann hätte ich dir doch gar nicht davon erzählt! Du weißt, wie sehr mich Shirin hasst! Sie erfindet dauernd irgendwelche Geschichten!»

Einmal gehe ich vormittags mit meinen Schwägerinnen zum Fluss, um Fawads Kleider zu waschen. Dort angekommen, bemerke ich, dass ich meine Seife vergessen habe. Höflich bitte ich Shirin, mir ihre zu leihen, doch sie lacht mich nur aus und sagt: «Du hast Geld genug, um den ganzen Tag mit deinen Liebhabern zu telefonieren, da wirst du dir doch Seife leisten können!»

«Was redest du da für Unsinn!»

Shirin hebt einen Ast vom Boden auf und schlägt mit

aller Kraft zu. Ich versuche auszuweichen, doch sie trifft mich am Rücken.

Die anderen Frauen sehen erschrocken zu, aber keine wagt es, auch nur den kleinen Finger zu meiner Verteidigung zu rühren. Rasch sammle ich meine Wäsche ein und laufe nach Hause. Den ganzen Weg schimpfe ich über Shirin. Mein Rücken tut mir weh. In meinem Zimmer angekommen, ziehe ich mich aus und sehe im Spiegel einen roten, schmerzenden Striemen.

Bald setzen die Krämpfe wieder ein. Shirin ist offenbar entschlossen, mir das Leben zur Hölle zu machen. Ich bleibe den ganzen Tag im Bett liegen. Fawad macht sich Sorgen, er fürchtet wohl einen Rückfall, denn er schlägt gleich vor, mich am nächsten Tag zum *Pir* nach Lal San Di Crore bringen. Darüber bin ich sehr froh.

Am folgenden Morgen fährt ein Auto vor, das Fawad bestellt hat. Doch gerade als wir aufbrechen wollen, macht Shirin eine Szene. Ihr Vorwand: Ich hätte Fawad neulich das Geld für Einkäufe nicht zurückgegeben. Tatsächlich habe ich vergessen, ein paar grüne Paprika zu bezahlen.

Ich komme für alles, was ich brauche, selbst auf, Fawad ist ein richtiger Geizkragen, er gibt mir keine einzige Rupie. Seit ich gesund bin, arbeite ich auch wieder auf den Feldern und verdiene ein wenig Geld.

«Na schön, ich habe es vergessen! Mach nicht so ein Theater ...», versuche ich Shirin in die Schranken zu weisen.

Doch die gerät in Rage: «Bezahl erst mal die Paprika, bevor du zum Mausoleum fährst!»

Voll Verachtung gebe ich ihr einen Fünf-Rupien-

Schein. Aber Shirin ist noch nicht fertig, sie sucht einfach Streit. «Warum muss überhaupt Fawad mitkommen, kannst du nicht allein fahren?», keift sie.

So schimpft sie endlos weiter. Fawad hält sich aus der Sache heraus. Schon laufen die Nachbarn herbei und bilden einen Kreis. Shirin, erfreut über das Publikum, steigert sich immer weiter in ihre Wut hinein. Sie versucht, die Nachbarn auf ihre Seite zu ziehen: «Naziran hat keinen Funken Ehre im Leib, sie tut nur so unschuldig, in Wirklichkeit ist sie eine ganz verdorbene Person! Sie schläft mit dem halben Dorf!»

Die Nachbarn fordern sie auf, sich zu beruhigen. Fawad hat sich unterdessen davongestohlen, als ob nichts wäre. Seine Feigheit macht mich fassungslos. Er vermeidet es, Partei zu ergreifen, um seine Ruhe zu haben. Na schön, dann soll er sie haben. Ich rede kein Wort mehr mit ihm. Ich schicke das Taxi weg und versuche, meine Tränen zurückzuhalten.

«Tut mir leid, ich möchte nicht mehr zum Mausoleum. Entschuldigen Sie ...»

Rasch laufe ich in mein Zimmer, wo ich in Tränen ausbreche. Rubina kommt mir nach und legt tröstend den Arm um meine Schultern, doch ich stoße sie zurück.

«Du hast alles mit angehört! Warum hast du nichts gesagt? Du warst schließlich diejenige, die mich gedrängt hat, Fawad zu heiraten!»

Rubina antwortet geknickt: «Ich kann doch nichts sagen, Naziran, dann bringe ich nur Fawad gegen mich auf. Er ist schließlich mein Bruder, verstehst du das nicht?»

Nein, ich verstehe nicht, dass niemand mich in Schutz nimmt, wenn ich zwangsverheiratet werde. Am nächsten

Tag entschließe ich mich, alleine zum *Pir* zu fahren. Ohne Fawad. Ich nehme den Bus, der auf der großen Straße an unserem Dorf vorbeifährt. Zornig und verbittert komme ich in Lal San Di Crore beim *Pir* an. Doch die Familie des *Pir* empfängt mich mit solcher Herzlichkeit, dass ich meine Wut fast vergesse. Seine Mutter, seine Frau und seine Kinder schenken mir eine Tunika aus blauer Baumwolle und Armbänder. Auch der *Pir,* der vor seinem Haus sitzt und eine Wasserpfeife raucht, begrüßt mich freundlich.

Seine Frau kocht zu meinen Ehren in Öl gebratenen Spinat und Hühnerragout. Während des Essens erzählt mir der *Pir* sein Leben. Seine Vorfahren waren bereits in diesem Dorf Heiler und gaben ihr Wissen von Generation zu Generation weiter. Neugierig will ich wissen, ob er auch etwas von Schwarzer Magie versteht. Ja, sagt er, aber er würde sie nicht ausüben.

«In meiner Lehrzeit musste ich einmal bei einem Initiationsritus vierzig Tage und Nächte auf einem Friedhof ausharren», erzählt er mir. «Auf diese Weise habe ich besondere Kräfte erworben. Ich habe ohne Unterlass gebetet, um die Mächte der Finsternis zu besiegen. Andernfalls hätten sie mich vernichtet. Mancher angehende *Pir,* dem es nicht gelang, die bösen Geister zu bändigen, hat auf dem Friedhof seinen Verstand verloren.»

Er erzählt mir auch, dass er einige Dämonen unterworfen hat, die ihm jetzt persönlich zu Diensten sind.

«Ich kann ihnen zum Beispiel befehlen, in eine Ziege zu fahren. Wenn dann jemand das Fleisch dieses Tieres isst, fängt dieser Mensch an zu meckern wie eine Ziege!»

Darüber muss ich sehr lachen. Im Scherz bitte ich ihn, mir ein solches Stück Ziegenfleisch für Shirin mitzugeben. Das wäre doch eine gute Rache! Der *Pir* lächelt, doch dann schaut er mich forschend an und stellt mir seinerseits Fragen.

«Warum hast du denn Fawad überhaupt geheiratet?»

«Ich wollte gar nicht, meine Schwiegerfamilie hat mich dazu gezwungen. Es war Erpressung, sie haben gedroht, mir meine Kinder wegzunehmen.»

Schon schießen mir die Tränen in die Augen. Der *Pir* spricht mit seiner rauen Stimme: «Gräme dich nicht. Am Tag des Jüngsten Gerichts wird Allah die Bösen bestrafen. Sie werden in der Hölle schmoren. Du brauchst nicht zu weinen. Versuche, trotz allem fröhlich zu sein. Mit der Zeit kommt alles ins Lot.»

Dann beugt sich der *Pir* zu mir und flüstert: «Ich verrate dir ein Geheimnis. Zum Schutz vor Dämonen sagst du in Zukunft sieben Mal ‹La ghalebo Illalah›. Das hält sie auf Abstand.»

Der *Pir* gibt mir auch ein Fläschchen Senföl mit, über dem er magische Formeln gesprochen hat und das gegen alle möglichen Übel wirken soll. Da es bereits spät geworden ist, muss ich bei ihm übernachten. Ich schlafe auf einer Matte im Zimmer der Frauen.

Als ich am folgenden Tag zu meiner Schwiegerfamilie zurückkehre, bin ich besser gestimmt und mein Ärger ist verflogen. Ich erzähle Kirane, dass der *Pir* fand, ich sei in guter Verfassung und dass ich fortan seinem Ratschlag folgen und mein Schicksal akzeptieren wolle. Bei diesen Worten hellt sich Kiranes Miene gleich auf.

«Sehr schön, das ist ja eine gute Neuigkeit!»

Meine Schwiegermutter hat sicher alles sofort Fawad

weitererzählt, denn er kommt noch am selben Abend in mein Zimmer. Er will mit mir schlafen, und diesmal lasse ich ihn gewähren. Ich sage mir, dass ich Geduld haben muss, dass sich mein Leben zum Guten wenden wird. Aber ich liebe immer noch Adil. Am nächsten Tag bekomme ich mit, wie meine Schwiegermutter Fawad ermuntert, nun jeden Abend zu mir zu kommen. Sie hofft, dass ich dann endlich einen Sohn zur Welt bringen werde.

Wie nicht anders zu erwarten ist Shirin nach dieser Nacht, die ihr Mann mit mir verbracht hat, fuchsteufelswild. Sie hat Angst, Fawad ganz zu verlieren. Auf dem Hof zischt sie mir zu: «Mach dich auf was gefasst. Eines Tages werde ich dir Säure in dein hübsches Gesichtchen schütten, dann erkennst du dich selbst nicht mehr im Spiegel. Ich werde dich töten, nicht auf einen Schlag, sondern langsam und qualvoll.»

Ein Schauder läuft mir über den Rücken. Shirin hat mir richtig Angst eingejagt. Säure, das ist eine Waffe, die sich jeder besorgen kann. Ganze Kanister davon stehen während der Baumwollernte im Werkzeugschuppen herum. Die Säure wird dazu benutzt, die Baumwollsamen zu reinigen und zu enthaaren, um sie so für die Aussaat vorzubereiten. Diese sehr gefährliche Arbeit wird von uns Frauen erledigt. Obwohl wir dabei dicke Handschuhe tragen, verätzt uns die Säure immer wieder die Fingerspitzen. Jeder Tropfen, der auf den Fußboden fällt, frisst ein Loch. Flaschen mit Säure kann man überall im Dorf für 30 oder 40 Rupien kaufen. Shirin wäre also jederzeit in der Lage, ihre Drohung wahrzumachen.

Voller Sorge spreche ich mit Kirane. Doch meine Schwiegermutter zuckt nur mit den Schultern: «Mach dir keine Sorgen, das ist nur Gerede. Sie wird sich schon wieder beruhigen.»

Ich bin mir da nicht so sicher. Shirin ist furchtbar eifersüchtig, und sie gibt die Hoffnung nicht auf, dass ich eines Tages zu meiner Familie zurückkehre. Fawad ist sehr stolz darauf, zwei Frauen zu haben. Ich weiß, dass er so auch Shirin besser beherrschen kann. Wenn er etwas von ihr will, braucht er ihr nur damit zu drohen, dass er bei mir schlafen wird, wenn sie es nicht tut.

Noch am selben Abend spreche ich Fawad auf Shirins Drohungen an, doch er lacht mich aus. Ich bin erschüttert.

«Wenn du nichts unternimmst, um sie zur Vernunft zu bringen, fahre ich zu meinem Bruder!»

Doch auch das hat nicht die erhoffte Wirkung. Fawad erwidert nur: «Das ist eine gute Idee. Weißt du was, ich komme mit. Fahren wir doch einfach ein paar Tage weg. Wenn wir zurückkommen, hat sich Shirin sicher beruhigt.»

Ich rufe Salim an und frage, ob wir vorbeikommen können. Er freut sich sehr: «Gerne, Naziran! Bring deine Töchter mit, dann können sie mit unseren Kindern spielen!»

Nun brauche ich nur noch die Einwilligung von Kirane. Wie ich es schon befürchtet habe, will sie mir Hina nicht mitgeben. Sie hat Angst, dass ich nicht wiederkomme. Mukhtara hat nichts dagegen, dass uns Fizza begleitet, sie hat mit ihrem eigenen Baby genug zu tun.

Wir verbringen zwei friedliche Tage bei Salim. Seit meiner Krankheit habe ich mich wieder mit meinem Bruder versöhnt.

Ich genieße es sehr, Ruhe vor Shirin zu haben. Eigentlich will ich gar nicht mehr in Fawads Dorf zurück. Als Salim mir den Vorschlag macht, nach Lahore zu fahren, mache ich vor Freude einen Luftsprung. Mein Bruder will meine Stiefmutter Zubieda begleiten, die für meinen Vater im großen Mausoleum von Data Ganj Baksh beten will, einem der bedeutendsten Sufi-Heiligen. Er wird in ganz Pakistan verehrt. Fawad hat nichts dagegen, dass ich meinen Bruder begleite, er selbst aber fährt nach Hause zurück.

Zum ersten Mal in meinem Leben werde ich Lahore sehen. So eine große Stadt! Es ist aufregend und beängstigend zugleich. Zusammen mit der kleinen Fizza, Salim und Zubieda nehme ich den Bus. Meine Stiefmutter ist seit dem Tod meines Vaters viel freundlicher geworden, sie ist gar nicht mehr die zeternde alte Hexe, die mich einst terrorisierte. Nun ist sie nur noch eine gebrechliche alte Frau, die mit kleinen Schritten dahinschlurft. Die Busreise dauert sieben Stunden. Die Straße ist schlecht, die Passagiere hüpfen in den Sitzen vor lauter Schlaglöchern. Die kleine Fizza hampelt auf ihrem Platz herum, sie kann nicht so lange stillsitzen und möchte gerne spielen.

Zum Glück hält der Bus ab und zu bei einem Imbiss an. Das sind kleine, aus ein paar Brettern gezimmerte Hütten, in denen Tee mit Milch und Fleischeintopf angeboten wird. Dort sitzen die Fahrer der großen, bunt bemalten Lastwagen unter einer Plane auf Plastikstühlen und schlürfen Tee.

Ich kaufe meiner kleinen Tochter Süßigkeiten, Chips und eine Flasche Limonade. Als wir am späten Abend ankommen, wimmelt es auf dem Busbahnhof nur so vor

Menschen. Eine dichtgedrängte Menge schiebt sich zwischen den an- und abfahrenden Bussen hindurch, die Lahore mit allen großen Städten des Landes verbinden.

Wie die Ölsardinen quetschen wir uns zu viert in eine enge Motor-Rikscha. Mühsam bahnt sich das Vehikel einen Weg durch den stockenden Verkehr und stößt dabei schwarze Abgaswolken aus. Die Fassaden der Häuser sind kaum zu sehen, so schmutzig ist die Luft.

Endlich erreichen wir die Altstadt. Beim Überqueren einer großen Straße werden wir beinahe überfahren, doch dann sehen wir das weithin berühmte Mausoleum Data Darbar, den größten Heiligenschrein von Lahore, in dem Data Ganj Baksh in einem Marmorsarkophag ruht. Vor dem Mausoleum kauern Männer mit Ölflaschen auf dem Boden, die Massagen anbieten. Andere tragen zahme Papageien mit sich herum, die kleine Papierröllchen mit Weissagungen aus einem Behälter ziehen. An einem der Stände kaufe ich Rosenblütenblätter, die mir der Händler in Zeitungspapier einschlägt.

Endlich spült uns der Pilgerstrom ins Innere des Heiligtums. Die weißen Wände des Gebäudes sind von zahlreichen Bögen durchbrochen. In der Mitte gibt es einen großen, ganz mit weißem Marmor ausgelegten Hof. Ich höre ein Sprachengewirr, von dem ich kein Wort verstehe. Menschen aus der ganzen Welt kommen hierher. Nachdem wir am Eingang die Schuhe abgelegt haben, trennen sich unsere Wege: Fizza und ich folgen mit Zubieda dem für die Frauen vorgesehenen Rundgang. Einige Stufen führen uns hinab zum Grab des Heiligen. Manche Frauen berühren weinend die golddurchwirkte Decke, die den Marmorsarkophag des großen Sufi Data Ganj Baksh bedeckt.

Als ich nah genug bin, streue ich meine Blütenblätter auf die Decke. Dann knie ich zum Gebet nieder. Man sagt, dass die Bitten der Pilger, die nach Data Darbar kommen, erhört werden. Wir fühlen uns hier so wohl, dass wir beschließen, die Nacht im Mausoleum zu verbringen. Auf dem Vorplatz bieten Heiler in bunt schillernden Gewändern und mit langen, ungepflegten Haaren in kleinen Fläschchen Wundermittelchen gegen alle Arten von Krankheiten an.

«Hergestellt auf der Basis von Schlangengift!», preist einer seine Ware an. «Verleiht Manneskraft!»

Behinderte, Fakire und Bettler bevölkern den großen Hof, dazwischen sieht man Familien und Greise. Am Abend verteilt das Personal des Mausoleums kostenloses Essen. Die Pilger und die Armen des Viertels stehen gemeinsam in einer Schlange, die bis auf die Straße hinausreicht. Jeder erhält ein Fladenbrot und dazu eine Kelle Linsensuppe aus einem großen Kochtopf. Es gibt auch bunt gefärbten und gezuckerten Reis, den Fizza mit Begeisterung isst. Im Untergeschoss beginnt ein *Qawwali*-Konzert. Die kraftvolle Stimme des Sängers zieht mich in ihren Bann, und die umwerfend schönen Liebeslieder treiben mir die Tränen in die Augen.

Den ganzen Abend bete ich zu Allah. Ich bitte ihn zunächst, mir meine Sünden zu verzeihen, frage ihn aber auch, warum er mich mit einem solchen Leben straft. Ich möchte so gerne glücklich werden, flehe ich, bitte mach, dass es zu Hause keinen Streit mehr gibt! Bitte sorge dafür, dass Shirin mich in Ruhe lässt! Wenn meine Gebete erhört werden, dann werde ich auch eine Ziege opfern, verspreche ich.

Dann schließe ich meine kleine Fizza in die Arme und rolle mich auf einer Matte neben Zubieda zusammen, die mitten unter den vielen anderen Frauen bereits eingeschlafen ist. Ich bin mir sicher, dass uns der Heilige hier vor den Mächten des Bösen beschützt. Ich spüre seinen wohltuenden Einfluss in meinem ganzen Körper und schlafe friedlich ein.

Am folgenden Morgen verlassen wir das Mausoleum und besuchen den Zoo von Lahore, der in einem großen Park liegt. Es ist ein Ort der Ruhe und des Friedens in dieser brodelnden Stadt. Fizza ist begeistert von den umhertollenden Äffchen. Mich beeindruckt besonders ein großer Löwe mit mächtiger Mähne, der seine Runden in einem Käfig dreht. Anschließend schlägt Salim vor, den Anarkali-Basar zu besuchen, den ältesten von Lahore. Anarkali heißt «Granatapfelblüte». Ich halte mich stets dicht bei Zubieda und meinem Bruder, denn ich habe Angst, dass wir uns verlieren und ich aus diesem Gewirr von Gässchen, in denen es überall nach Bratfett und Kloake riecht, nie wieder herausfinde. Zahllose Stände bieten hier ihre Waren feil, überall gibt es Auslagen mit Kleidern, Schuhen, Spielzeug, Schmuck und Taschen ... Alles ist sehr verlockend. Ich suche ein Geschenk für Fawad. Ich will für ihn zwei Kamiz aus dem berühmten Stoff von Lahore kaufen. Ein junger Händler preist mir seine Tuniken an, die schönsten der Stadt, wie er behauptet. Sie gefallen mir sehr gut. Salim hilft mir beim Verhandeln, er flüstert mir zu: «Er weiß ganz genau, dass wir vom Land kommen und wird versuchen, uns übers Ohr zu hauen.»

Nachdem das Geschäft abgeschlossen ist, lädt uns mein

Bruder zu Törtchen aus Süßkartoffeln mit Orange und Pepperoni ein, die ein fliegender Händler auf einem mit Holzkohle gefüllten Tonkrug backt. Salim gibt mir Geld, damit ich weitere Einkäufe machen kann. Ich besorge mir ein Teeservice mit Tassen und Tellern aus Plastik und finde hübsche rosa Rüschenkleidchen für Hina und Fizza.

Am Abend sind wir alle zum Essen bei Fauzia, meiner Halbschwester eingeladen. Sie wohnt in einem baufälligen Haus in der Altstadt. Die vielen elektrischen Leitungen überall wirken so, als hätte eine große Spinne ihr Netz über die Straßen gewebt. Fauzia lebt mit ihrem Mann und ihren Kindern in einer kleinen Wohnung. Für das Essen hat sie in ihrem winzigen Wohnzimmer eine Matte auf dem Boden ausgerollt.

Noch am selben Abend steigen wir wieder in den Bus und fahren die ganze Nacht über die Schlaglochpiste, bis wir im Morgengrauen bei Salim ankommen. Ich bin todmüde von der Reise. Die Fahrgäste waren ziemlich genervt, weil meine Tochter, die nicht einschlafen konnte, die ganze Nacht über geweint hat.

Salim und Zubieda verabschieden sich von mir, und ich fahre mit dem Kleinbus zum Dorf meiner Schwiegereltern weiter. Der Besuch in Lahore war das Schönste, was ich je erlebt habe. Ich fühle mich wie neugeboren und bin voller Begeisterung. Allah wird meine Gebete erhören, da bin ich mir sicher.

Am Eingang zu unserem Hof erwartet mich schon meine Schwägerin Mukhtara. Bei unserem Anblick stößt sie einen klagenden Schrei aus, schnappt sich Fizza und drückt sie fest an sich. Sie ist völlig außer sich. Ihr drei Monate altes Mädchen ist während unserer Abwesenheit gestorben. Sie hat eine schwere Durchfallerkrankung bekommen, am Abend zuvor wurde sie beerdigt.

Mukhtara rauft sich die Haare und macht mir Vorwürfe. Sie ist fest davon überzeugt, dass ihr Baby noch am Leben wäre, wenn ich nicht Fizza, ihren Talisman, mitgenommen hätte. Ich versuche sie so gut wie möglich zu trösten und versichere ihr, dass sie bestimmt wieder schwanger wird.

Anschließend verstaue ich alle meine Pakete in meinem Zimmer. Meine Schwägerin Rubina folgt mir auf Schritt und Tritt und stellt mir Fragen: Was ich gemacht habe? Wo ich war? Woher all die Geschenke kämen? Kirane beäugt die Mitbringsel und meint: «Woher hast du nur das viele Geld?»

«Mein Bruder hat es mir geschenkt.»

In diesem Augenblick erscheint Fawad im Zimmer. Ich freue mich so, ihn überraschen zu können. Lächelnd reiche ich ihm das Paket, in das seine neuen *Kamiz* sorgfältig verpackt sind. Doch Fawad reißt nur übellaunig das Papier auf, betastet kurz die Kleider und meint mürrisch: «Schlechter Stoff! Du hast dich reinlegen lassen! So was ziehe ich nicht an!»

Er wirft die Kleider auf den Boden.

«Nicht doch, Fawad, jedes hat mich 700 Rupien gekostet!»

Ich bin bestürzt über seine Reaktion. Mit Tränen in den Augen hebe ich die Tuniken auf. Verärgert sage ich: «Wenn du sie nicht willst, gebe ich sie eben jemand anderem.»

Am nächsten Morgen helfe ich Kirane, die neuen Küchensachen auszupacken. Die Töpfe und Kasserolen hängen wir auf die entlaubten Äste eines Buschs, der mitten auf dem Hof wächst. Es sieht aus wie ein Zauberbaum, an dem seltsame Früchte wachsen.

Die Reise hat mir gutgetan, aber das Verhalten von Fawad und Shirins Blicke verheißen nichts Gutes.

16

«Sie ist eine Hure!» Mein Schwager Rafiq reckt mit zornrotem Kopf die Arme gen Himmel. «Allah! Was habe ich getan, dass du mich mit einer solchen Tochter strafst?» Voller Abscheu blickt er auf die dreizehnjährige Jendan.

«Das muss man sich mal vorstellen, seit drei Monaten hat sie keine Periode mehr! Dieses Luder ist schwanger!»

Jendan, ein Mädchen mit einem hübschen runden Gesicht, sinkt schluchzend zu Boden. Ihr Vater tobt. Noch nie habe ich meinen Schwager so erlebt. Plötzlich packt er Jendan bei den Haaren und ohrfeigt sie wie ein Wahnsinniger. «Ich kann nichts dafür, Vater!», ruft Jendan verzweifelt. «Es war Adnan, der Mann von Roxana, er ist schuld!»

Ich zucke zusammen. Roxanas Mann? Er ist also doch ein Draufgänger, genau wie Adil einst gesagt hatte. Mir gegenüber hat sich Adnan immer sehr respektvoll verhalten, aber es ist mir nicht entgangen, wie er den Mädchen nachschaut, die an seinem Haus vorbeikommen. Bei uns auf dem Land ist es keine Seltenheit, dass ein Mann ein Verhältnis hat. Meistens bleibt das für ihn folgenlos, für die Mädchen und Frauen sieht das jedoch anders aus. Und in diesem Fall ist die Sache besonders schlimm, denn Jendan ist nicht verheiratet. Eine ledige Mutter, das ist eine große Schande für die Familie. So etwas darf einfach nicht passieren.

Rafiq schäumt vor Wut. Er verpasst Jendan noch eine Ohrfeige und befiehlt ihr, sofort nach Hause zu gehen und dort unter der Aufsicht ihrer Mutter zu bleiben. Sadia, rot vor Scham, verpasst ihrer Tochter ebenfalls eine Ohrfeige und befiehlt ihr, sich in Marsch zu setzen. Bald sind die beiden außer Sichtweite. Mumtaz, der Großvater und Patriarch des Clans, versammelt die Familie im Hof. Die Männer sitzen im Kreis, die Frauen kauern hinter ihnen. Sie halten Kriegsrat – es muss umgehend eine Entscheidung getroffen werden.

«Ich werde diesen Adnan noch heute umbringen, das wird unsere Ehre wiederherstellen! Schämt sich dieser Kerl nicht, ein Mädchen zu verführen?»

Doch Mumtaz, das Familienoberhaupt, wendet ruhig und bestimmt ein: «Adnan ist Vater eines einjährigen Mädchens. Wir müssen sein Leben schonen. Wir können die Kleine nicht zur Waise machen. Sie ist unschuldig.»

Das gefällt Rafiq gar nicht. Doch die anderen stimmen dem Patriarchen zu, und so muss er sich beugen.

«Nun gut, ehrwürdiger Vater … Was schlägst du also vor?»

«Wir jagen Adnan aus dem Dorf. Dann kann er sein Lotterleben woanders führen. Und wir brechen den Kontakt zu seiner Familie ab.»

Das Urteil wird alsbald umgesetzt. Mumtaz macht sich auf, um Adnan mitzuteilen, dass er sich umgehend aus dem Staub machen soll, wenn ihm sein Leben lieb ist. Meine Cousine Roxana liegt weinend in ihrem Zimmer, während Adnan in aller Eile ein paar Sachen zusammenpackt. Nun muss Roxana allein mit ihrem Kind zurechtkommen. Sie wird erst einmal zu ihren Eltern gehen, bis

Gras über die Sache gewachsen ist, flüstert sie Mumtaz zu.

Jendan wird wahrscheinlich von ihrer Mutter zur *Daï* des Dorfs gebracht. Es ist zwar verboten, aber die *Daï* nimmt auch Abtreibungen vor. Das ist ein offenes Geheimnis und kommt gar nicht so selten vor. Verhütungsmittel sind im Dorf unbekannt. Ich wusste nicht einmal, was die Pille oder die Dreimonatsspritze ist, bevor man es mir viel später in Islamabad erklärt hat.

Wird also ein lediges Mädchen schwanger, nimmt die *Daï* eine Abtreibung vor. Das kostet ungefähr 2000 Rupien (20 Euro). Wenn die Familie kein Geld hat, lässt sich die *Daï* auch in Naturalien bezahlen, etwa mit einem Huhn oder einer neuen Tunika. Die Hebammen kennen unterschiedliche Methoden, eine Schwangerschaft zu beenden. Manchmal leiten sie eine Fehlgeburt durch einen selbstgebrauten Kräutertrank ein. Einige nehmen auch ohne jede Narkose einen Eingriff mit einem Drahtkleiderbügel oder einer Straußenfeder vor. Das ist äußerst riskant und führt, wie man immer wieder hört, häufig zum Tod der jungen Frau.

Die ganze Familie erwartet Mumtaz bei seiner Rückkehr von Adnan im Hof. Bleibt noch ein anderes Problem zu regeln: wie es mit Jendan weitergehen soll. Rafiq möchte sie so rasch wie möglich verheiraten, damit so etwas nicht noch einmal passiert. Und er hat auch schon eine Idee: «Jendan könnte doch Bilal heiraten.»

Bilal ist einer der jüngeren Söhne von Fawad. Er ist erst neun Jahre alt. Allerdings ist Bilal schon mit meiner Tochter Hina verlobt.

«Aber Bilal soll doch Hina heiraten», protestiere ich.

«So haben es Fawad und Adil jedenfalls bei der Geburt meiner Tochter abgemacht.»

Bei uns auf dem Land sind Hochzeiten unter Cousins und Cousinen keine Seltenheit, auf diese Weise kann der Landbesitz innerhalb des Familienclans gehalten werden. In meiner Schwiegerfamilie trifft man häufig auf solche Arrangements, und auch Adil wollte dieser Tradition folgen. So kam es, dass Hinas Vater und ihr Onkel bereits über ihren Lebensweg entschieden, als sie noch ein Baby war. Ich war damit einverstanden, denn mein Neffe Bilal ist ein kluges Kerlchen, das einzige Kind in der Familie, das zur Schule geht. Damit hat er Aussichten, später einmal eine gut bezahlte Arbeit zu finden, wovon auch Hina profitieren würde.

Als Adil dann starb, habe ich Bilal zum Zeichen meines Respekts einen weißen Turban aufgesetzt. Damit wollte ich zeigen, dass er von nun an als mein zukünftiger Schwiegersohn das Familienoberhaupt ist. Doch nach meiner Hochzeit mit Fawad begann Shirin, diese Pläne zu hintertreiben. Überall beschwerte sie sich: «Erst hat mir Naziran meinen Mann weggenommen, und nun will sie auch noch meinen Sohn haben!» Die Wahrheit ist, dass ich gar nicht erpicht darauf bin, dass meine Tochter Shirin als Schwiegermutter bekommt. Und so bin ich eher erleichtert darüber, dass nun Jendan Bilal heiraten soll.

Alle warten gespannt, was Fawad, Bilals Vater, zu dem Vorschlag zu sagen hat. Er ist nicht gerade begeistert, er denkt an die Äcker, die meine Töchter von Adil geerbt haben. Seit wir verheiratet sind, kann er über sie verfügen, und natürlich möchte er sie nicht hergeben. Die Einnahmen aus der letzten Ernte hat er für sich behalten, mir und meinen Töchtern hat er keine Rupie davon abgegeben. Fawad denkt lange nach, dann sagt er: «Also gut, wir verheiraten Jendan mit Bilal, wenn du es so willst. Hina kann dann Akbar heiraten, meinen Jüngsten.»

Akbar ist acht Jahre alt, Hina drei. Die Sache ist entschieden. Im Grunde meines Herzens bin ich nicht glücklich mit dem Handel. Als der Familienrat auseinandergeht, nehme ich Fawad beiseite.

«Hör mal, meine Tochter ist kein Gegenstand, den man verschachern kann. Sie ist noch viel zu jung, als dass man entscheiden könnte, wen sie einmal heiraten soll. Und ich will nicht, dass sie Shirin zur Schwiegermutter bekommt! Du weißt doch genau, dass sie sich an Hina rächen würde.»

Fawad sieht mich nur verächtlich an und höhnt: «Was bildest du dir ein? Ich organisiere die Verlobung, ob es dir passt oder nicht.»

Ich gebe nicht so schnell nach.

«Nein, ich entscheide darüber! Ich bin ihre Mutter! Du bist nicht einmal ihr Vater.»

Wir streiten uns noch den ganzen Abend, und auch in den Tagen danach belastet diese Angelegenheit unser Verhältnis, zur großen Freude von Shirin. Fawad lässt mich einfach links liegen, er bleibt in seinem Haus und kommt abends nicht mehr zu mir.

Einige Wochen später stört eine andere Geschichte den Familienfrieden. Auslöserin ist diesmal Hamida, Rafiqs älteste Tochter, die große Schwester von Jendan. Hamida ist ein sehr hübsches Mädchen, gertenschlank, mit einer Stupsnase und großen schwarze Augen.

Und die schöne Hamida hat seit Langem einen Geliebten, und zwar Javed, einen Neffen von Shirin. Er wohnt zwischen unserem Haus und dem von Shirin und Fawad. Javed ist ein gutaussehender junger Mann von ungefähr 25 Jahren, aber er ist so etwas wie das schwarze Schaf der Familie, er lebt von Diebstählen und Einbrüchen. Mit zwei Kumpanen aus dem Dorf nimmt er nachts die Bauern aus. Dreimal ist er schon verhaftet worden, und jedes Mal mussten seine Eltern die Polizisten bestechen, um ihn wieder freizubekommen.

Rafiq wollte Javed seine Tochter Hamida nicht zur Frau geben. Er hat sie stattdessen vor einigen Monaten mit Korra verheiratet, einem von Fawads und Shirins Söhnen. Korra ist ein komischer Kauz, der mir manchmal richtig Angst macht. Gelegentlich dreht er durch und wird urplötzlich gewalttätig. Ich wusste, dass sich Hamida auch nach ihrer Hochzeit noch heimlich mit Javed traf.

Eines Morgens bin ich auf dem Hof und lese Linsen, als plötzlich Korra auf dem Weg auftaucht. Es wundert mich, dass er schon vor dem Mittagessen vom Feld kommt. Er stapft mit schnellen Schritten heran und schleift seine Frau Hamida an den Haaren hinter sich her. Als er näher kommt, brüllt er Kirane an: «Ich habe sie im Gebüsch erwischt, zusammen mit Javed! Die beiden waren voll dabei! Man sollte diesen Hund aus dem Dorf jagen!»

Korra ist außer sich vor Wut. Er stößt seine Frau zu Boden, wo sie sich mit blutüberströmtem Gesicht zusammenkrümmt. Fawad kommt aus dem Haus gestürzt und fragt: «Und wo ist Javed jetzt?»

«Er hat sich aus dem Staub gemacht! Dieser Strolch soll sich hier bloß nicht mehr blicken lassen!», tobt Korra, rot vor Zorn.

Fawad sagt umgehend Hamidas Vater Rafiq Bescheid, der kurz darauf schimpfend auf den Hof kommt. Er ist außer sich, seine Ehre schon wieder so verletzt zu sehen, und droht, Javed auf der Stelle den Hals umzudrehen, wenn er ihm über den Weg läuft. Dann läuft er zum Feld von Javeds Eltern. Wir folgen ihm mit dem Rest der Familie in einigem Abstand.

«Ich werde mich rächen! Was für eine Schande für meine Tochter!»

Bald hat Rafiq Javeds Mutter mit ihren Töchtern entdeckt, sie sind bei der Feldarbeit. Wütend rennt er auf sie zu. Javeds Mutter ist zwar erst vierzig Jahre alt, aber bereits verrunzelt wie eine alte Frau. Als sie Rafiq so zornig heranstürmen sieht, richtet sie sich überrascht auf und blinzelt in seine Richtung.

«Was ist denn los?»

Alles geht so schnell, dass sie gar nicht begreift, wie ihr geschieht. Rafiq stürzt sich ohne Vorwarnung auf sie. Er reißt ihr den Gürtel auf, zieht vor allen Leuten ihre Hose herunter und greift ihr an die Brust. Javeds Schwestern schreien entsetzt auf und laufen davon. Rafiq ruft triumphierend: «Jetzt sind wir quitt! Dein Hund von einem missratenen Sohn soll sich hier ja nicht mehr blicken lassen!»

Damit macht er sich auf den Heimweg und lässt Javeds Mutter zurück, die sich gedemütigt und vor Scham weinend wieder anzieht.

Am frühen Abend des nächsten Tages schickt mich meine Schwiegermutter zu unserem Nachbarn Jalil, um Saatgut zu kaufen. Wir müssen bald Weizen aussäen, doch die Vorratsspeicher sind leer. Ich bitte Fawad um seine Erlaubnis, aber er befiehlt mir, im Haus zu bleiben, er traut den Nachbarn nicht. Meine Schwiegermutter findet das übertrieben.

«Wieso sollte Naziran nicht gehen?»

«Ich will eben nicht, dass sie aus dem Haus geht, basta! Wer weiß, was sie mit dem Nachbarn treibt!»

«Red keinen Unsinn. Wir brauchen dringend das Saatgut.»

Fawad brummelt etwas vor sich hin, gibt aber schließlich nach.

Ich freue mich auf diesen Besuch, das bringt mir ein wenig Abwechslung. Jalil behandelt mich wie eine Schwester. Er schenkt mir und meinen Töchtern oft Geld, Kleider oder etwas zu essen. Das macht er stets heimlich, weil er Angst hat, dass meine Schwiegerfamilie mir die Geschenke wieder wegnimmt. Seine ganze Familie ist sehr liebenswürdig zu mir. Auch heute empfangen sie mich freundlich, seine Frau lädt mich gleich zum Essen ein. Es gibt Kartoffeln und Früchte, und Jalil geht sogar zum Basar, um Limonade zu holen.

«Willst du nicht mitkommen? Dann kaufe ich auch etwas für deine Töchter.»

Ich bin ganz gerührt über so viel Aufmerksamkeit.

«Vielen Dank, Jalil, sehr nett, aber das ist nicht nötig.»

Als er wiederkommt, lassen wir uns zum Essen nieder, das seine Frau auf einer Plastikdecke serviert. Jalil fragt, warum ich nicht öfter vorbeikomme.

«Ich darf nicht aus dem Haus», seufze ich. «Auch heute ging es nur, weil wir Saatgut brauchen, 20 Kilo. Wie viel kostet das denn?»

Jalil lacht.

«Das Saatgut schenke ich dir, Naziran, kommt nicht in Frage, dass du es bezahlst.»

Ich danke ihm von ganzem Herzen. Jalil lächelt.

«Das ist nicht der Rede wert, wir helfen dir gern. Ich weiß ja, wie schwer du es hast. Wie läuft es denn mit deiner Familie?»

«Besser als früher. Von Zeit zu Zeit gibt es zwar noch Ärger mit Shirin, aber ich hoffe, dass sich das irgendwann legt.»

Nach dem Essen steckt mir Jalils Mutter einen Hundert-Rupien-Schein zu, und seine Schwester schenkt mir noch zwei Kinderstühlchen. Da ich den Sack mit dem Saatgut und die Geschenke nicht alleine tragen kann, fährt mich Jalil mit dem Motorrad nach Hause. Ich sitze mit meinen Paketen seitwärts hinter ihm. Kirane ist hocherfreut, als sie erfährt, dass die Nachbarn mir das Saatgut umsonst überlassen haben. Die Kinderstühlchen stelle ich neben das Gurtbett im Hof. Da kommt meine Schwägerin Rubina und tut sehr geheimnisvoll.

«Naziran, ich muss mit dir reden. Komm, lass uns in dein Zimmer gehen.»

Ich wundere mich etwas, folge ihr aber. Wir setzen uns auf den Boden. Rubina flüstert mir zu: «Du kennst doch Bakhti, Naziran?»

Bakhti ist eine Nachbarin aus dem Dorf. Sie ist verheiratet, war aber lange Zeit die Geliebte von Fawad. Und sie hat ein Mädchen von 14 Jahren, das Fawad verdächtig ähnlich sieht …

Eines Tages, lange vor unserer Hochzeit, sind Bakhtis Brüder den beiden auf die Spur gekommen. Sie haben Fawad aufgelauert und ihn mit Knüppeln zusammengeschlagen, bis er ohnmächtig war. Sie hielten ihn für tot und ließen ihn liegen. Doch Fawad kam wieder zu Bewusstsein und wankte blutüberströmt nach Hause. Shirin pflegte ihn tagelang. Ich weiß, dass Fawad und Bakhti sich auch danach noch getroffen haben.

«Stell dir vor, Fawad und Bakhti sind immer noch ein Liebespaar!», erzählt mir Rubina. «Ich habe sie gestern Abend gesehen, sie hat bei ihm und Shirin übernachtet. Am Morgen sind sie alle drei zum Basar gegangen.»

Ich wusste ja, dass Fawad ein Weiberheld ist, aber jetzt, wo er zwei Ehefrauen hat, sollte er sich doch wohl etwas im Zaum halten können!

Rubina fügt mit schiefem Lächeln hinzu: «Es ist so, dass Fawad von Shirin verlangt, ihm Liebhaberinnen zu besorgen. Wenn Shirin ihm nicht gehorcht, schlägt er sie. Deshalb lädt sie Freundinnen zum Essen ein, die Fawad dann zu verführen versucht.»

Ich sage Rubina, dass ich Fawad gleich heute Abend zur Rede stellen werde. Als er vom Feld zurückkommt, bitte ich ihn in mein Zimmer. Mit eisiger Stimme frage ich ihn: «Wie man hört, hast du dich mit Bakhti getroffen? Für solche Huren und für Shirin hast du Geld, aber nicht für mich! Nie bekomme ich etwas von dir!»

Er schaut mich hasserfüllt an und verpasst mir eine Ohrfeige. Ich drohe ihm damit, alles Bakhtis Brüdern zu erzählen, die ihm sicherlich wieder eine Abreibung geben werden. Da wird Fawad wütend: «Ich lasse mich von dir scheiden, ich habe genug von deinen Geschichten!»

Er packt mich am Hals und drückt so fest zu, dass ich keine Luft mehr bekomme. Mit hochrotem Kopf brüllt er: «Ich bringe dich um!»

Verzweifelt versuche ich mich zu wehren, schlage und trete um mich. Schließlich packt er mich bei den Haaren und wirft mich zur Tür hinaus. Schon laufen die Nachbarn herbei, die das Geschrei aufgeschreckt hat.

«Du bist ein Lump!», brülle ich. «Wie kannst du es wagen, mich so zu behandeln! Ich verlasse dich und gehe zu meinem Bruder!»

Ich bin außer mir. Ein Nachbar redet mir gut zu: «Naziran, du kannst jetzt nicht weg, es ist schon fast Nacht. Schlaf doch bei uns, wenn du willst, du kannst ja morgen fahren.»

Da kommt Kirane und ohrfeigt Fawad vor allen Leuten.

«Du bringst Schande über unsere Familie! Das ganze Dorf weiß es schon! Schämst du dich eigentlich nicht?»

Fawad tobt vor Wut. Die Nachbarn versuchen ihn zu beruhigen. Faiz, der Mann von Mukhtara, nimmt mich beiseite.

«Am besten kommst du mit zu uns», sagt er. «Sonst gibt es Gerede, und die Leute werden sich morgen erzählen, dass du schlecht behandelt wirst.»

Also folge ich Faiz zu seinem Haus. Fawad brüllt mir hinterher: «Wo willst du hin?»

«Sei still, sonst bin ich diejenige, die sich scheiden lässt!», rufe ich zurück.

Vor Zorn bebend komme ich bei Faiz an. Mukhtara versucht mich zu beruhigen und gibt mir eine Tasse Tee. Ich breche in Tränen aus.

«Mach dir keine Sorgen, Naziran, das wird schon wieder», sagt Mukhtara freundlich. «Du kannst so lange hier bleiben, wie du willst.»

Da kommt Kirane angelaufen. Die Sache ist ihr peinlich, sie will mich überreden, im Dorf zu bleiben, damit die Ehre der Familie keinen Schaden nimmt.

«Naziran, du wusstest doch von Bakhti und Fawad schon vor deiner Hochzeit, das hast du in Kauf genommen», redet sie auf mich ein.

Plötzlich taucht Fawad in der Tür auf und hebt drohend die Faust in meine Richtung.

«Ich warne dich, wenn du das Dorf verlässt, kannst du was erleben!»

«Ich bleibe nicht hier, Fawad, ich habe genug!»

Fawad tobt, er zieht einen Schuh aus und beginnt auf mich einzuprügeln. Faiz fällt ihm in den Arm und sagt ihm, dass er aufhören und nach Hause gehen soll. Auch hier sind nun die Nachbarn zusammengelaufen, alle Welt schaut uns zu. Endlich verschwindet Fawad. Ich höre, wie er spottet: «Das arme Mädchen, hübsch ist sie ja, aber sie hat nichts im Kopf! Unsere Frauen sind klug und stark, echte Kriegerinnen! Naziran ist bloß ein Dummerchen, sie ist eben nicht von hier ...»

So etwas sagt er immer, wenn er mich beleidigen will. Anders als meine Schwiegerfamilie gehöre ich nicht zu den Belutschen, auch deshalb behandeln sie mich immer so herablassend. Faiz und Mukhtara raten mir, gar nicht darauf einzugehen.

Am nächsten Tag habe ich mich wieder einigermaßen beruhigt. Ich bitte Mukhtara, mir tagsüber die kleine Fizza zu überlassen. Sie ist einverstanden, wohl in der Hoffnung, dass mich das überzeugt, im Dorf zu bleiben. Hina füttert Fizza zu Hause mit Süßigkeiten, die sie von Kirane bekommen hat. Ich mache es mir mit meinen beiden Mädchen bei Tanzdarbietungen im Fernsehen auf dem

Bett bequem. Anschließend erledige ich wie gewohnt den Haushalt und bereite das Essen zu. Als es fertig ist, gehe ich in mein Zimmer. Kirane fragt, warum ich nichts essen will. Ich gebe ihr keine Antwort. Der Grund ist einfach, dass ich keine Lust habe, Fawad zu sehen, auf den ich immer noch wütend bin.

«Fawad hat dir seinen Namen gegeben, und du missachtest ihn so? Willst du ihn etwa wirklich verlassen? Für wen hältst du dich, Naziran?», wirft mir Kirane vor.

Am Nachmittag gehe ich mit den Mädchen am Fluss Wäsche waschen. Ein schlechtes Gefühl begleitet mich. Die ganze Zeit über habe ich einen Kloß im Hals. Am Abend holt Kirane Hina ab, sie möchte, dass die Kleine in ihrem Zimmer schläft. Ich begleite Fizza zu Mukhtara und kehre nach Hause zurück. Kurz darauf führt meine Schwiegermutter Fawad in mein Zimmer und befiehlt ihm, bei mir zu schlafen. Fawad weigert sich, er schimpft, dass er mich verabscheut und nur Bakhti liebt. Dann geht er und schläft draußen unter freiem Himmel bei Shirin. Mir ist das nur recht, ich bin froh, ihn los zu sein.

Ich schalte den Fernseher wieder an und lege eine DVD mit Musikclips von Naseebo Lal ein, einer bekannten pakistanischen Sängerin, die ich sehr liebe. Das lockt meine Nichten an, und wir sehen sie uns gemeinsam an. Von einer düsteren Vorahnung überkommen, sage ich zu ihnen: «Ich werde heute sterben.»

Meine Nichten wundern sich sehr über diese Äußerung. Ich solle nicht traurig sein, flüstern sie mir zu. Als die Kleinen eingeschlafen sind, stehe ich auf und lege mich auf ein Bett im Hof. Es ist bei uns üblich, in heißen Nächten wie dieser im Freien zu schlafen. Da sehe ich den kleinen Akbar, einen von Fawads Söhnen, der über die Mauer späht und mich beobachtet. Als ich den Kopf hebe, rennt er davon. Einige Minuten später ist er wieder da. Sein Verhalten kommt mir seltsam vor.

«Was hast du, Akbar?»

Er verschwindet ohne Antwort. Die Hitze macht mir zu schaffen, doch bald fallen mir die Augen zu, und kurze Zeit später schlafe ich tief und fest. Plötzlich fahre ich auf, eine Flüssigkeit läuft mir über das Gesicht, das höllisch zu brennen beginnt. Ich will sie wegreiben, doch die Haut bleibt an meinen Fingern kleben, das Fleisch löst sich in Fetzen ab. Ich brülle vor Schmerz, ich brülle und kann nichts mehr sehen, ich begreife nicht, was mit mir geschieht. Ich rufe um Hilfe, ich schreie, dass ich bei lebendigem Leib verbrenne.

Da höre ich Fawads Stimme: «Es ist Säure, Javed hat sie mit Säure übergossen!»

Um mich herum kommt alles in Bewegung, Betten stoßen aneinander, Schritte sind zu hören. Die ganze Familie ist auf den Beinen, die Nachbarn laufen herbei. Sie spülen mir das Gesicht mit Wasser ab. Ich gerate in Panik, ich taste meinen Körper ab und spüre überall rohes Fleisch. Mein ganzes Gesicht ist verbrannt, der Rücken, die Unterarme, die Brust, der Hals – die Flüssigkeit ist bis auf meinen Bauch gelaufen. Alles ist verätzt. Fawad wirft einen Schleier über mich. Aber auch der löst sich sofort auf, man wickelt mich in ein Tuch, das sich ebenfalls zersetzt ... Ich kann nichts mehr sehen, um mich herum ist nur Finsternis, ich habe entsetzliche Angst.

Ich höre, wie Fawad unentwegt ruft, Javed sei es gewesen, er habe ihn wegrennen sehen.

17

Ich bin eine einzige Wunde, nichts als rohes Fleisch. Die Haut hängt mir in Fetzen vom Körper. Ich liege auf dem Rücksitz eines Autos, das mich nach Jalalpur ins Krankenhaus bringt. Während der ganzen Fahrt muss ich mich ständig übergeben. Meine Schwägerin wischt mir den Mund ab. Ich bin mir sicher, die Fahrt nicht zu überleben, ich will es auch gar nicht, ich flehe um ein Ende. Nach einer gefühlten Ewigkeit hält das Auto an, und ich werde auf eine Rolltrage gehoben.

Das Metallgestell rattert durch Korridore. «Was ist passiert?», will ein Arzt wissen. Jemand stößt einen erstickten Schrei aus. Der Arzt untersucht mich eilig und erklärt, hier könne man mich nicht behandeln, ich müsse nach Multan. Man gibt mir Medikamente, die den Schmerz etwas lindern. Ich taste mein Gesicht ab, das stark geschwollen ist, meine Brust hat den doppelten Umfang angenommen.

Man bettet mich wieder auf den Rücksitz des Autos. Die Fahrt ist eine Tortur, immer wieder verliere ich das Bewusstsein. Der Arzt im Krankenhaus von Multan ist über meinen Zustand entsetzt. Fawad erzählt ihm, jemand hätte mir im Schlaf Säure ins Gesicht geschüttet, um sich an der Familie zu rächen.

Der Arzt lässt mir Infusionen geben. Man rollt mein

Bett in ein Krankenzimmer. Schwestern kommen herein, entkleiden mich und desinfizieren meine Wunden. Ich höre, wie sie einander zuflüstern, dass ich sicher nicht durchkommen werde. Dann gehen sie hinaus, und ich bin allein im Dunkeln.

Meine Familie kommt ins Krankenhaus. Ich nehme die Personen als undeutliche Flecken wahr. Meine Schwestern sind entsetzt, sie brechen in laute Wehklagen aus, meine Mutter umklammert schluchzend meine Beine. Sie ist so außer sich, dass der Arzt ihr eine Beruhigungsspritze gibt.

«Ihr Gesicht ist ja ganz schwarz! Sie ist völlig verbrannt!»

Salim wird beinahe ohnmächtig. Er fragt, wer mir das angetan hat, doch ich kann ihm nicht antworten. Mein Bruder regt sich auch darüber auf, dass ich fast nackt auf dem Bett liege. Er schämt sich für mich und schimpft über meine Schwiegerfamilie. Dann bittet er meine Mutter, mich mit einem Laken zuzudecken. Die Schmerzmittel, die man mir gibt, haben fast keine Wirkung. Wieder verliere ich das Bewusstsein.

Ein Tag muss vergangen sein. Ich höre die Stimme von Salim, der mich fragt, wie es mir geht. Ich antworte ihm, dass ich sterbe.

«Sag so etwas nicht, Naziran. Du wirst wieder gesund. Kannst du etwas sehen?»

«Nur undeutlich.»

«Welche Farbe hat meine Tunika?»

«Ich glaube, sie ist blau.»

«Ja, sie ist blau! Du kannst also noch sehen! Die Ärzte werden deine Augen retten!»

Salim will von Fawad wissen, wer das getan hat, und der sagt ihm, es sei Javed gewesen, ein Neffe von Shirin.

Ich stürze wieder in einen bodenlosen Abgrund.

Gesprächsfetzen dringen an mein Ohr. Salim hat Fawad bedrängt, Anzeige zu erstatten, und tatsächlich ist er aufs Polizeikommissariat gegangen und hat Javed als Täter benannt. Die Polizei hat Javeds Wohnung durchsucht und Kleider und andere Dinge beschlagnahmt. Mein Bruder sagt mir, dass man neben meinem Bett auch Süßigkeiten gefunden hat. Fawad hat der Polizei gesagt, dass sie von Javed stammten. Er hätte mich verführen wollen, ich hätte ihn jedoch zurückgewiesen, deshalb hätte er mich mit Säure übergossen. Auch ins Krankenhaus von Multan kommen Polizisten, um mich zu befragen, doch Fawad sagt ihnen, ich sei dazu nicht in der Lage, also gehen sie wieder.

Meine Schwester bringt mir Medikamente. Rubina bittet sie, irgendwo meine Kleider waschen zu lassen. Ich bleibe allein mit Rubina und Fawad. Mir ist kalt und heiß zugleich, und immer wieder muss ich mich übergeben. Fawad spricht zu mir.

«Die Polizei wird wiederkommen. Sag ihnen, dass es Javed war. Sag ihnen, dass Javed dich bedrängt hat, als du am Fluss Wäsche gewaschen hast, du hättest ihm aber einen Korb gegeben. Sag ihnen, dass er gedroht hat, dich mit Säure zu überschütten.»

«Aber ich habe Javed doch gar nicht gesehen!»

Rubina erwidert: «Du weißt doch, dass Javed Rache

geschworen hat, weil wir ihn aus dem Dorf verjagt haben. Und Fawad hat gesehen, wie er geflohen ist. Wenn Fawad das gesehen hat, reicht das für dich. Sag der Polizei, dass er es war. Du brauchst nur zu sagen, dass du ihn gesehen hast.»

Fawad brummelt nur: «Sag einfach, Javed ist es gewesen ... Denk an deine Töchter, Naziran, es könnte ihnen etwas zustoßen ...»

Ich zittere am ganzen Leib und werde wieder ohnmächtig.

Am nächsten Tag holt Salim noch einmal die Polizei. In Anwesenheit von Rubina und Fawad sage ich ihnen, dass ich Javed gesehen hätte, er sei der Täter gewesen.

In den folgenden Tagen bekomme ich eine Sauerstoffmaske. Weiterhin ist mir sehr übel. Meine Schwester fragt den Arzt, warum ich mich denn ständig übergeben müsse, wo ich doch gar nichts esse. Das komme von der Säure, erklärt er ihr, die immer noch in meinem Körper zirkuliert. Mittlerweile kann ich nicht einmal mehr Farbflecke erkennen. Um mich hat sich Finsternis ausgebreitet. Ich höre, wie der Arzt sagt, dass ich nie mehr sehen werde. Die Säure hat meine Augen zerfressen. Aber ich werde ohnehin sterben, daran habe ich keinen Zweifel.

Ungefähr zwei Wochen sind vergangen. Ich leide unsägliche Qualen und habe das Gefühl, dass mein Ende naht. Meine Wunden verbreiten einen üblen Gestank. Mein Bruder macht den Vorschlag, mich nach Lahore zu bringen und dort den Ärzten vorzustellen. Doch man rät ihm ab, ich hätte ohnehin keine Überlebenschance, die Verätzungen seien zu schwer. Man könne nichts machen, es sei eine Sache von Tagen.

Ein Mann, den ich nicht kenne, kommt ins Zimmer. Er stellt sich als Murid Abbas Jatoi vor. Mit freundlicher Stimme erklärt er meiner Familie, dass er für eine Organisation arbeitet, die sich um Opfer von Säureattentaten kümmert, die Acid Survivors Foundation.

Nachdem er mich kurz untersucht hat, sagt er: «Sie ist in einem kritischen Zustand. Sie muss umgehend in eine Spezialklinik nach Islamabad, dort kann man mehr für sie tun. Wenn sie hier bleibt, wird sie sicher sterben.»

«Aber wir haben kein Geld», wendet Fawad ein. «Das ist einfach zu teuer.»

«Machen Sie sich darum keine Sorgen, die Behandlung ist gratis.»

«Aber die Ärzte haben gesagt, sie hätte nur noch wenige Stunden», murmelt Fawad.

«Man muss ihr eine Chance geben. Wenn sie in Islamabad stirbt, überführen wir den Leichnam in ihr Dorf.»

Fawad ist nicht überzeugt. Doch Salim sagt: «Ich bin dafür, dass sie nach Islamabad gebracht wird. Es ist schließlich unsere einzige Hoffnung. Wann fahren wir?»

«Sobald wie möglich, wir sollten keinen Tag verlieren», antwortet Murid Abbas. «Ich hoffe nur, dass sie die Fahrt übersteht.»

Die Krankenschwestern tragen eine Salbe auf meine Haut auf. Ich spüre, dass sie sich ekeln. Die Wunden haben sich infiziert und stinken nach Eiter. Meine Kleider kleben von der Salbe. Dazu kommt der unerträgliche Schmerz, der kein Ende nimmt.

Murid Abbas trägt mich zu einem Auto, hüllt mich in ein Tuch und bettet mich auf die Rückbank. Rubina, Fawad und Salim fahren mit. Murid Abbas erklärt Fawad, dass er mich eigentlich im Flugzeug nach Islamabad bringen wollte, aber man hätte drei Sitze gebraucht, um mich hinlegen zu können, das war einfach zu teuer – die Fluggesellschaft ließ sich nicht zu einer großzügigen Geste überreden. Daher fahren wir nun mit dem Bus.

Im Busbahnhof angekommen, wollen mich Murid Abbas und Fawad auf die Rückbank eines Busses betten. Doch der Fahrer verlangt, dass wir wieder aussteigen. «Sie verbreitet einen derartigen Gestank, die anderen Fahrgäste werden sich beschweren. Ich kann sie nicht mitnehmen.»

Murid Abbas ist außer sich.

«Der Himmel wird es dir danken, Bruder, für diese Frau geht es um Leben und Tod, ich bitte dich, wir müssen sie nach Islamabad bringen. Im Namen Allahs! Ich zahle dir den doppelten Fahrpreis!»

Schließlich willigt der Chauffeur ein. Ich glaube, er hat am Ende gar kein Geld genommen.

Murid Abbas kauft mehrere Dosen Duftspray, das er während der Fahrt versprüht, damit die anderen Fahrgäste nicht belästigt werden. Einige Frauen wollen wissen, was mit mir geschehen ist. Als er ihnen meine Geschichte erzählt, fangen sie an zu weinen. Salim und Fawad sitzen neben mir und streiten sich. Fawad sagt, er wolle sich um meinen Leichnam kümmern, falls ich sterbe, aber mein Bruder will mich in meinem Heimatdorf beerdigen, nicht bei meiner Schwiegerfamilie.

Ich werde ohnmächtig. Als ich erwache, fährt der Bus immer noch. Meine Schmerzen sind unerträglich. Unter den Fahrgästen ist ein Arzt, der mir eine Spritze gibt. Danach schlafe ich wieder ein.

Später erfahre ich, dass die Fahrt acht Stunden gedauert hat. Als wir in Islamabad ankommen, dämmere ich vor mich hin. Ich bekomme mit, wie ich in ein Auto umgeladen werde, das mich zum Krankenhaus bringt. Dort werde ich auf eine Trage gelegt. Krankenschwestern eilen herbei, um mich herum breitet sich hektische Betriebsamkeit aus. Der Arzt spricht leise mit Murid Abbas. Er glaubt auch nicht, dass ich es schaffen werde, will aber das Unmögliche versuchen.

Man gibt mir eine Spritze, und ich schlafe ein. Als ich wieder aufwache, erklärt der Arzt gerade meinem Bruder, dass er die gesamte verätzte Haut entfernt hat. Er zeigt ihm die tote Haut – hätte man sie nicht abgenommen, hätte ich keinen weiteren Tag überlebt. Die Operation hat vier Stunden gedauert.

«Jetzt wird sie erst einmal drei Tage auf der Intensivstation bleiben, bis sich ihr Zustand stabilisiert hat. Sie kommt dort in ein steriles Zimmer. Wichtig ist vor allem, dass sie viel Flüssigkeit bekommt und sich die Wunden nicht infizieren. Wenn sie die ersten drei Tage übersteht, haben wir eine gute Chance, dass sie sich erholt.»

«Bekommt sie auch Medikamente?»

«Wir geben ihr Schmerzmittel und Antibiotika. Aber sie wird trotzdem furchtbare Schmerzen leiden. Sie muss durchhalten.»

Ich bin nur halb bei Bewusstsein. Die Schmerzen sind nicht auszuhalten, ich stöhne ohne Unterlass. Ich bin bei lebendigem Leib gehäutet, ein Monstrum, das nur noch aus rohem Fleisch besteht, und doch klammert sich mein Körper an das Leben.

Eine Woche lang schwebe ich so zwischen Leben und Tod. Dann komme ich langsam wieder zu mir. Ich höre die Stimme einer Frau, die sich als Valérie vorstellt, auch sie arbeitet für die Nichtregierungsorganisation ASF. An ihrem Akzent erkenne ich, dass sie Ausländerin ist. Sie fragt mich, wie ich mich fühle.

«Es geht», murmele ich.

Ich versuche, in ihrer Gegenwart nicht zu stöhnen, ich will ihr zeigen, dass ich tapfer bin.

«Bist du bereit, zu kämpfen, Naziran?»

Ich bejahe.

«Wir sind für dich da, wir werden dir helfen. Du wirst es schaffen, aber es wird nicht einfach sein. Ist dir das klar?»

«Ja ...»

«Es ist wichtig, dass du bereit bist.»

Die Frau geht wieder. Ich betaste mein Gesicht, es ist ganz in Verbände eingehüllt.

Ich bekomme keine Luft, man setzt mir eine Sauerstoffmaske auf. Wieder verliere ich das Bewusstsein.

Mein Bruder sitzt an meinem Bett. Ich sage ihm, dass ich nichts mehr spüre und nichts mehr sehe. Ich habe jegliche Empfindung verloren. Eine Krankenschwester gibt mir Fruchtsaft zu trinken. Als ich sie zurückstoße, zwingt sie mich. Ich muss mich sofort übergeben.

Man hängt mich an den Tropf. Ich habe das Gefühl, dass mein ganzer Körper aufgedunsen und mit Blasen übersät ist.

Der Arzt bittet meinen Bruder, das Zimmer zu verlassen, damit die Schwester meinen Verband wechseln kann. Es ist, als würde man mir bei lebendigem Leib die Haut abziehen. Bei jedem Verbandsstreifen, der abgelöst wird, habe ich unerträgliche Schmerzen. Die Schwester reinigt die Wunden und verbindet sie neu.

Verstört kommt mein Bruder wieder herein, er sagt, er habe mich schreien hören. Ich stöhne ohne Unterlass, Tag und Nacht. Als der Arzt zur Visite kommt, flehe ich ihn an, mir Gift zu geben. Lieber möchte ich sterben, als noch länger diese Qualen zu ertragen. Er sagt, es würde mir bald besser gehen, und dass meine Familie da sei, um mich zu unterstützen, ich müsse stark sein für sie.

Einige Stunden später spüre ich, wie mir eine Krankenschwester eine Sauerstoffmaske aufsetzt. Wieder werde ich in den OP gerollt. Ich friere in dem gekachelten Raum. Der Arzt sagt, sie müssten meine Haare abschneiden. Ich will nicht, doch er meint, dann könne ich nicht gesund werden, also stimme ich zu. Schon höre ich das Klappern der Schere.

Der Chirurg erklärt mir, dass er eine Hauttransplantation vornehmen wird, er will Haut von meinen Schenkeln auf mein Gesicht verpflanzen. Man gibt mir eine Narkose, und ich verliere das Bewusstsein.

In den Tagen nach der Transplantation geht es mir endlich ein wenig besser. Der Arzt drängt mich, etwas zu mir zu nehmen. Salim hilft mir, mit einem Strohhalm Orangensaft zu trinken. Mein Bruder sagt, er habe gute Neuigkeiten: Javed ist verhaftet worden, er sitzt im Gefängnis von Multan. Salim denkt, ich würde mich darüber freuen. Aber ich kann gar nichts dazu sagen. Ich denke nicht einmal an Javeds Schicksal. Mir ist alles gleichgültig.

Eines Morgens nimmt die Krankenschwester die Verbände ab. Ich frage sie, ob ich wieder so aussehe wie früher. Sie schweigt. Ich taste mit den Fingern und bin entsetzt: Da ist gar kein Gesicht mehr. Meine Züge sind wie weggeschmolzen. Alles, was ich spüre, sind Wundnähte, Beulen und Knoten. Von meiner Nase ist nur noch das Nasenbein übrig. Mein eines Auge ist geöffnet, das andere mit dem Lid verschmolzen. Mein Kinn ist an den Hals geklebt. Ich muss einen entsetzlichen Anblick bieten – sehen kann ich mich allerdings nicht, ich bin ja blind. Die Haut auf meiner Brust ist hart und faltig wie zerknülltes Papier.

Ich bin zu einem Ungeheuer geworden. Wieder bitte ich den Arzt, mir eine Spritze zu geben und mich sterben zu lassen. Mir wird es niemals mehr besser gehen. Mein Gesicht ist entstellt, ich bin blind, ich bin nichts mehr, ich sehe nicht mehr aus wie eine Frau.

Jeden Tag kommt der Arzt, begutachtet meine Wunden und erkundigt sich, ob ich etwas gegessen habe. Aber ich will nicht mehr leben. Ich flehe Salim an, mir Gift zu besorgen. Mein Bruder versucht mich zu trösten, doch ich höre seiner Stimme an, dass auch ihn mein Anblick verstört. Ich weiß, dass er seit Wochen zusammen mit Gongui Ma, Fawad und Rubina auf dem Rasen vor dem Krankenhaus campiert, um in meiner Nähe zu sein. Fawad hat Arbeit auf einer Baustelle gefunden.

Salim murmelt: «Wir sind alle da, um dich zu unterstützen, du darfst nicht vom Sterben reden.»

Eines Morgens, als Fawad und Rubina an meinem Bett sitzen, klingelt Fawads Handy. Sein Sohn Bilal ruft an. Fawad glaubt, dass ich schlafe, aber ich bekomme alles mit. Bilal erzählt Fawad, dass Shirin im Gefängnis ist. Die Polizei hat das ganze Dorf befragt, und die Nachbarn sagten alle, dass wahrscheinlich Shirin hinter der Sache steckt, dass sie mich hasst. Fawad befiehlt seinem Sohn, sich bei einem Onkel 5000 Rupien für die Kaution zu leihen und Shirin aus dem Gefängnis zu holen.

In einem klaren Moment schießt mir durch den Kopf, ob nicht Fawad und Shirin hinter dem Anschlag stecken. Javed habe ich jedenfalls überhaupt nicht gesehen. Auch die Hunde haben in jener Nacht nicht angeschlagen, wie sie es normalerweise tun, wenn sich ein Fremder dem Haus nähert. Vielleicht war es der teuflische Plan der beiden, mich und Javed auf einen Schlag loszuwerden?

Später erfahre ich, dass Shirin nur einen Tag im Gefängnis war. Zu diesem Zeitpunkt liege ich schon anderthalb Monate hier im Krankenhaus.

Eines Morgens kommt der Arzt herein, schaut sich mein entstelltes Gesicht an und verkündet, dass er mich bald entlassen wird. Ich soll dann in eine Rehabilitationsklinik verlegt werden, die auf Opfer von Säureattentaten spezialisiert ist und von der Acid Survivors Foundation betrieben wird.

Ich zittere am ganzen Körper, ich habe Angst davor, woanders hinzukommen. Wie werden die Leute dort auf das Ungeheuer ohne Gesicht reagieren, zu dem ich geworden bin?

18

Ich liege zusammengekrümmt auf dem Bett, die Decke über den Kopf gezogen. Seit meiner Ankunft habe ich nicht ein einziges Mal mein Zimmer verlassen, solche Angst habe ich davor, was die anderen wohl über mich sagen würden. Ich sehe einfach furchtbar aus. Am ersten Tag habe ich mitbekommen, dass Leute bei meinem Anblick vor Schreck aufschrieen, ein Mädchen hat sogar angefangen zu weinen. Da verkrieche ich mich lieber im Bett und schließe mich in meiner Finsternis ein.

Fawad sitzt an meinem Lager. Er hat den Leuten von ASF seine Version der Geschichte erzählt und spielt nun den fürsorglichen Ehemann. Ich weiß, dass er nur hier ist, um mich im Auge zu behalten. Er hofft sicher, dass ich bald sterbe. Seine Anwesenheit macht mir Angst, aber ich wage nichts zu sagen. Niemand ahnt, dass mein wahrer Peiniger möglicherweise hier in meinem Zimmer sitzt, nur eine Armlänge von mir entfernt.

Allerdings wundern sich die Krankenschwestern darüber, dass ich regelmäßig Krampfanfälle bekomme, wenn Fawad in meinem Zimmer auftaucht. Die Krämpfe schütteln mich in seiner Anwesenheit ein Dutzend Mal am Tag, ich nehme Beruhigungsmittel dagegen. Daher tue ich so, als ob ich schlafe, als Bilquise, eine junge, sehr nette Krankenschwester, an die Tür klopft.

«Naziran, du musst nach unten kommen. Die Polizei ist da, sie wollen mit dir sprechen.»

Ich sage ihr, dass ich gleich komme. Mir bricht der kalte Schweiß aus. Was wollen sie wohl von mir? Fawad hilft mir aus dem Bett. Ich taste mit den Füßen nach meinen Sandalen. Auf dem Weg zur Tür zischt er mir drohend ins Ohr: «Wenn du ein Wort ohne meine Erlaubnis sagst, bringe ich dich um. Und deine Kinder dazu.»

Die Angst schnürt mir die Kehle zu. Angst um meine Töchter, die allein im Dorf geblieben sind, nicht um mich – ich will ja sterben. Langsam, gestützt von Fawad, steige ich die Treppe hinab. Nur nicht stolpern, denke ich. Unten befinden sich die Eingangshalle und die Büros. Vorsichtig ertaste ich ein Sofa und setze mich.

Ich höre die harten und kalten Stimmen der Polizisten. Einer fragt: «Sag uns jetzt die Wahrheit. Wer war es?»

Unsicher antworte ich: «Javed, ein Neffe von Shirin. Er hat mir die Säure ins Gesicht geschüttet ...»

«Hast du ihn gesehen?», knurrt der Polizist.

«Ja.»

Anschließend befragen sie auch Fawad. Bilquise hilft mir wieder hinauf in mein Zimmer, ich krieche sofort in mein Bett und rühre mich nicht mehr.

Einige Tage später reisen Fawad und Rubina in ihr Dorf zurück. Sie sind schon seit fast zwei Monaten in Islamabad, sie müssen sich wieder um ihre Familien kümmern. Endlich kann ich aufatmen, ich habe das Gefühl, neue Lebenskraft zu schöpfen. Doch ich traue mich immer noch nicht aus dem Bett. Ich weiß, dass es vor meinem Schlafzimmer einen kleinen Gemeinschaftsraum mit Sesseln und einem Fernseher gibt. Hier kommen tagsüber die anderen Patientinnen zusammen. Ich kann hören, wie sie sich unterhalten. Einmal hat mich eine Schwester in den Gemeinschaftsraum geführt und mich in einen Sessel vor den Fernseher gesetzt. Mein entstelltes Gesicht hatte ich mit einem Tuch verhüllt, damit mich niemand sehen konnte.

Plötzlich rief eine Frau, die ich nicht kannte, laut in den Raum: «Was sitzt du da vor dem Fernseher? Du bist doch blind!»

Ich verlor völlig die Fassung, brach in Tränen aus und bat die Krankenschwester, mich sofort in mein Zimmer zurückzubringen. Seitdem wage ich nicht mehr hinauszugehen und mich den Blicken der anderen zu stellen. Die meiste Zeit über schlafe ich einfach.

Wenn mich jemand aus dem Dorf anruft, krampft sich alles in mir zusammen. Mir stockt der Atem und ich fühle mich vollkommen ausgeliefert. Fawad ruft regelmäßig an und versucht, mich zu manipulieren. Manchmal verspricht er mir, sich von Shirin scheiden zu lassen und mit mir in ein neues Haus zu ziehen. Beim nächsten Mal ist er dann wieder kalt und abweisend. Ich bin völlig verunsichert und habe schreckliche Angst.

Außer den Krankenschwestern Bilquise und Nadia, die mir mein Essen bringen, kommt niemand in mein Zimmer.

«Heute gibt es Linsen und *Kima*, Hackfleisch», verkündet Nadia und stellt das Tablett auf den Boden.

Meine Hände tasten zwischen den Tellern herum, Nadia führt sie zum Essen. Sie spricht mir Mut zu. Das Schlucken bereitet mir große Mühe. Die Hälfte des Essens fällt mir aus dem Mund, ich kann ihn nicht schließen, da die Haut an meinem Kinn mit dem Hals verschmolzen ist. Deshalb möchte ich auch nicht mit den anderen Patienten zusammen essen. Wenigstens schmeckt es hier besser als im Krankenhaus. Manchmal habe ich sogar ein wenig Appetit.

Einige Stunden später holt mich Bilquise zu einer Behandlung ab. Bevor wir den Gemeinschaftsraum durchqueren, verberge ich mein Gesicht unter dem Schleier, um möglichen Bemerkungen von vornherein zu entgehen. Bis zum Behandlungszimmer sind es nur wenige Schritte. Bilquise bettet mich auf eine Liege. In den ersten Tagen konnte ich deutlich spüren, dass auch sie verstört auf meinen Anblick reagierte, obwohl sie nie etwas gesagt hat. Langsam und so vorsichtig wie möglich nimmt sie mir die Verbände ab. Dafür bin ich ihr sehr dankbar.

«Weißt du, Bilquise, im Krankenhaus waren die Schwestern nicht so umsichtig. Sie haben mir sehr wehgetan, wenn sie mir eine Spritze gaben oder meine Verbände wechselten.»

«Ich bin daran gewöhnt, mit Säureopfern umzugehen, Naziran. Ich bemühe mich immer, vorsichtig zu sein.»

Bilquise erklärt mir jeden ihrer Schritte: «Erst einmal wasche ich dich mit Wasser und Betadine-Lösung, das ist ein Desinfektionsmittel.»

Ich spüre die kalte Flüssigkeit auf meiner Haut. Der Geruch von verbranntem Fleisch und Eiter, den ich anfangs verbreitete, ist verschwunden. Ich fühle mich sauber.

«Dann kommt Paraffin auf die vernarbten Wunden, und dann wird alles frisch verbunden.»

Mit zarter Hand verreibt sie die Salbe, die meine Haut entspannt. Zum Schluss kommen die neuen Mullbinden.

«Zwei bis drei Mal am Tag musst du die Stellen massieren, an denen jetzt kein Verband mehr ist. Die Salbe macht die Narben geschmeidiger. Wenn du sie nicht aufträgst, werden sie sich verhärten. Dann wird dein Arm so steif werden wie ein verdorrter Ast.»

Bilquise ermutigt mich, diese Pflege in Zukunft selbst zu übernehmen, und gibt mir eine Tube mit Creme. Dann führt sie mich in mein Zimmer zurück. Ich lege mich wieder ins Bett und ziehe mir die Decke über den Kopf. So bleibe ich den ganzen Nachmittag über liegen und wünsche mir, durch Gift von diesem geschundenen und bis zur Unkenntlichkeit verstümmelten Körper befreit zu werden, dessen ich mich schäme. Ich möchte von dieser Welt verschwinden. Ich bin körperlich und geistig völlig erschöpft. Hätte man mich doch nur sterben lassen.

An diesem Abend klopft es an meine Tür. Eine Frau mit einer energischen Stimme tritt ein.

«Ich bin Khadija, die Psychologin, ich würde mich gerne mit dir unterhalten. Bist du einverstanden?»

Ich sage ihr, dass ich absolut keine Lust habe, zu reden. Dazu bin ich viel zu traurig.

«Gut, wenn du nicht reden willst, wie wäre es dann mit Singen?»

Dieser Vorschlag überrascht mich. Ich stecke den Kopf unter dem Laken hervor und setze mich auf.

«Ich fange an. Erst singe ich ein Lied, und dann du.»

Ich höre sie mit dunkler Stimme ein Volkslied singen, das ich gut kenne. Ich bin tief bewegt.

«So, jetzt bist du an der Reihe. Sing etwas für mich, bitte.»

Ich entscheide mich für ein Lied in *Saraiki,* meiner Muttersprache. Am Ende müssen wir beide lachen. Wahrscheinlich habe ich ziemlich falsch gesungen, aber es hat mir trotzdem gutgetan, und Khadija ist begeistert. Nun will sie Gedichte von mir hören. Sie ist eine warmherzige, freundliche Frau und versucht mich mit allerlei Scherzen aufzumuntern. Sie will ab jetzt jeden Tag kommen. Als sie geht, nimmt sie mir ein Versprechen ab. «Sei glücklich, Naziran. Mit Allahs Hilfe bist du davongekommen. Versprich mir, dass du dein Leben nun auch nutzt.»

Wenn Khadija mich nicht besuchen kommt, bleibe ich allein in meinem Zimmer. Bilquise versucht mich öfter aufzurütteln: «Du sollst nicht immer nur schlafen, du musst mal raus aus deinem Zimmer, komm mit in den Fernsehraum!»

Ich murmele nur, dass ich müde bin und lieber im Bett bleibe. Ich kann es nicht ertragen, fremde Menschen um mich zu haben. Außerdem überkommen mich immer wieder diese Krampfanfälle.

Einige Wochen später werde ich erneut operiert. Diesmal wird eine Hauttransplantation an meiner Schulter vorgenommen. Zur Rekonvaleszenz komme ich wieder zur ASF. Ich habe starke Schmerzen und stöhne ohne Unterlass. Eines Tages klopft es leise an meiner Tür. Ich höre Schritte, jemand kommt ins Zimmer und sagt: «Was ist denn? Kann ich dir vielleicht irgendwie helfen?»

Es ist eine junge Frau, die ich nicht kenne. Ich verstecke mich unter dem Laken.

«Hab keine Angst! Ich heiße Naila, auf mich hat man auch ein Säureattentat verübt. Ich wohne im Zimmer nebenan.»

Sie versucht, mich zu trösten.

«Ich sage der Schwester Bescheid, dass du große Schmerzen hast.»

Bilquise kommt und bringt mich in den Behandlungsraum. Nachdem sie meine Verbände gewechselt und mir ein Schmerzmittel gegeben hat, fühle ich mich besser. Als ich in mein Zimmer zurückkehre, wartet Naila dort noch auf mich. Ich freue mich darüber und frage sie nach ihrer Geschichte.

«Ich habe dasselbe erlebt wie du. Auch mich hat man mit Säure übergossen. Mein Gesicht ist zerstört. Ich komme aus der Gegend um Multan.»

Sie stammt aus derselben Gegend Pakistans wie ich, in der viel Baumwolle angebaut wird und wo man überall für ein paar Rupien ganze Kanister voll Säure kaufen kann.

Am nächsten Tag kommt Naila mit zwei anderen Patienten wieder. Gemeinsam versuchen sie, mir Mut zu machen: «Uns allen ging es anfangs so wie dir, wir waren lange Zeit einfach nur traurig. Aber jetzt wollen wir wieder am Leben teilhaben. Eines Tages wirst du neuen Mut schöpfen, und es wird dir besser gehen.»

Ich bin sicher, insgeheim sagen sie sich, dass sie besser dran sind als ich – schließlich haben sie nicht ihr Augenlicht verloren. Immer noch wage ich keinen Schritt allein. Ich habe Angst, mich zu stoßen, zu fallen, eine Treppe hinabzustürzen.

«Aber ihr könnt wenigstens noch sehen. Was soll nur aus mir werden?»

Dennoch finde ich dank ihrer Hilfe schließlich die Kraft, mich aus meinem Elend zu erheben. Ich muss stark sein – um meiner Mutter und meiner Töchter willen. Allmählich werden die Abstände zwischen meinen Krampfanfällen größer, sie treten höchstens noch zwei oder drei Mal am Tag auf.

Eines Tages stehe ich, ermutigt durch Khadija, auf und gehe zur Tür. Ich bin entschlossen, mich zu den anderen Patientinnen vor den Fernseher zu setzen. Das bedeutet, dass ich mich ganz alleine einige Meter durch die Dunkelheit tasten muss. Und dass ich die Betroffenheit der anderen bei meinem Anblick aushalten muss.

Zögernd bleibe ich in der Tür stehen. Naila sagt: «Setz dich doch zu uns.»

Ich tappe weiter in das Zimmer hinein. Den Schleier habe ich über das Gesicht gezogen. Gul, eine der jungen Frauen, sagt laut: «Warum versteckst du dich? Wir sind hier alle gleich, auch unsere Gesichter sind entstellt. Hab keine Angst!»

«Mir ist es lieber so.»

Ich ertaste die Wand, dann das Sofa und setze mich neben die anderen.

«Gut gemacht, Naziran. Es freut mich, dass du aus deiner Höhle gekommen bist», lobt mich Bilquise.

Und ich bin stolz darauf, meine Angst überwunden zu haben.

Nach einigen Tagen habe ich schon viel mehr Vertrauen zu den anderen Patientinnen der Klinik gefasst. Am Ende vergesse ich oft, mir den Schleier vors Gesicht zu ziehen, wenn ich mein Zimmer verlasse. Ich glaube allerdings, dass mein Anblick die anderen schockiert, auch wenn sie sich nichts anmerken lassen. Gul kommt öfter in mein Zimmer und vertraut sich mir an. Sie ist erst neunzehn und lebt bereits seit zwei Jahren hier. Sie kommt aus einem Dorf, das einige Stunden von Islamabad entfernt liegt. Schließlich fragt sie, ob sie nicht mit in mein Zimmer einziehen soll. Erfreut stimme ich zu, ich habe wieder Lust auf Gesellschaft bekommen. Gul kann sehr eigenwillig sein, doch ich komme gut mit ihr zurecht, wir verstehen uns prima. Und wenn mir ihr Verhalten mal nicht gefällt, lasse ich sie einfach gewähren.

Ich vermeide es jedoch, mit ihr darüber zu sprechen, was mir widerfahren ist. Eines Abends aber sitzen Gul und Naila in meinem Zimmer und erzählen mir ihre Geschichten.

19

Dies ist die Geschichte von Gul:

Seit meiner Kindheit liebte ich meinen Cousin Khaled. Auch meine Familie mochte ihn, alle sahen uns als zukünftiges Paar. Aber Ashraf, mein großer Bruder, war nicht einverstanden. Es gab dauernd Streit über dieses Thema. Mit dem Tod meines Vaters wurde Ashraf automatisch das Familienoberhaupt. Er wollte über alles bestimmen, was mich betraf. Wir waren sehr arm, meine Mutter war Hausmädchen bei reichen Leuten im Dorf. Mein Bruder Ashraf wollte, dass ich seinen Freund Farid heirate, der war bei der Armee und schon vierzig. Mehrmals war Farid schon gekommen und hatte bei meiner Mutter um meine Hand angehalten. Ich flehte Mama an, ihn abzuweisen.

Eines Tages hat mich mein großer Bruder zusammen mit Farid zu ihrem Freund Sajad mitgenommen. «Wenn du Farid nicht heiratest, töte ich Khaled», drohte mir mein Bruder. Da ich Khaled über alles liebte, willigte ich ein. Ich war 14 Jahre alt, als ich Farid im Haus seines Freundes heiratete. Noch am selben Abend fuhr Farid für einen Monat zu seiner Einheit. Ich blieb allein bei der Familie von Sajad. Ich war sehr traurig, fühlte mich verlassen und erzählte meine Geschichte Roxana, Sajads Frau. Roxana meinte nur, ich solle Khaled vergessen, Farid sei nun mein Mann.

Ich habe versucht, mir zu sagen, dass Farid ein guter Mensch ist. Ich hatte Angst davor, mit ihm zu schlafen, dazu fühlte ich mich noch nicht bereit. Aber Farid sagte nur: «Du bist keine Jungfrau mehr, du hast mit Khaled geschlafen, deshalb hast du Angst!» Ich antwortete ihm, das sei nicht wahr, aber er schenkte mir keinen Glauben. Es gäbe nur eine Möglichkeit, es ihm zu beweisen, nämlich mit ihm zu schlafen, dann würde er ja sehen, ob ich noch Jungfrau sei. Da ich diese ständige Streiterei nicht mehr ertrug, gab ich schließlich nach.

Wieder musste Farid drei Monate zur Armee. Als er zurückkam, zeigte er mir ein leerstehendes Haus und sagte, der Besitzer habe schon so gut wie zugesagt, es ihm zu vermieten. Dann fuhr er einen weiteren Monat weg. Eines Morgens kam ich mit der kleinen Schwester von Sajad an dem Haus vorbei. Ich sah, dass eine Familie darin wohnte. Farid hatte mich also belogen.

Dann rief mich meine Mutter an und teilte mir mit, dass Farid schon mit seiner Cousine verheiratet sei. Als ich Farid am Telefon darauf ansprach, wiegelte er ab: «Hab Vertrauen, ich werde dir beweisen, dass das nicht stimmt.» Als er zurückkam, zeigte er mir ein Dokument, das seine Scheidung zu bestätigen schien. Auch mein Bruder versicherte mir, Farid habe seine Frau wirklich verlassen.

Da ich nicht länger bei Sajad bleiben wollte, brachte mich Farid zu seiner Schwägerin Munize nach Lahore. Sie begrüßte mich lächelnd, nahm mich in die Arme und sagte: «Du bist also die Tochter des Lehrers?» «Nein», sagte ich völlig überrascht, «meine Mutter ist Dienstmädchen.» Munize verzog das Gesicht und war augenblicklich ganz distanziert.

Das Leben in Lahore wurde mir rasch zur Qual. Munize verbot mir, mit ihren Töchtern zu spielen, ich sei kein guter Umgang für ihre Kinder, behauptete sie. Die gesamte Hausarbeit wurde mir aufgebürdet: putzen, Wäsche waschen, kochen.

Mit jedem Tag wurde Munize unfreundlicher zu mir. Als mir ihr Mann einmal beistehen wollte und kritisierte, dass ich von morgens bis abends arbeiten musste, antwortete sie nur in sarkastischem Tonfall: «Das ist ganz normal, sie ist schließlich die Tochter eines Dienstmädchens.» Ich rief meinen Bruder an und klagte ihm mein Leid, doch er antwortete nur: «Du musst dein Schicksal akzeptieren und darfst dich nicht beklagen.»

Als Farid nach Hause zurückkehrte, brachte er mir eine Rose mit, die er mir ins Haar steckte. Doch Munize warf sie gleich weg, sie behauptete, allergisch gegen Blumen zu sein. Am Abend schickte sie ihre Kinder in unser Schlafzimmer, nur um uns zu stören. Am nächsten Tag habe ich Farid angefleht, von dort weggehen zu dürfen. Er stimmte zu, und so kehrte ich zu meiner Mutter zurück, als er wieder zur Armee abreiste. Zu Hause wurde ich krank, ich musste mich ständig übergeben.

Nach einigen Wochen kam Farid, um mich abzuholen. Da es mir immer noch nicht besser ging, brachte er mich besorgt zum Arzt. Der stellte fest, dass ich schwanger war. Der Arzt wunderte sich ein wenig, dass ich noch so jung und mit einem so viel älteren Mann verheiratet war. Ich war damals 15 Jahre alt.

Farid freute sich sehr auf unser Kind. Er war nett zu mir und kaufte mir viele Geschenke. Als wir jedoch zu Munize nach Lahore zurückkehrten und sie hörte, dass ich schwanger war, geriet sie außer sich vor Zorn. Wenn ich einen Sohn bekäme, sagte sie zu Farid, dann müsse er ihm einen Teil seines Besitzes überlassen, obwohl ich doch nur die Tochter eines Dienstmädchens sei. Ich ging ins Schlafzimmer und weinte.

Als Farid mich zum Essen holen wollte, sagte ich ihm, ich hätte genug von seiner schrecklichen Schwägerin. Er antwortete gar nicht darauf, sondern ging nur schweigend hinaus. Da rief mein Bruder an. Er hatte Erkundigungen über Farid eingezogen und herausgefunden, dass er immer noch verheiratet war und zahlreiche Geliebte hatte. Ich war wie vor den Kopf geschlagen.

Gegen Mitternacht rief jemand Farid an. Ich stellte mich schlafend, hörte aber alles. «Weshalb rufst du mich hier an, Assia?», sagte er. Mein Herz krampfte sich zusammen. Aber ich wollte Gewissheit haben. Als Farid wieder eingeschlafen war, ging ich ins Badezimmer und rief diese Frau mit seinem Handy an. Ich erklärte ihr, dass ich Farids Frau sei, dass ich ein Kind erwarte und dass sie ihn nicht mehr anrufen solle.

Gleich am nächsten Morgen rief sie Farid wieder an. «Herzlichen Glückwunsch, du wirst Vater! Es ist mir gleichgültig, dass du eine andere Frau hast, Hauptsache, ich habe nichts mit ihr zu tun!» Farid antwortete: «Woher weißt du denn, dass dieses Kind überhaupt von mir ist? Ich bin mir da nicht so sicher!» Ich riss ihm das Handy aus der Hand und warf es aufs Bett. Ich war sehr wütend und beschimpfte ihn heftig. Wie konnte er es wagen, anzuzweifeln, dass das Kind von ihm war?

Wir stritten uns nun immer öfter, zur großen Freude von Munize. Ich bat Farid, mich in einem eigenen Haus unterzubringen, ich wollte nicht mehr bei seiner Schwägerin wohnen. Als ich eines Nachts aufwachte, stellte ich fest, dass Farid nicht an meiner Seite lag. Als ich ihn am nächsten Tag fragte, wo er gewesen sei, gab er mir keine Antwort. Aber ich hatte schon einen Verdacht.

In der folgenden Nacht wartete Farid ab, bis ich eingeschlafen war, dann legte er ein Kissen neben mich, damit ich nicht merkte, dass er nicht mehr neben mir lag. Aber ich schlief gar nicht. Ich schlich ihm nach und stellte fest, dass er ins Zimmer meiner Schwägerin Munize ging, deren Mann nachts arbeitete. Eine Stunde später kam Farid zurück. Als er mich an der Schulter berührte, sagte ich zu ihm: «Nimm deine schmutzige Hand weg, du warst auf der Toilette.» «Ich habe mir die Hände gewaschen», antwortete er. Ich habe die ganze Nacht kein Auge zugetan, so schockiert war ich.

Kurz darauf hörte ich, wie Munize duschte. Sie hatte also mit ihm geschlafen. «Wen liebst du am meisten?», fragte ich Farid. Er antwortete: «Munize und meine Mutter. Aber du, Gul, bist mir das Wichtigste auf der Welt.» Am nächsten Tag wollte ich das Frühstück machen, aber Munize erlaubte ihren Kindern nicht, zu essen, was ich zubereitet hatte. Ich wusste nun, woran ich mit Munize und Farid war. Demonstrativ bot ich Munizes Mann Tee an. «Und ich?», beschwerte sich Farid. «Es ist mir egal, ob du Tee willst», sagte ich zu ihm. Farid war überrascht, er verstand nicht, warum ich mich auf einmal so abweisend verhielt. Doch dann nahm ich mir vor, mich zu bemühen, ihn wiederzugewinnen. Schließlich war er mein Mann und ich war von ihm schwanger.

Da Farid sehr ungepflegt ist und immer schlecht riecht,

habe ich für ihn neue Kleider und Parfüm im Bazar gekauft. Dann bin ich mit Munizes Kindern ein Eis essen gegangen. Als ich nach Hause kam, bereitete ich das Mittagessen zu. Als ich den Teig für das Brot zu kneten begann, kam Munize und behauptete, meine Fingernägel seien zu lang, ich solle sie schneiden. Als ich mich weigerte, packte mich Farid und schnitt mir die Fingernägel mit Gewalt. Ich brach in Tränen aus und rief: «Ich habe schon verstanden, du willst uns zur Scheidung drängen!» Farid sagte nichts dazu.

In der folgenden Nacht verließ er erneut heimlich das Bett. Ich wusste genau, wohin er ging. Als er zurückkehrte, wartete ich schon. Ich fragte ihn, ob er sich nicht schäme. Da gab er mir eine Ohrfeige und sagte: «Was fällt dir ein, mir Vorwürfe zu machen!» Völlig außer mir, antwortete ich ihm: «Warum tust du das? Du hast schon zwei Frauen, warum schläft du da noch mit deiner Schwägerin?» Ich weinte. Munize, die alles gehört hatte, kam herein und sagte höhnisch: «Du hast noch nicht von all seinen anderen Geliebten gehört! Wusstest du denn nicht, dass er ein Frauenheld ist?» Ich schrie sie an: «Schämst du dich nicht? Du bist seine Schwägerin, praktisch seine Schwester!» Doch Munize lachte nur und erwiderte: «Nein, ich bin keine Schwester für ihn, ich bin seine Geliebte, und ich bin stolz darauf, mit ihm zu schlafen!»

Am nächsten Tag sagte ich zu Farid, ich wolle zu meiner Familie zurück. Aber er erlaubte es nicht, er hatte Angst, ich würde dort seine Geheimnisse ausplaudern. Als Munize mir die Anweisung gab, alle Teppiche in die obere Etage zu tragen, weil sie saubermachen wollte, weigerte ich mich. Farid packte mich am Arm und stieß mich zu

Boden, sodass ich auf den Bauch fiel. Ich bekam starke Blutungen, mir wurde schwindlig und ich schluchzte. «Sie hat eine Fehlgeburt, wunderbar!», keifte Munize. Farid war sehr erschrocken, er brachte mich sofort ins Krankenhaus, aber es war nichts mehr zu machen, ich verlor mein Baby.

Als Farid mich am nächsten Tag wieder nach Hause brachte, wollte mich Wassim, Munizes Mann, in den Arm nehmen, um mich zu trösten. Aber Munize sagte zu ihm, ich sei selbst schuld, ich hätte eben nicht so schwere Teppiche tragen sollen. Diese gemeine Lüge machte mich wütend, und ich schrie Wassim ins Gesicht, dass seine Frau ihn jede Nacht mit Farid betrüge. Er wollte mir nicht glauben, schimpfte, ich würde seine Familie in den Schmutz ziehen, und verprügelte mich mit einem Stock.

Am nächsten Morgen versuchte ich in aller Frühe zu fliehen, doch Farid fing mich ab und begann, mich furchtbar zu ohrfeigen. Ich bekam große Angst und glaubte, er würde mich umbringen. Ich rief meinen Bruder an und sagte ihm, er solle mich abholen, doch er redete auf mich ein und versuchte, mich zu beruhigen. Er hätte jetzt sowieso keine Zeit, nach Lahore zu fahren. Farid warf alle meine Sachen aus dem Haus, anschließend widmete er sich meiner Schwägerin. Ich flehte ihn an, mich zu meiner Familie zurückzubringen.

Als Wassim von der Arbeit zurückkam, sagte er zu Farid: «Schubs deine Frau doch einfach vor einen Lastwagen, jeder wird glauben, dass es ein Unfall war.» Farid befahl mir, meinen Koffer zu packen, er wollte mich zu meiner Mutter bringen. Als wir die Straße überquerten, stieß er mich vor einen Lastwagen. Ich stürzte, aber der

Fahrer konnte rechtzeitig bremsen. «So wirst du mich nicht los», schrie ich Farid an.

Passanten, die den Vorfall beobachtet hatten, riefen die Polizei. Wer mich denn gestoßen habe, wollten die Polizisten wissen. Ich antwortete, ich sei gestolpert, denn wie hätte ich ohne Farid allein mit dem Bus zu meiner Mutter fahren sollen? Aber ich fühlte mich sterbenselend. Die ganze Welt war gegen mich. Farid drohte mir: Wenn ich ihm nicht verziehe, dann würde er mich nicht zu meiner Mutter bringen. Für die Nacht mietete er ein Zimmer im Hotel Hafiz. Ich wollte keinen Bissen zu mir nehmen. Bevor ich ins Bett ging, gab mir Farid Medikamente, gegen die Schmerzen, wie er behauptete. Ich erkannte sehr wohl, dass es kein Aspirin war, nahm sie aber trotzdem und fiel in einen bleischweren Schlaf.

Am nächsten Tag begleitete mich Farid mit dem Bus zu meiner Mutter und kehrte anschließend nach Lahore zurück. Meine Mutter spürte sofort, dass etwas nicht in Ordnung war, und ich erzählte ihr alles. Da ich schlimme Bauchschmerzen hatte, nahm ich die Tabletten, die Farid mir gegeben hatte. Daraufhin wurde ich ohnmächtig. Später erfuhr ich, dass es sehr starke Schlaftabletten waren. Meine Brüder waren wütend, sie riefen Farid an und beschimpften ihn am Telefon.

Eines Tages besuchte mich Farids Schwester. Sie bestätigte mir, dass Farid ein Verhältnis mit seiner Schwägerin hatte und bereits mit mehreren Frauen verheiratet war.

Farid rief regelmäßig an und drohte mir am Telefon, sich scheiden zu lassen.

Ich war sehr froh, wieder bei meiner Mutter zu sein, dort ging es mir viel besser. Langsam kam ich auch wieder zu Kräften. Einige Tage später war ich auf eine Hochzeit im Dorf eingeladen. Ich hatte mich hübsch gemacht, Ohrringe angelegt und trug das Haar offen. Meine Mutter, die draußen im Hof war, bemerkte zwei Männer vor unserem Haus, die sich seltsam benahmen. Einer war in einen weiten Mantel gehüllt. Plötzlich rief meine Mutter, es sei Farid. Ich ging hinaus und sagte zu ihr: «Das kann nicht sein, er ist doch in Lahore.» Die Männer waren bereits verschwunden.

Plötzlich spürte ich, wie mir eine Flüssigkeit über das Gesicht lief. Ich schrie auf und verlor das Bewusstsein. Meine Mutter sagte mir später, sie hätte einen der Männer packen können, es sei Farid gewesen, doch er habe sie heftig zurückgestoßen und sei geflohen. Alle meine Brüder und Schwestern hatten es gesehen.

Als ich wieder zu Bewusstsein kam, brannte mein Gesicht fürchterlich. Ich schrie um Hilfe, wurde aber gleich wieder ohnmächtig. Als ich das nächste Mal erwachte, hörte ich meine Mutter und meine Familie weinen. Ich konnte nichts mehr sehen. Als ich meinen Bruder fragte, wo ich sei, antwortete er: «Im Krankenhaus.»

Ich stöhnte vor Schmerzen. Ein Arzt kam und schimpfte: «Sei nicht so laut! Die anderen Patienten beschweren sich!» Kaum jemand kümmerte sich um mich, außer ein paar Krankenschwestern, die mir ab und zu eine Spritze gaben. Der Arzt wollte nicht in mein Zimmer kommen, weil mein Gesicht zu sehr stank. Wegen dieses Geruchs hatte ich auch jeglichen Appetit verloren. Ich bat meine Familie, mir dabei zu helfen, meinem Leben ein Ende zu machen.

Nach einigen Wochen vernarbte meine Haut, und ich

konnte langsam auch wieder sehen. Eines Tages stand ich auf und ging ins Bad. Es war ein furchtbarer Schock, mein Gesicht im Spiegel zu sehen. Ich erkannte mich selbst nicht wieder. Alle, die mich besuchten, zuckten bei meinem Anblick zusammen.

Nach einigen Monaten eröffneten mir die Pflegekräfte, dass mein Gesicht für immer entstellt bleiben würde, daran sei nichts zu ändern. Da sagte ich zu meiner Mutter, dass ich sterben wolle, denn der Tod sei besser als ein solches Leben.

Meine Familie brachte mich schließlich in ein Krankenhaus nach Islamabad. Dort wurde mir in einer Operation die verätzte Haut entfernt. Danach schickte mich das Krankenhaus zur ASF. Meine Brüder begleiteten mich. Eine ausländische Frau nahm mich dort in Empfang, und ich hatte Angst, sie würde mich beim Anblick meines Gesichts ablehnen. Aber sie war sehr freundlich und hilfsbereit. Inzwischen habe ich Farid angezeigt. Ich hoffe, er wird dafür bestraft, dass er mein Leben zerstört hat.

Die andere Patientin, die mir ihre Geschichte erzählte, war Naila. Sie wohnt schon seit zwei Jahren im Zentrum der Acid Survivors Foundation und war 13 Jahre alt, als sie Opfer eines Säureanschlags wurde. Hier ihr Bericht:

Als ich noch zur Schule ging, hat sich ein Mann wahnsinnig in mich verliebt. Es war ein Freund meines Lehrers, ein Schneider, er war 25 Jahre alt. Er hielt bei meinem Vater um meine Hand an, aber der lehnte ab, weil der Mann einer anderen Volksgruppe angehörte und doppelt so alt war wie ich.

Eines Tages, als ich von der Schule nach Hause ging, begegneten mir mein Lehrer und sein Freund, der Schneider. Sie schnitten mir den Weg ab und versuchten mir Angst einzujagen, damit ich in die Hochzeit einwilligte. Zu Hause angekommen, erzählte ich das Ganze sofort meinem Vater. Er suchte die beiden auf und stellte sie zur Rede, doch sie stritten alles ab. Am nächsten Tag begannen die Ferien, und ich war mit meinem kleinen Bruder unterwegs, um ein paar Freundinnen zu treffen. Plötzlich kam mein Lehrer mit dem Schneider aus einem Haus neben der Moschee. Sie versuchten, meinen Bruder wegzuschicken, aber der sagte, er wolle bei seiner großen Schwester bleiben. Mein Lehrer hatte eine Flasche in der Hand. Der Schneider verlangte von mir, mit ins Haus zu kommen, doch ich weigerte mich. Die beiden Männer schauten die menschenleere Straße hinauf und hinunter. Es war drei Uhr und sehr heiß, wer konnte, hielt sich im Haus auf. Da sagte mein Lehrer laut zu seinem Freund, wenn ich mich weigerte, müsste man mir Säure ins Gesicht schütten. Ich verstand gar nicht, was er meinte, von so etwas hatte ich noch nie gehört.

Der Lehrer passte auf, und der Schneider übergoss mich mit dem Inhalt der Flasche. Ich habe geschrien und mich am Boden gewälzt. Alles um mich herum wurde blau. Meine Haut begann zu schmelzen, aber ich habe gar nichts mehr gespürt. Mein Bruder versuchte, mir aufzuhelfen und rief um Hilfe. Ein Nachbar kam mit einem Stock angelaufen, er glaubte, eine Schlange hätte mich gebissen. Als er begriff, was passiert war, bekam er Angst. Erst wagte er nicht, mir zu helfen, weil er fürchtete, die Leute würden ihn für den Attentäter halten. Schließlich hat er mich auf den Arm genommen, worauf auch seine Kleider von der Säure zerfressen wurden. Er brachte mich zu meinen Eltern.

Als meine Mutter uns kommen sah, glaubte sie zunächst, ich sei ohnmächtig geworden, weil ich ohne Frühstück losgegangen war. Mein Bruder erzählte ihr, was passiert war. In unserem Haus gab es kein Wasser, Nachbarn liefen zum Fluss, damit man mir das Gesicht abspülen konnte. Dann hat man mich ins Krankenhaus gebracht. Ich konnte nichts mehr sehen, eins meiner Augen hatte sich ganz aus der Höhle gelöst.

Mein Vater erstattete sofort Anzeige. Die Polizisten stellten viele Fragen, ich erzählte ihnen alles.

Anschließend brachte mich meine Familie nach Lahore, wo ich in einem großen Krankenhaus operiert wurde, was meine Eltern viel Geld kostete. Später kam ich nach Islamabad. Durch die Vermittlung eines Politikers aus unserem Bezirk wurde ich sechs Monate lang in einem anderen Krankenhaus weiterbehandelt. Ich musste sehr schmerzhafte Hauttransplantationen über mich ergehen lassen. Aber ich verlor nicht den Mut, ich sagte meiner Familie, dass ich durchhalten würde. Nach einigen Wochen bildete meine Haut Narben.

Der Schneider und mein Lehrer kamen aufgrund der Anzeige meines Vaters ins Gefängnis. Doch der Onkel des Lehrers war ein einflussreicher Mann. Er bot meinen Eltern 25 000 Rupien (250 Euro) dafür, dass sie ihre Anzeige zurückzogen. Meine Eltern antworteten ihm, sie wüssten noch nicht einmal, ob ich überleben würde, und wiesen sein Geld zurück. Trotzdem war der Lehrer am Ende nicht länger als drei Tage im Gefängnis, sein Onkel hat die Polizisten bestochen, worauf er rasch wieder freikam.

Im Januar 2005 bekam der Lehrer seinen Prozess. Doch das Gericht verlangte nur Schadenersatz, der Richter war bestochen worden. Der Schneider wurde zu zwölf Jahren Gefängnis verurteilt. Er ging in Berufung, worauf seine Strafe um die Hälfte reduziert wurde.

Jetzt möchte ich wieder zur Schule gehen, eines Tages will ich Ärztin werden. Ich bin schon an einer Universität eingeschrieben.

20

Eines Morgens klopft Naila an meine Tür, um mir zu sagen, dass sie Süßigkeiten vom Basar mitgebracht hat. Vom Basar? Ich bin verblüfft. Wie hat sie den Mut aufgebracht, sich mit ihrem entstellten Gesicht in der Öffentlichkeit zu zeigen?

«Wie war das denn? Hattest du gar keine Angst? Hast du dich nicht unwohl gefühlt?»

«Nein, überhaupt nicht! Ich habe keine Angst mehr, auszugehen. Ich habe mich verschleiert und eine Sonnenbrille aufgesetzt. Niemand hat auch nur eine Bemerkung gemacht.»

Das finde ich sehr mutig von ihr. Ich würde mich niemals auf die Straße trauen! Allerdings habe ich meinem Bruder versprochen, dass ich ihn bald in unserem Heimatdorf besuchen werde. Er hat mich so inständig darum gebeten, dass ich am Ende zugesagt habe. Ich weiß wirklich nicht, wie ich es wagen soll, mich in diesem Zustand der Welt auszusetzen. Am meisten deprimiert mich, dass ich für immer blind sein werde. Die letzten Untersuchungen beim Augenarzt haben mir jegliche Hoffnung genommen. Anfangs dachte ich noch, die Ärzte in Islamabad könnten vielleicht ein Wunder vollbringen, aber nun muss ich einsehen, dass mein Augenlicht für immer verloren ist.

Khadija, meine Psychologin, tut ihr Bestes, mich dazu

zu bringen, mein Schicksal zu akzeptieren, aber ich kann mich einfach nicht damit abfinden, in ewiger Finsternis zu leben.

Eines Tages besucht mich eine mir unbekannte Frau. Ich weiß es in diesem Augenblick noch nicht, aber sie soll mein Schutzengel werden und mir die Freude am Leben wiedergeben. Ihr Name ist Saima Anwar. Sie erklärt mir, dass sie Gründerin eines Rehabilitationszentrums für Blinde ist. Sie hat mir Parfüm und eine Thermoskanne als Geschenk mitgebracht.

«Nun erzähl mal, Naziran, was ist dir zugestoßen?» Ich habe gleich großes Vertrauen zu ihr. Ich erzähle ihr meine ganze Geschichte und schließe damit, dass ich keinerlei Freude mehr am Leben habe und am liebsten sterben würde. Saima hört mir aufmerksam zu.

«Naziran, so darfst du nicht denken. Auch ich bin blind! Ich bin schon blind zur Welt gekommen. Trotzdem bin ich fröhlich! Mit meinem Taststock gehe ich ganz allein hinaus auf die Straße.»

Ich bin sehr verblüfft, ich hätte nicht gedacht, dass sie blind ist, und schon ihr ganzes Leben lang! Woher nimmt sie bloß so viel Energie und Lebenswillen?

«Sei nicht so traurig, ich werde dir zeigen, wie du ganz allein zurechtkommen kannst. Von anderen abhängig zu sein, ist sehr schlimm. Blind zu sein bedeutet aber nicht, dass man nicht mehr am Leben teilhaben kann, sondern nur, dass man es anders gestalten muss. Man lernt, besser zu hören und zu tasten ... Die Sinne, die dir verblieben sind, werden dir dabei helfen, dich in deiner Umwelt zurechtzufinden», fährt Saima fort.

Ich höre etwas klimpern. Saima hat Geld auf die Tischplatte gelegt und erklärt mir, wie ich die verschiedenen Münzen erkennen kann. Ich muss mich konzentrieren, aber bald finde ich, dass es gar nicht so schwer ist. Saima freut sich über meinen Lerneifer.

«Ich kann auch ganz allein kochen. Und wenn ich das kann, dann bekommst du es auch hin. Ich werde es dir beibringen», sagt sie.

Saima nimmt mich in die Küche des Zentrums mit. Sie bittet den Koch, Gemüse auf den Tisch zu legen, und lässt mich daran riechen, um mir zu zeigen, dass ich Paprika, Karotten oder Knoblauch auch am Geruch unterscheiden kann. Saima führt meine Hand, sie zeigt mir, wie man Zwiebeln und Tomaten schneidet. Anfangs bin ich sehr ungeschickt, ich habe Angst, mir in die Finger zu schneiden, aber sie ermutigt mich immer wieder.

«Ich kümmere mich um Blinde, die in einer schwierigen Lebenslage sind. Manche haben auch Gliedmaßen verloren. Du hast Glück, noch deine Arme und Beine zu haben.»

Bevor sie geht, schlägt Saima mir vor, Kurse in ihrem Rehabilitationszentrum zu nehmen. Ich sage mit Begeisterung zu. Aber erst einmal muss ich in mein Heimatdorf fahren, um meine Familie zu besuchen. Ich verspreche ihr, mich nach meiner Rückkehr sofort bei ihr zu melden. Ehe sie geht, gibt mir Saima noch einige Audiokassetten.

«Hör dir diese Geschichten an, sie werden dir helfen, deine trüben Gedanken zu vertreiben. Bis bald, Naziran!»

Noch am gleichen Abend bringt mir die Psychologin einen Recorder mit und erklärt mir, wie man ihn benutzt. Ich höre mir die Kassetten eine nach der anderen an. Blinde Menschen erzählen darauf ihre Lebensgeschichten. Auf einer berichtet auch Saima Anwar von ihrer Kindheit, der Schule und ihrer Hochzeit. Von nun an will ich versuchen, stark zu sein, auch um meiner Kinder willen. Im Unterschied zu Saima habe ich meine Töchter wenigstens schon einmal sehen können. Ihr Bericht macht mir großen Mut. Am meisten aber beeindruckt mich die Geschichte eines Mannes, der nach einem Attentat erblindete und dazu noch ein Bein verlor. Trotz dieser Schicksalsschläge hat er nicht die Freude am Leben verloren.

Für mich sind diese Berichte geradezu eine Offenbarung. Man kann also blind und dennoch glücklich sein! Dieses Wissen gibt mir Kraft für meine nächste große Herausforderung: die Rückkehr in mein Dorf.

Nach acht Monaten besuche ich zum ersten Mal wieder meine Familie. Meine größte Sorge ist, wie die Leute auf meinen Anblick reagieren werden. Wegen der Wunden an meinen Armen muss ich eine ärmellose Tunika tragen, aber mein Gesicht verberge ich hinter einem Schleier. Meine Mutter holt mich in Islamabad ab, und wir fahren zusammen mit dem Bus zurück. Ich halte die ganze Zeit ihre Hand umklammert, und je näher wir dem Ziel kommen, desto größer wird meine Angst.

Mein Bruder erwartet uns an der Busstation. Bei ihm zu Hause besuchen mich nach und nach die Nachbarn und Verwandten. Sie zeigen viel Mitleid mit mir und schenken mir Geld, wofür ich ihnen danke. Mein Gesicht lasse ich die ganze Zeit über bedeckt. Aus Angst, dass der Schleier verrutschen könnte, halte ich ihn ständig krampfhaft mit einer Hand fest. Aber die Essenszeit rückt näher, und schließlich muss ich ihn lüften. Ich höre bedrücktes Gemurmel um mich herum. Sobald ich etwas zu essen versuche, fällt es mir aus dem Mund, weil mein Kinn mit meinem Hals verschmolzen ist. Es dauert nicht lange, und ich schiebe den Teller verzweifelt weg. Ich höre, wie mein Bruder und meine Schwestern weinen. Salim gibt mir weiter, was meine Mutter mit Zeichen erklärt: «Gongui Ma will Säure kaufen und sie Fawad ins Gesicht schütten! Er ist an allem schuld, sagt sie!»

Mir läuft ein Schauder über den Rücken. Ich weiß, dass Fawad und meine Schwiegerfamilie mich am nächsten Tag besuchen wollen. Fawad tut so, als wolle er sich nach dem Fortschritt meiner Genesung erkundigen. Ich habe nur zugestimmt, weil er auch Hina mitbringt, ich kann es kaum erwarten, die Kleine in die Arme zu schließen.

Am nächsten Tag klopft mir das Herz, ich habe mich so auf diesen Augenblick gefreut ... Aber als Hina endlich kommt, muss ich hören, wie sie mit ihrem Stimmchen voller Entsetzen ruft: «Das ist nicht Mama! Das ist eine Hexe!»

Hina weigert sich, auch nur einen Schritt weiterzugehen, und versteckt sich hinter Gongui Ma.

Ich bin am Boden zerstört. Salim führt Hina aus dem Zimmer. Ich höre, wie er ihr zuflüstert: «Das ist immer noch deine Mama. Sie sieht anders aus, weil ihr jemand etwas Gefährliches ins Gesicht geschüttet hat, und das hat ihr sehr wehgetan. Aber schau doch mal ihre Füße und Hände an, sind die nicht wie früher? Und ihre Stimme? Erkennst du denn nicht die Stimme deiner Mama? Glaub mir, sie ist es wirklich.»

Als Salim mit Hina zurückkommt, zeige ich meiner

Tochter meine Hände: «Das sind die Hände deiner Mama, erkennst du sie?» Hina hält ängstlich Abstand. Das bricht mir das Herz, aber ich sage mir, dass ich ihr Zeit lassen muss, damit sie sich an meinen Anblick gewöhnen kann.

Unterdessen sagt mein Bruder Arif zu Fawad: «Deine Familie ist schuld, dass Naziran jetzt blind ist. Ihr habt ihr so viel Schlechtes angetan, du solltest ihr deine Augen geben!»

Ich bitte meinen Bruder, still zu sein.

«Lass uns nicht mehr davon sprechen.»

Fawad wendet sich mir zu und sagt, er hätte mir Geschenke mitgebracht, *Bangles* und neue Kleider. Er lässt mich die Stoffe betasten und streift mir behutsam die Armbänder über. Den ganzen Nachmittag über ist er sehr aufmerksam und freundlich zu mir.

«Du weißt doch, Naziran, du bist mein Ein und Alles. Ich lasse mich von Shirin scheiden, ich schwöre es dir. Ich kaufe dir ein Haus, in dem wir beide glücklich werden», verspricht er mir.

Ich wage nicht daran zu glauben. Sagt er wirklich die Wahrheit? In dieser Nacht schläft er sogar mit mir.

Am nächsten Morgen erbittet Fawad von meinem Bruder die Erlaubnis, mich zu meiner Schwiegerfamilie mitzunehmen.

«Sie möchten sie alle sehen! Sie fehlt ihnen so sehr!»

«Das kommt nicht in Frage», antwortet Salim.

Doch Fawad lässt nicht locker.

«Aber dort ist Fizza! Will Naziran denn ihre kleine Tochter gar nicht mehr sehen?»

Bei all meiner Angst davor, in dieses Dorf zurückzukehren, habe ich doch große Sehnsucht danach, Fizza in meine Arme zu schließen.

Salim willigt schließlich unter der Bedingung ein, dass er mich begleitet. Fawad holt ein Taxi, und wir brechen in sein Dorf auf. Während der Fahrt fühle ich mich sehr unwohl. Es ist furchtbar heiß, und meine Verletzungen schmerzen. Ich spüre, dass sich Fliegen auf meine Wunden setzen, aber ich kann sie nicht vertreiben. Meine kleine Hina sitzt auf Salims Schoß, sie möchte nicht von mir angefasst werden.

Als wir bei meiner Schwiegerfamilie ankommen, höre ich lautes Stimmengewirr. Offenbar ist das Haus voller Leute. Wie ich erfahre, hat Fawad eine Durchsage über die Lautsprecher der Moschee machen lassen: «Naziran, die zweite Frau von Fawad, die Opfer eines Säureattentats wurde, kommt ins Dorf. Wer sie sehen möchte, ist eingeladen, sie in ihrem Haus zu besuchen!»

Alle Leute sind herbeigelaufen. Ich spüre, dass sie aus bloßer Neugier da sind – es ist reiner Voyeurismus. Sie geben vor, mich trösten zu wollen, und stecken mir Geldscheine zu. Aber sie können es auch nicht lassen, Bemerkungen zu machen.

«Oh, seht nur, sie hat gar kein Gesicht mehr! Und erst ihre Augen!»

«Früher war sie sehr hübsch, aber wie sieht sie nun aus?»

Ich erstarre, als eine Kinderstimme sagt: «Eine Hexe! Ich habe Angst!»

Auch meine kleine Fizza ist da. Rubina setzt sie mir auf den Arm. Aber sie fürchtet sich ebenfalls vor mir und fängt an zu weinen. Ich bin sehr verzweifelt, als Rubina sie mir schnell wieder abnimmt. Einige Nachbarn schimpfen auch über meine Schwiegerfamilie.

«Allah wird dir helfen, er wird dich rächen, Naziran!», sagen sie zu mir.

Ich weiß, dass Fawad überall herumerzählt hat, Javed sei der Täter. Aber niemand scheint ihm zu glauben. Ich höre, wie Shirins Name gemurmelt wird.

«Ganz bestimmt hat sie ihren Neffen geschickt, um Naziran das anzutun.»

Shirin lässt sich an diesem Tag nicht blicken.

Ich fühle mich unwohl inmitten all dieser Menschen. Meine Schwiegerfamilie stellt mich aus wie ein seltenes Tier. Fawad hebt meinen Schleier, er hebt sogar mein Kamiz, um den Neugierigen meinen Körper zu zeigen, auch den Männern. Ich flehe ihn an, damit aufzuhören. Doch Fawad fährt mich an: «Halt den Mund! Ich habe allen gesagt, dass du nicht mehr reden kannst. Nun füg dich doch, sie werden dir Geld geben.»

Ich kauere mich auf den Boden, kreuze die Arme über der Brust und lasse den Kopf auf die Knie sinken. Sakina, die Frau von Salim, spürt, wie schlecht es mir geht, und schreit meine Schwiegerfamilie an: «Habt ihr denn gar keinen Respekt mehr für meine Schwägerin? Sie hier wie eine Missgeburt vor den Leuten herumzuzeigen, um ein bisschen Geld zu bekommen!»

Ich ergreife ihre Hand und sage ihr, dass ich gehen will. Auch meine Cousine Roxana ist da. Sie legt einen Schleier über meine Brust, damit mich nicht alle anglotzen können. Aber Fawad will mich weiter herumzeigen und zieht das Tuch wieder weg. Roxana wird wütend, sie fordert alle auf zu gehen und deckt mich mit ihrem eigenen Schleier zu.

Ich höre, wie Rubina und Kirane uns bitten, doch noch ein wenig zu bleiben, schließlich sei das ganze Dorf gekommen, um mir sein Mitgefühl zu bekunden. Ich breche in Tränen aus. Salim beschließt, dass wir sofort nach Hause fahren. Wieder muss ich Fizza und Hina bei Rubina zurücklassen. Das bricht mir das Herz.

Mein Bruder zieht mich zum Bus. Kaum sitze ich auf meinem Platz, stelle ich fest, dass Rubina mir all das Geld abgenommen hat, das die Leute mir zugesteckt haben.

«Saubere Leute sind das, deine Schwiegerfamilie», schimpft Salim. «Und sie haben dir noch nicht einmal etwas zu trinken oder zu essen angeboten! Ich werde nie mehr einen Fuß in dieses Dorf setzen.»

Auch bei Salim besuchen mich Verwandte und Freunde. Aber mein Bruder hat nicht das ganze Viertel zusammengetrommelt. Dafür bin ich ihm sehr dankbar. Eine solche Demütigung wie bei meiner Schwiegerfamilie möchte ich nicht noch einmal erleben. Meine Brüder und Schwestern versuchen mich zu trösten, Arifs Frau bittet mich, ein Lied zu singen. Als sie meine Stimme hören, fangen alle an zu weinen. Mein Bruder Arif beglückwünscht mich: «Nach allem, was sie dir angetan haben, kannst du immer noch singen! Ich bin stolz auf meine Schwester. Du hast so viel Mut!» Sakina kocht für mich *Biryani,* mein Leibgericht, und mein Bruder kauft einige Flaschen Pepsi.

Am Abend fahre ich nach Islamabad zurück. Tief in meinen Schleier gehüllt, steige ich mit meiner Mutter in den Bus.

21

«Weißt du, kurz vor deiner Ankunft hier haben wir eine Patientin verloren. Sie hat es gemacht wie du und ist in ihr Dorf zurückgekehrt …»

Diese Geschichte erzählt mir Bilquise, die Krankenschwester, während sie mir neue Verbände anlegt. Die Wunden schmerzen nach der Reise noch mehr, und als sie die an meiner Schulter reinigt, muss ich die Zähne zusammenbeißen.

«Was ist mit ihr geschehen?»

«Ihre Verletzungen waren noch nicht richtig verheilt, deshalb wollten wir sie hierbehalten. Aber sie wollte unbedingt zurück zu ihrer Familie. Dort hat sie sich dann eine Infektion geholt, und man hat sie in aller Eile wieder zu uns gebracht. Alle Mitarbeiter haben Blut für sie gespendet, doch wir konnten sie nicht retten …»

Ein kalter Schauder läuft mir über den Rücken. Bilquise reibt mein Gesicht mit Creme ein. Sie will, dass ich gut auf mich aufpasse.

«Du musst dich ausruhen. Ich habe wirklich Angst um dich gehabt, als du abgefahren bist. Ich will nicht noch eine Patientin verlieren!»

Ein paar Tage später muss ich wieder ins Krankenhaus, weil ich erneut operiert werde. Die Ärzte wollen Kinn und

Hals trennen, die miteinander verschmolzen sind. Dazu übertragen sie Haut von meinem Oberschenkel auf den Hals. Ich wünsche niemandem einen solchen Eingriff, denn die Schmerzen sind unerträglich. Die Ärzte wollen auch die Haut zwischen Unterarm und Oberarm operieren, damit ich mich wieder besser bewegen kann.

Die Rekonvaleszenz dauert drei Monate. Die Transplantation hat mir gutgetan. Aber ich bin so geschwächt, dass ich sechs Bluttransfusionen brauche.

Dann kommt noch einmal die Brust an die Reihe. Beim ersten Mal ist die transplantierte Haut von der im Gewebe verbliebenen Säure zerfressen worden, deshalb muss die Operation wiederholt werden. Das Gift zirkuliert noch immer in meinem Körper, von Zeit zu Zeit habe ich an bestimmten Stellen Schmerzen oder Schwellungen. Meine Haut ist auch sehr staubempfindlich und entzündet sich leicht.

Während meiner Genesungszeit besucht mich mein Bruder Salim. Einige Tage später höre ich die Stimme von Murid Abbas, der auf der Durchreise in Islamabad ist. Ich will ihn begrüßen, und mein Bruder hilft mir die Treppe hinunter. Murid Abbas beglückwünscht mich, denn er findet, dass ich in guter Verfassung bin und mich mit Allahs Hilfe von meinen Verletzungen erholt habe. Ich danke ihm herzlich für alles, was er für mich getan hat. Doch er sagt mir, das sei normal und gehöre zu seiner Arbeit.

«Ich bin zwar Großgrundbesitzer, aber mein Hauptziel ist es, den Ärmsten unserer Gesellschaft zu helfen. Gewalt gegen Frauen ist eines der Themen, denen mein Engagement gilt, es gibt ja tagtäglich neue Fälle. Sehen Sie mal hier ...»

Ich höre, wie er in seiner Tasche kramt. Er zeigt meinem Bruder einen Zeitungsartikel.

«Das sind meine letzten Fälle. Ein vierjähriges Mädchen, das von seinem Cousin vergewaltigt wurde, und ein anderes, gerade fünf Jahre alt, das der Onkel missbraucht und getötet hat. Ihre Leiche wurde von Hunden zerfetzt aufgefunden.»

Salim fragt: «Und gelingt es Ihnen, die Schuldigen zu überführen?»

«Oft. Ich zeige die Übeltäter an, und sie kommen ins Gefängnis. Natürlich habe ich Feinde, ich gelte als Störenfried. Am Telefon bekomme ich Morddrohungen. Wenn es sich um reiche Familien handelt, versuchen sie mich zu bestechen. Im Moment gibt es viele Vergewaltigungsfälle, normalerweise werden die vom *Panchayat,* dem Dorfrat, geregelt, der oft beschließt, dass das Mädchen seinen Vergewaltiger auch noch heiraten muss. Manchmal werden auch Frauen entführt und zu kompromittierenden Fotos gezwungen, mit denen sie dann später erpresst werden.»

Es ist das erste Mal, dass ich von solchen Geschichten höre. Doch Murid Abbas ist noch nicht fertig.

«Und dann gibt es die falschen *Pirs*! Ich erinnere mich an den Fall eines verschwundenen Mädchens. Sie hatte einen sehr bekannten *Pir* aufgesucht. Doch dieser Mann ermordete die Menschen, die zu ihm kamen, stahl ihre Habe und verscharrte sie. Und es gibt auch Männer, die ihre Frauen oder Töchter als Einsatz beim Kartenspiel benutzen. Wenn sie verlieren, müssen sie sie hergeben. Ich kenne sogar einen Mann, der seine Tochter gegen ein Motorrad eingetauscht hat.»

«Und wie haben Sie von Naziran gehört?»

«Ein Arzt des Krankenhauses von Multan hat mich informiert, dass ein Säureopfer eingeliefert wurde, und hat mir gesagt, ich solle sofort kommen, sie schwebe in Lebensgefahr.»

Bei diesen Worten erschauere ich. Murid Abbas erzählt weiter. Er ist gegen das feudalistische System in unserem Land und nicht zu bremsen, sobald er auf dieses Thema zu sprechen kommt.

«Das Hauptproblem ist meines Erachtens die mangelnde Bildung. Die reichen Großgrundbesitzer wollen die Bauern in Unwissenheit halten, um sie besser unter Kontrolle zu haben. Ich habe herausgefunden, dass in der Nähe Ihres Heimatdorfes eine Schule von einem der großen Herren als Reitstall benutzt wurde. Und die Krankenstation hatte er in eine Residenz für seine Gäste umgewandelt! Polizei und Dorfrat stehen im Dienst dieser Feudalherren, es gibt kein unabhängiges Rechtssystem.»

Salim erhebt sich. Er muss zurück ins Dorf, um seine Arbeit auf der Baustelle zu beenden. Er bedankt sich noch einmal bei Murid Abbas: «Dank Ihrer Hilfe ist meine Schwester noch am Leben. Allah segne Sie!»

Salim macht sich auf den Weg zu seinem Bus. Als mein Bruder fort ist, vertraut Abbas mir leise an: «Naziran, ich möchte dir etwas sagen. Ich habe mich in deinem Dorf umgehört, und ich glaube nicht, dass Javed der Schuldige ist. Ich habe erfahren, dass Fawad sich an ihm rächen wollte, weil er ein Verhältnis mit seiner Schwiegertochter hatte. Und seit Javed im Gefängnis ist, hat er sich dessen Haus und Land angeeignet. Alle in deinem Dorf verdächtigen Fawad. Denk gut darüber nach, was du jetzt tun wirst.»

Ich bin völlig verwirrt. Das bestätigt meine schlimmsten Befürchtungen. Welchen teuflischen Plan verfolgt Fawad? Hat er gehofft, dass ich meine Verletzungen nicht überleben würde? In der Nacht quälen mich furchtbare Albträume. Schweißgebadet wache ich auf, betaste mein Gesicht und bin wieder in der entsetzlichen Realität. Ich bin entstellt. Hat mein Mann versucht, mich mit dieser grausamen Waffe umzubringen?

Einige Wochen nach der letzten Operation bekomme ich einen Anruf von Saima Anwar. Sie will, dass ich ins Rehabilitationszentrum für Blinde komme.

Die Schule ist kostenlos. Zusammen mit Bilquise fahre ich mit einem Taxi hin. Nach der Ankunft erkläre ich Saima aufgeregt, dass ich auf keinen Fall will, dass jemand mein Gesicht sieht. Sie beruhigt mich: «Keine Sorge, Naziran, hier sind alle blind.»

Saima führt mich in einen Raum und stellt mich ihren Schülern vor, es sind Männer, Frauen und Kinder. Und alle sind blind oder sehbehindert. Einige haben bei Unfällen auch Arme oder Beine verloren. Hier fühle ich mich wohl, wir sind alle gleich und keiner verurteilt den anderen.

Zunächst lernen wir, alleine mit einem Blindenstock zu gehen, dann, uns sicher auf einen Stuhl zu setzen und Treppen mit Hilfe des Geländers hinauf- und hinunterzusteigen. Manchmal stolpern wir und machen Fehler. Aber Saima ermutigt uns, und schließlich lachen wir über unsere Ungeschicktheit.

Ich fühle mich in meine Kindheit zurückversetzt. Und ich muss daran denken, wie Hina als kleines Mädchen, noch wacklig auf ihren Beinchen, das Laufen lernte. Dann bringt Saima uns bei, Hindernisse zu erkennen und zu umgehen: Stühle, das Bett, einen Tisch … Die Zeit vergeht wie im Flug. Abends kehre ich voll Enthusiasmus zur ASF zurück. Ich habe wieder neues Selbstvertrauen. Und ich kann es kaum erwarten, dass es am nächsten Morgen weitergeht.

In der folgenden Woche erklärt mir Saima, dass ich «Braille» lernen werde. Ich weiß nicht, was das ist und bin neugierig. Überrascht stelle ich fest, dass es sich um ein Alphabet für Blinde handelt. Ich versuche unter meinen Fingern die in einen Karton gestanzten Buchstaben zu erkennen. Ich ertaste das A, das B, das C … Zum ersten Mal in meinem Leben bringt man mir das Alphabet bei. Ich lerne schnell, denn ich habe ein gutes Gedächtnis. Meine Lehrerin findet, dass ich rasch vorankomme. Also macht sie mich mit neuen Buchstaben vertraut. Bald kann ich mit Hilfe eines Griffels schon ganze Wörter schreiben. Im ASF-Zentrum übe ich mit Bilquise.

In einem anderen Kurs bringt uns eine Frau das Nähen bei. Sie lässt uns Nadel, Faden und Stoff ertasten. Das ist sehr schwierig. Als ich wieder im Zentrum bin, bin ich rasch entmutigt, da es mir nicht gelingen will, ohne fremde Hilfe etwas zustande zu bringen. Es ist einfach zu schwer. Bilquise tröstet mich und sagt mir, dass ich es sicher lernen werde. Sie führt meine Hand. Ich verbringe Stunden mit meiner Näharbeit, und schließlich klappt es immer besser. Ich kann jetzt sogar stricken und fertige eine Mütze für Hina an.

Eines Morgens sage ich der Krankenschwester, dass ich heute den Tee kochen möchte. Bilquise ist begeistert.

Sie gibt mir einen Topf mit heißem Wasser, und ich schütte Teeblätter, Milch, Zucker und Kardamom hinein ... Ich will Tee für Doktor Sultan bereiten. Er kümmert sich viel um mich und bringt mir bei jedem Besuch ein kleines Geschenk mit.

Dann hat Khadija, meine Psychologin, eine neue Herausforderung für mich. Sie will, dass ich mit ihr außerhalb des Krankenhauses spazieren gehe. Aber ich wage mich nicht hinaus. Ich habe Angst, dass die Leute mich anstarren und Bemerkungen machen. Doch Khadija sagt: «Na, dann verschleierst du dein Gesicht eben wie Naila! Deine Feinde würden sich sicher freuen, dass du so ängstlich bist.»

Das Argument zieht. Da ich mich provoziert fühle, lege ich einen Schleier vor mein Gesicht, setze eine Sonnenbrille auf und gehe mit ihr auf die Straße. Etwas verunsichert bin ich dennoch. Langsam laufe ich an ihrem Arm dahin. Niemand macht eine Bemerkung: Was ist in unserem Land normaler als eine vollständig verschleierte Frau? Ich versuche, nicht über den Bordstein zu stolpern. Wir spazieren einmal um den Häuserblock, und ich kehre strahlend und stolz auf mich selbst in die Klinik zurück. Khadija hat recht, ich werde meinen Feinden beweisen, dass ich noch lange nicht am Ende bin.

Am nächsten Tag hat Khadija eine neue Aufgabe für mich. Sie bittet mich, ihr ein *Biryani* zu kochen, die Zutaten hat sie mitgebracht. Ich schneide die Zwiebeln und die Peperoni. Bilquise macht mir die Gasflamme an. Ich erhitze das Öl und brate das Gemüse an. Dann kommt das Hähnchenfleisch dazu. Ich prüfe den Reis und stelle fest, dass er etwas mehr Wasser braucht. Schließlich schmecke ich das Gericht ab. Bilquise findet, dass ich meine Sache sehr gut mache. Dann ist das *Biryani* fertig. Das gesamte Klinikpersonal kostet mein Essen und beglückwünscht mich.

Ich allerdings finde, dass es nicht wirklich perfekt geworden ist. Aber seither koche ich Tee und bereite das Gemüse zu. Ganz alleine. Inzwischen kann ich sogar die Gasflamme anzünden. Ganz sicher fühle ich mich allerdings nicht, die Flamme und die Töpfe mit kochendem Wasser machen mir Angst. Alles, woran man sich verbrennen kann, versetzt mich in Panik. Ich muss mich überwinden, um mich einem Heizkörper oder einem Bügeleisen zu nähern. Ich versuche auch, mich zu schonen. Ich bewege mich langsam und ohne Hast. In meinem Zimmer darf niemand etwas umräumen. Ich komme nur dann alleine zurecht, wenn alles seinen festen Platz hat.

Eines Morgens erzählt mir Bilquise, dass ein neuer Patient in der Klinik aufgenommen wurde. Ich bin verwundert.

«Ein Mann?»

«Ja, er heißt Zafar und ist ein *Hijra*.»

Ein *Hijra*? Ich habe in meinem Dorf schon welche gesehen, sie tanzen auf Hochzeiten oder bei der Feier zur Geburt eines Kindes. *Hijras* tragen Frauenkleider und Schmuck und sind geschminkt. Es handelt sich um Frauen, die im Körper eines Mannes geboren sind. Wenn die Leute ihnen nichts geben, drohen sie mit dem bösen Blick.

Dieser Zafar macht mich neugierig, und ich frage Bilquise: «Was ist ihm denn zugestoßen?»

«Er ist im Alter von vierzehn Jahren mit Säure verätzt

worden und blind wie du. Zafar ist sehr deprimiert. Willst du ihn besuchen?»

«Natürlich! Gehen wir!»

Bilquise führt mich zu Zafars Zimmer. Wir klopfen an, und er bittet uns herein. Er hat eine eigenartige Stimme, die zugleich hoch und rau klingt. Er freut sich über unseren Besuch, da er sich sehr einsam fühlt. Bislang hatte er gehofft, sein Augenlicht wiederzuerlangen, doch nun ist er im Krankenhaus untersucht worden und hat heute erfahren, dass er für immer blind bleiben wird. Das ist hart für ihn. Trübsinnig sagt er: «Mein Leben ist ruiniert, ich möchte nur noch sterben.»

«So etwas darfst du nicht sagen! Du kannst durchaus alleine klarkommen, ich werde es dir zeigen.»

Ich schlage ihm vor, ihm das Nähen beizubringen. Auch wenn er nicht sonderlich überzeugt ist, willigt Zafar ein. Ich führe seine Hand mit der Nadel, damit er die Handgriffe lernt, und setze alles daran, ihn aufzuheitern. Ich muss die Erfahrungen, die ich bei Saima gemacht habe, mit anderen teilen. Und ich will Zafar davon überzeugen, dass er selbständig werden kann – das ist eine persönliche Herausforderung für mich. Im Laufe der Zeit werden wir Freunde, und Zafar erzählt mir sein Leben.

Als Jugendlicher war er sehr attraktiv. Er hatte viel Erfolg, wenn er auf Hochzeiten sang, und bekam reichlich Geld zugesteckt. Im Laufe eines solchen Abends fiel er einem Mann auf, der ihm Avancen machte, die Zafar mehrmals ablehnte. Doch der Mann bedrängte ihn weiter. Und eines Abends passte er ihn an einer Straßenecke ab und goss ihm eine Flasche Säure ins Gesicht.

Damit war das einfache Leben für Zafar mit einem Schlag beendet. Er war jetzt ein Monster, das Abscheu auslöste. Er konnte sich nicht mehr allein versorgen und war gezwungen, zu seinem Vater, einem armen, alten Mann, zurückzukehren. Dieser führte ihn jeden Tag zu einer Straße, wo er betteln musste. Die Passanten hatten Mitleid wegen seines entstellten Gesichts und der weißen Augäpfel, die in ihren Höhlen rollten. So verdiente Zafar Geld für die Familie.

Und dann entdeckte ihn Murid Abbas auf dem Bürgersteig und bot ihm an, ihn zur Behandlung nach Islamabad zu bringen. Zafar hat sofort angenommen. Wie ich war auch er völlig entstellt. Da auch bei ihm das Kinn mit dem Hals verschmolzen war, konnte er sich nicht mehr normal ernähren, und ohne Unterlass lief ihm Speichel aus dem Mund. Sein sehnlichster Wunsch war es, wieder wie ein Mensch essen zu können. Jetzt ist sein Kinn dank der plastischen Chirurgie wiederhergestellt. Doch seine Augen sind für immer tot.

Durch mich ermutigt, befreit sich Zafar langsam aus seiner Depression. Er hat beschlossen, würdig zu leben und nicht mehr in den Straßen von Lahore zu betteln, sondern Tänzer zu werden. Jetzt ist er hier im Zentrum derjenige, der ständig Scherze macht und uns oft zum Lachen bringt.

Einen Monat später kommt meine Mutter mich abholen. Ich soll mit ihr ins Dorf fahren, um meine Familie zu besuchen. Doch bevor wir abreisen, gibt es eine Neuigkeit: Salim ruft mich an und erzählt mir, dass Javeds Eltern bei ihm waren und ihm einen Vergleich angeboten haben. Sie wollen mir 200 000 Rupien (2000 Euro) geben, wenn ich meine Klage zurückziehe. Mein Bruder drängt mich anzunehmen.

«Das ist viel Geld, Naziran!»

«Ich weiß, aber ich muss erst nachdenken. Wir reden darüber, wenn ich im Dorf bin.»

Ich bin verwirrt. Natürlich vermute ich, dass mein Bruder das Geld für sich haben will. Die ganze Nacht quäle ich mich mit dem Problem herum. Ich weiß nicht, wie ich mich entscheiden soll, denn im Grunde möchte ich vor allem, dass der wahre Schuldige ins Gefängnis kommt. Doch der Gedanke an die Zukunft ängstigt mich. Ich bin eine Last für meine Familie geworden, ich kann nicht mehr arbeiten, wer soll mich ernähren? Und was wird aus meinen Töchtern? Wird mein Bruder uns bei sich aufnehmen?

Am frühen Morgen nehmen Gongui Ma und ich den Bus. Während der Fahrt halte ich mein Gesicht verschleiert. Salim empfängt uns an der Haltestelle und führt uns zu seinem Haus. Er erzählt, dass auch meine Schwester Farah da ist und mich bereits ungeduldig erwartet.

Als Farah mich sieht, ist sie ziemlich bestürzt, aber ich beruhige sie: «Ich komme sehr gut alleine zurecht. Mein Gesicht ist vielleicht zerstört, aber ich gebe mich nicht geschlagen.»

Auch meine Schwiegermutter Kirane ist mit meiner Tochter Hina gekommen. Diesmal hat die Kleine weniger Angst vor meinem Aussehen und ist bereit, schüchtern auf meinen Schoß zu klettern. Doch ich bin sehr enttäuscht, denn eine fehlt. Ich frage Kirane: «Warum hast du nicht auch Fizza mitgebracht?»

«Fizza hat Angst vor dir.»

Wütend antworte ich ihr: «Das stimmt nicht! Es ist eure Schuld, ihr habt ihr erzählt, ich wäre eine Hexe!»

Kirane seufzt. Sie ruft Fawad an und sagt ihm, er solle Fizza herbringen. Doch er gibt vor, keine Zeit zu haben.

Ich bleibe hartnäckig: «Ich bin nur zehn Tage hier, und ich will Fizza bei mir haben.»

Farahs Mann nimmt das Telefon und weist Fawad zurecht: «Du solltest dich schämen. Naziran ist sehr traurig, sie braucht ihre Tochter. Wenn du sie schon nicht sehen willst, bring zumindest das Kind her!»

Fawad verspricht, im Laufe des Abends zu kommen. Jetzt bin ich beruhigt. Ich frage Farah: «Soll ich uns etwas Leckeres kochen?»

«Was erzählst du da, Naziran?»

«Du wirst schon sehen, zeig mir, wo alles ist.»

Sie führt meine Hand, damit ich Töpfe, Herd und Gemüse finde. Ich schneide die Zwiebeln und Kartoffeln, bereite die Erbsen vor. Dann bitte ich meine Schwester, den Herd anzumachen. Farah ist erstaunt.

«Wie kannst du die Zutaten abmessen?»

«Du siehst doch, dass ich es schaffe.»

Innerlich muss ich lächeln. Auch die Nachbarn sind gekommen. Nachdem das Gemüse fertig ist, backe ich im Brotofen Fladenbrote. Alle sind erstaunt, wie gut ich das meistere. Gemeinsam essen wir das Gericht, das ich gekocht habe.

Am Abend kommt Fawad mit Fizza an. Aber meine kleine Tochter will mich nicht umarmen, sie hat immer noch Angst vor mir. Ich muss Geduld haben. Ich trällere das Wiegenlied, das ich ihr vorgesungen habe, als sie noch ein Baby war. Sie lauscht aufmerksam, und schließlich nimmt sie meine Hand. Und nachdem sie gesehen hat, dass Hina auf meinem Schoß sitzt, schmiegt auch sie sich irgendwann an mich.

Zum Abendessen gibt es die Reste vom Mittag. Fawad fragt, wer gekocht hat, und ich antworte ihm, dass ich es war. Er tut so, als würde ihm das Freude machen, doch ich spüre, dass es nicht stimmt.

Am nächsten Morgen fährt er mit Hina und Fizza zurück. Ich bin wieder von meinen Töchtern getrennt, und das bricht mir jedes Mal das Herz. Aber es wird dauern, bis sie sich wieder an mich gewöhnt haben.

Nach Fawads Abreise beschließe ich, mit meinem Bruder zu reden. Ich frage ihn: «Was hältst denn du von dem Angebot, das Javeds Familie uns gemacht hat?»

«Ich denke, es ist eine gute Idee. Wir brauchen Geld, Naziran. Ich hoffe, du bist einverstanden?»

«Nein, ich habe es mir gut überlegt, ich bin nicht einverstanden. Wenn ich mich auf diesen Vergleich einlasse, verläuft die Sache im Sand. Ich will, dass die wahren Schuldigen bestraft werden.»

Salims Frau Sakina ist außer sich vor Wut.

«Was redest du da? Warum willst du das Angebot nicht annehmen, Naziran? Du weißt doch, dass wir das Geld brauchen!»

Ja, ich weiß genau, was sie denkt, ich kenne sie in- und auswendig. Sakina hat Angst, dass ich bei Salim leben könnte, wenn ich aus dem Krankenhaus entlassen werde. Eine blinde und entstellte Schwägerin ... Ich wäre nur eine Last für sie, zumal sie mit dem mageren Lohn meines Bruders kaum über die Runden kommen.

Sakina ist auch sehr eifersüchtig, weil Salim mehrere Wochen in Islamabad verbracht hat, als ich in der Klinik war. Sie hat sich vernachlässigt gefühlt und ihm vorgeworfen, sich nur um mich zu kümmern und nicht um seine Frau. Salim hat die Nase voll von ihren ewigen Klagen.

«Sakina, ich warne dich, wenn du so weitermachst, heirate ich eine zweite Frau!»

Ich weiß, dass das nur ein Scherz ist, doch Sakina reagiert empfindlich. Und wieder greift sie mich an. «Naziran, das ist wirklich dumm von dir, ruf sofort Javeds Familie an und sag, dass du das Geld annimmst!»

«Nein Sakina, ich will dieses Geld nicht.»

«Ach, die gnädige Frau braucht wohl kein Geld? Und wie sollen wir durchkommen? Salim, nun sag doch endlich auch was!»

Mein Bruder schweigt. Sakina bricht in Tränen aus und läuft in ihr Zimmer. Salim weiß, dass seine Frau launisch ist und furchtbare Wutanfälle bekommen kann. Also wartet er, bis sich der Sturm gelegt hat. Niemand ahnt, dass diese Nacht ein dramatisches Ende nehmen wird.

Wir schlafen alle tief und fest, als plötzlich ein Schrei die Stille zerreißt. Es ist Sakina. Schwankend kommt sie aus dem Badezimmer, eine leere Flasche Schädlingsbekämpfungsmittel in der Hand. Mein Bruder bringt sie sofort zur örtlichen Krankenstation, aber dort verfügen sie nicht über die nötigen Geräte, um sie zu behandeln. Das Gift hat sich in ihrem ganzen Körper ausgebreitet. Also bringt Salim sie in die Notaufnahme nach Multan und bleibt die Nacht über bei ihr. Am frühen Morgen erfahre ich, dass die Ärzte ihr nach einer Wiederbelebung gute Chancen einräumen, durchzukommen.

Nach diesem Drama, das mich tief getroffen hat, beschließe ich, nach Islamabad zurückzukehren. Da die ganze Familie bei Sakina weilt, habe ich niemanden, der mit mir fahren kann. Schließlich begleitet mich Jannat, die siebenjährige Tochter meiner Schwester Farah.

Dieser Vorfall hat mich völlig demoralisiert. Khadija drängt mich, meine Aktivitäten wieder aufzunehmen, um auf andere Gedanken zu kommen. Sie will, dass ich meine Kleider selbst wasche. Das habe ich bislang nicht getan, da meine Schulter noch sehr weh tut. Also hocke ich mich mit Seife und einer alten Tunika vor eine Schüssel. Ich tauche sie ins Wasser und beginne zu reiben.

Nach und nach lässt der Schmerz in meiner Schulter nach, und ich beschließe, Hina ein *Kamiz* zu nähen. In den zwei Wochen nach meiner Rückkehr zur Acid Survivors Foundation arbeite ich so viel wie möglich. Ich wasche und bügele meine Kleidung und putze.

Inzwischen bin ich in der Lage, die Mitarbeiter des Zentrums an ihren Schritten zu erkennen. Heute Morgen kommt Bilquise in mein Zimmer.

«Naziran, da ist ein Anruf für dich, es ist dein Bruder.»

An ihrem Tonfall höre ich, dass etwas Schlimmes passiert ist. Die Ärzte haben Sakina doch nicht retten können, sie ist letzte Nacht gestorben. Jetzt steht mein Bruder allein da, mit zwei kleinen Söhnen, einer drei Jahre, der andere erst ein Jahr alt. Er macht mir Vorwürfe: «Naziran, du bist schuld am Tod meiner Frau. Du hättest Javeds Geld annehmen sollen!»

Er legt auf. Ich bin bestürzt über seine Worte. Hat er nicht recht? Vielleicht bin ich tatsächlich schuld an Sakinas Tod. Und wieder bin ich völlig niedergeschlagen. Ich schließe mich in meinem Zimmer ein und verlasse mein Bett nicht mehr. Tag und Nacht denke ich über diese Geschichte nach. Und ich sage mir, dass ich jemandem die Wahrheit erzählen muss, dass ich das alles nicht mehr für mich behalten kann.

Als die Psychologin an meine Tür klopft, spüre ich, dass der Moment gekommen ist. Ich habe Vertrauen zu ihr. Und so erzähle ich ihr die ganze Geschichte. Von Fawad, von Shirin, von den Drohungen; von Javed, den ich beschuldigen sollte ... Ich erkläre Khadija: «Ich habe auch gehört, dass Fawad sich Javeds Acker und Haus angeeignet hat, als er ins Gefängnis kam. Er wollte ihn nicht nur loswerden, sondern auch seinen Besitz stehlen. Und noch dazu kann er meine Töchter mit seinen Söhnen verheiraten, um an unser Land zu kommen.»

Khadija rät mir, alles meiner Anwältin Sana zu erzählen, die ihr Büro im Erdgeschoss der Einrichtung hat. Die hört mir aufmerksam zu, wirkt aber nicht überrascht. Sie sagt mir, dass sie meinem Mann von Anfang an nicht geglaubt hat. Und sie schlägt vor, Anzeige gegen Fawad und Shirin zu erstatten. Sana ist entschlossen, für mich zu kämpfen, aber sie erklärt mir auch, dass das nicht einfach werden wird.

«Du musst bereit sein, Naziran. Wir werden auf große Schwierigkeiten stoßen. Und wenn du anfängst, musst du auch bis zum Ende durchhalten.»

Ich zögere noch einige Wochen lang. Wie wird meine Zukunft aussehen, wenn ich allein, blind, entstellt, mittellos und ohne Ehemann dastehe? Mein Bruder lehnt mich seit dem Tod seiner Frau ab. Ich weiß nicht, wo ich hingehen könnte. Und wenn das Gerichtsverfahren schiefläuft? Wenn Fawad irgendwie freikommt? Müsste ich ihm nicht eigentlich verzeihen? Er hat mir erneut versprochen, sich von Shirin scheiden zu lassen und ein Haus zu kaufen. Ich stecke in einem Dilemma und entscheide mich alle fünf Minuten um. Ich kann mich nicht festlegen, ich habe Angst vor den Konsequenzen. Doch als Fawad mich eines Abends anruft und besonders widerwärtig zu mir ist, wird mir plötzlich alles klar. Er manipuliert mich. Er benutzt mich. Das lasse ich mir nicht gefallen. Ich fasse wieder Selbstvertrauen. Am nächsten Tag erkläre ich Khadija: «Ich will werden wie Saima, ich will den anderen Frauen ein Vorbild sein. Ich werde kämpfen, ich bin bereit.»

Meine Entschlossenheit erstaunt die Psychiaterin. Ich werde Anzeige erstatten, das steht fest. Aber vorher muss ich meine Töchter in Sicherheit bringen. Meine Schwiegerfamilie wird sie mir niemals beide zusammen herschicken. Fawad weiß, dass er mich erpressen kann, solange er meine Kinder als Geiseln hat. Bilquise und Sana versprechen mir, sich einen Plan zu überlegen. Der erste Schritt wird sein, Hina herzuholen.

Bald beginnt der Ramadan. Ich rufe Kirane an und bitte sie inständig, mir während des heiligen Monats Hina für ein paar Wochen zu schicken. Ich weine am Telefon und erkläre ihr, dass ich meine Tochter brauche, weil mir eine erneute Operation bevorsteht, die mich bedrückt. Kirane ist bereit, mir Hina in Begleitung von Rubinas zwölfjähriger Tochter Rubab nach Islamabad zu schicken. Rubab bleibt zwei Wochen im Zentrum. Und sie ist eine wahre Pest. Ständig sagt sie zu Hina: «Deine Mutter ist eine Hexe! Deine Mutter ist eine Hexe!»

Ich stelle auch fest, dass Rubab mir nachspioniert und alles, was ich tue oder sage, ihrer Mutter hinterträgt, die sie täglich anruft. Auch die Krankenschwestern möchten sie loswerden. Es ist ihnen nicht entgangen, dass Hina die Anwesenheit ihrer Cousine verstört. Schließlich bitten sie Rubina unter dem Vorwand, dass im Zentrum kein Platz mehr sei, ihre Tochter wieder abzuholen. Sobald Rubab weg ist, entspannt sich Hina. Sie schläft in meinem Bett und schmust auch wieder mit mir.

Nach dem Ramadan heckt Bilquise einen Plan aus, um Fizza nach Islamabad zu holen. Sie kennt Fawads Schwachstelle: seine Geldgier. Also schlägt sie vor, ihm zu erzählen, die Regierung hätte ein Unterstützungsprogramm für bedürftige Mütter entwickelt. Aber dazu müsse man einen Antrag einreichen, der Fotos der Mütter mit ihren Kindern enthält. Bilquise ruft Fawad an und erklärt ihm:

«Sie müssen mit Fizza nach Islamabad kommen. Bringen Sie auch zwei Fotos von sich selbst mit, Adils Sterbeurkunde und die Ausweise von Nazirans Töchtern. Sie können 10 000 Rupien (ca. 100 Euro) vom Staat bekommen.»

Bilquise hat den Lautsprecher eingeschaltet. Ich höre Fawads Begeisterung. Die Krankenschwester reicht mir das Telefon. Um jeglichem Argwohn vorzubeugen, füge ich hinzu: «Du brauchst nur zwei Tuniken für die Kleine einzupacken, sie bleibt ja nicht lange.»

Am nächsten Morgen trifft Fawad mit Fizza ein. Bilquise lässt ihn den angeblichen Antrag mit seinem Fingerabdruck unterzeichnen. Dann behauptet sie, der Fotograf sei verhindert.

«Aber das macht nichts, Fawad, lassen Sie doch Fizza hier, dann kann er die Aufnahmen in Ruhe machen, und wir schicken Ihnen die Kleine nächste Woche mit dem Bus zurück.»

Fawad tappt arglos in die Falle und fährt allein nach Hause. Ehe er geht, sagt er noch zu mir: «Naziran, ich bin dein Mann, du musst mir das Geld schicken, wenn du es bekommst.»

Das verspreche ich natürlich und versuche, mir nichts anmerken zu lassen. Sobald er fort ist, drücke ich Bilquises Hand.

«Geschafft, ich habe meine beiden Töchter ... Jetzt können sie ihnen nichts mehr anhaben.»

Bilquise beglückwünscht mich zu meiner Schlagfertigkeit.

«Du bist eine gute Schauspielerin, Naziran!»

Wir lachen beide. Ich bin so erleichtert, meine Kinder bei mir zu haben und in Sicherheit zu wissen! Stundenlang höre ich zu, wie sie zusammen singen und spielen. Für mich, die blinde Mutter, sind sie das Licht. Doch ich weiß, dass ich die Partie noch nicht gewonnen habe. Sobald Fawad begreift, was gespielt wird, wird er alles daransetzen, sie zurückzuholen.

In den folgenden Tagen ruft Fawad wiederholt Bilquise an, um sich zu erkundigen, wann Fizza zurückkommt. Ich gehe nicht mehr an mein Handy. Einmal hebe ich allerdings doch ab und höre Fawads beunruhigte Stimme: «Was ist los, Naziran? Du bist so merkwürdig. Willst du nicht mehr mit mir sprechen?»

«Das liegt an meinem Handy, es war kaputt ...»

«Kriegen wir nun das Geld von diesem Programm?»

«Bestimmt!»

«Wann kommst du mit Fizza?»

«Bald, sehr bald ... Aber ich bin noch einmal operiert worden. Es wird noch zehn Tage dauern, bis ich wieder reisen kann.»

Die Wochen vergehen. Wenn mein Handy klingelt, bitte ich Naila mir zu sagen, welcher Name auf dem Display erscheint. Wenn es Fawad ist, nehme ich das Gespräch nicht an. Eines Morgens sagt mir Bilquise, es sei Besuch für mich da. Es ist Onkel Faiz, einer von Fawads Brüdern, der Mann von Mukhtara. Er begrüßt mich herzlich und erzählt mir das Neueste aus dem Dorf.

«Mukhtara hat wieder ein kleines Mädchen bekommen, alles bestens. Du fehlst uns sehr, Naziran, die Frauen wollen wissen, wann du wiederkommst.»

Ich verschweige natürlich, dass ich nicht die geringste Absicht habe, zu ihnen zurückzukehren. Dann sagt Faiz, dass er die Mädchen umarmen will. Ich höre sie beim Fernseher spielen. Faiz ruft: «Deine Töchter wollen ein Eis essen! Ich mache einen kleinen Spaziergang mit ihnen.»

«Nein, Faiz, ich möchte, dass sie hierbleiben.»

Ich bin misstrauisch geworden. Ich lausche dem Geplapper der Kleinen. Sie scheinen sich zu freuen, ihren Onkel zu sehen. Hina erzählt Faiz, dass sie zur Schule geht. Alles scheint in Ordnung zu sein. Ich taste mich in mein Zimmer zurück und widme mich meiner Näharbeit. Plötzlich höre ich auf der Treppe das Hüpfen der Mädchen und den festen Schritt von Faiz. Ich stürze hinaus und stolpere. In Panik rufe ich um Hilfe. Herr Khan, einer der Mitarbeiter der ASF, kommt aus seinem Büro gelaufen.

«Was ist los, Naziran?»

«Mein Schwager geht mit meinen Töchtern weg! Halten Sie ihn auf, bitte!»

Faiz ist schon auf der Straße. Im letzten Augenblick holt Herr Khan ihn ein. Er ruft: «Sie dürfen hier mit den Kindern nicht raus, das ist verboten!»

Mein Schwager verteidigt sich: «Ich wollte nur mit ihnen ein Eis essen gehen.»

Verärgert zieht Faiz von dannen. Am nächsten Morgen versucht er es noch einmal, aber die Wächter haben Anweisung, ihn nicht hereinzulassen.

Am selben Abend erzählt mir mein Bruder Salim, dass Fawad ihn angerufen hat.

«Er wollte wissen, was mit den Mädchen ist.»

«Sag ihm bloß nichts!»

«Ich habe ihm geantwortet, dass dein Handy kaputt ist.»

Ich entschließe mich, ihm die Wahrheit zu sagen:

«Mein lieber Bruder, ich muss dir etwas gestehen. Nicht Javed hat mir die Säure ins Gesicht geschüttet. Ich vermute, dass es Fawad und Shirin waren.»

Mein Bruder scheint nicht wirklich erstaunt.

«Wolltest du darum das Geld von Javed nicht annehmen?»

«Ja, ich will Fawad ins Gefängnis bringen. Aber rede im Moment noch mit niemandem darüber. Er darf keinen Verdacht schöpfen.»

Mein Bruder verspricht es. Denn ich weiß, wenn er meinen Schwestern etwas sagt, wird sich die Nachricht wie ein Lauffeuer im Dorf verbreiten.

Ehe er auflegt, brummt er: «Das Geld hättest du trotzdem annehmen können. Niemand hätte davon erfahren, und wir wären heute reich.»

Abends lege ich meine Töchter in das Bett neben meinem. Die Nacht ist furchtbar, ich werde von Albträumen heimgesucht. Plötzlich schrecke ich hoch, ich bin sicher, Schritte gehört zu haben – jemand will mir meine Kinder wegnehmen. Ich fühle mich nicht sicher. Ständig habe ich Angst um die beiden Kleinen. Als Hina sich am Morgen für die Schule fertig macht, erkläre ich Bilquise, dass ich nicht will, dass sie fortgeht. Doch die beruhigt mich:

«Die Lehrerin hat Anweisung, deine Tochter nur mit dem Wächter, mir selbst oder einer anderen Krankenschwester gehen zu lassen. Wir haben ihr die Situation erklärt.»

Seit zwei Wochen geht Hina in die Schule hier im Viertel. Ich bin stolz, dass meine Tochter lesen und schreiben lernt. Aber sie findet es schwer, den ganzen Vormittag über still auf einem Stuhl zu sitzen, sie ist daran gewöhnt, auf den Feldern herumzutollen. Ich will, dass sie sich Mühe gibt, und zeige ihr, dass auch ich lesen und schreiben lerne – mit einem Griffel und einer Punktschrifttafel.

Ein paar Tage später kommt ein Polizist in die Klinik, um mich zu befragen. Bilquise hilft mir in die Eingangshalle hinunter, und ich nehme auf einem Stuhl Platz. Mehrere Mitarbeiter der Einrichtung sind bei dem Gespräch zugegen, endlich kann ich die Wahrheit sagen. Aber der Polizist ist sehr unangenehm. Unfreundlich sagt er: «Also. Wir haben eine Untersuchung in Ihrem Dorf durchgeführt. Offenbar hatten Sie einen Liebhaber namens Javed. Stimmt das? Sie wollten mit ihm fliehen.»

«Nein! Wie können Sie so etwas sagen? Das stimmt nicht!»

«Aber es lagen Süßigkeiten auf ihrem Bett. Anscheinend hat Javed sie Ihnen in jener Nacht gebracht, weil er mit Ihnen schlafen wollte?»

«Ich weiß nicht, wer die hingelegt hat. Als ich zu Bett ging, waren sie nicht da. Und ich hatte nie eine Affäre mit Javed.»

Ich fange an zu weinen. Was für eine Schande, so beschuldigt zu werden! Er demütigt mich vor allen Anwesenden.

«Ich kenne Ihre Familiengeschichte sehr gut. Ihre Schwester hat ebenfalls Liebhaber.»

«Nein, das stimmt nicht, wir sind ehrbare Frauen!»

«Anscheinend hat Ihr erster Ehemann Adil sie oft geschlagen, warum?»

«Weil ich keine Mitgift hatte, ich bin am Tag meiner Hochzeit mit leeren Händen gekommen.»

«Ist das wahr?»

«Ja, ganz sicher.»

«Ich glaube, Sie lügen. Wissen Sie, dass wir Sie verdächtigen, ihren ersten Mann vergiftet zu haben?»

«Aber er war mein Mann! Warum hätte ich so etwas tun sollen?»

Bilquise merkt, dass es mir schlecht geht. Sie will von dem Polizisten wissen, warum er all diese Fragen stellt. Er erklärt, dass er sich ein Bild von meiner Glaubwürdigkeit machen will. Er fährt fort: «Wissen Sie, Naziran, Shirin hat mir alles erzählt. Wenn Sie lügen, werden Sie bestraft.»

«Sie haben mit Shirin gesprochen?»

«Natürlich! Ich musste alle befragen.»

Der Beamte erzählt mir, Shirin habe Angst bekommen, als die Polizei bei ihr war, und schließlich gestanden, dass sie Javed in jener Nacht nicht gesehen habe. Sie hat auch zugegeben, dass Fawad und sie den Plan hatten, mich mit Säure zu verätzen. Aber sie habe es schließlich doch nicht tun wollen, weil sie Mitleid mit meinen Töchtern hatte, die dann Waisen geworden wären. Sie schwört, dass Fawad den Anschlag allein ausgeführt hat.

Der Polizist fügt hinzu: «Ich habe auch herausgefunden, dass Fawad am Tag vor dem Anschlag auf dem Basar eine Flasche Säure gekauft hat. Und wie rein zufällig hat er auch Wasser in den Hof geschüttet, offenbar um die Fußspuren in der Nähe Ihres Bettes zu verwischen. Bleiben Sie bei der Behauptung, dass Javed der Täter ist?»

Da ich weiß, dass meine Kinder bei mir und somit in Sicherheit sind, wage ich endlich, die Wahrheit zu sagen: «Nein, es war nicht Javed. Man hat mich unter Druck gesetzt.»

«Und Sie hatten nie ein Verhältnis mit ihm? Das behauptet nämlich Ihr Mann ...»

«Nein, nie. Das sagt er nur, damit es wie ein Ehrenverbrechen aussieht. Javed hat nicht einmal Annäherungsversuche mir gegenüber gemacht.»

Die polizeiliche Befragung ist beendet. Ich weine. Bilquise hilft mir in mein Zimmer zurück. Ich vergehe vor Scham. Das ganze Zentrum hat gehört, dass der Polizist mich beschuldigt hat, Liebhaber gehabt zu haben. Was sollen die Mitarbeiter jetzt von mir denken? Vielleicht schicken sie mich in mein Dorf zurück? Ich frage: «Bilquise, du hast doch dem Polizisten nicht etwa geglaubt? Ich bin nicht so eine ...»

Sie streichelt meine Schulter und beruhigt mich: «Aber natürlich nicht, Naziran. Für die Ermittlungen muss er dich mit seinen dummen Fragen verunsichern. Wir alle kennen dich als anständige Frau. Kein Mensch hat diese Geschichten geglaubt. Mach dir bloß keine Sorgen, wir wissen, dass das alles nicht stimmt.»

Ich bin erleichtert und sage Bilquise, dass ich so schnell wie möglich vor Gericht gehen möchte. Ich will, dass Fawad bestraft wird, will mich endlich in Sicherheit fühlen. Meine Anwältin Sana sieht aber den richtigen Moment noch nicht gekommen. Sie erklärt mir, der Oberste Gerichtshof würde bald Nailas Fall verhandeln. Wenn die Entscheidung gut ausfällt, werden wir uns direkt an die höchste Instanz des Landes wenden.

Inzwischen besuche ich wieder das Blindenzentrum und lerne jeden Tag etwas dazu. Das ist wichtig, denn ich muss bald in der Lage sein, mich allein um meine Töchter zu kümmern. Nachdem wir so lange getrennt waren, ist das nicht einfach. Khadija hilft mir dabei, mich durchzusetzen, die Mädchen müssen meine Autorität wieder anerkennen, denn im Moment nutzen sie die Situation auch aus. Als ich einmal mit Hina geschimpft habe, weil sie Dummheiten gemacht hat, gab sie mir zur Antwort: «Wenn das so ist, will ich lieber in mein Dorf zurück.» Ich war völlig hilflos. Aber die beiden sind auch sehr lieb. Sie helfen mir im Alltag, suchen Sachen, die ich verlegt habe, oder bringen mir mein Handy, wenn es klingelt. Gemeinsam sehen wir uns Filme und Fernsehserien an, Hina erzählt mir, was sich auf dem Bildschirm abspielt. Meine Lieblingssendung ist *Die Prinzenprozession.*

Eines Morgens taste ich im Schrank nach meiner Sonnenbrille. Hoffentlich hat niemand in meinen Sachen gewühlt, sonst finde ich mich nicht mehr zurecht. Meine Töchter sind der Meinung, dass die große Brille mir gut steht, weil sie mein «furchtbares Auge», wie sie es nennen, verdeckt. Mein Gesicht ist nur noch eine Erinnerung auf einem vergilbten Foto, das ich gerade unter meinen Fingern spüre. Eine Erinnerung an glückliche Tage ... Ich weiß noch genau, wie dieser Nachmittag mit Adil war. Etwas ängstlich – ich wollte schließlich einen guten Eindruck machen – posiere ich neben meinem Ehemann, der so stolz und attraktiv ist. Er hält Hina auf dem Arm. Ich bin eine hübsche Frau mit mandelförmigen Augen, langen Wimpern und lockigem Haar. Das Bild bewahre ich sorgfältig in meinem Schrank auf, denn es zeigt, was man mir geraubt hat: meine Jugend, meine Schönheit, meine Würde, mein Leben.

Dann ziehe ich einen kleinen Teppich hervor. Die Stunde des Gebets ist gekommen. Ich bitte Gul, mich Richtung Mekka zu platzieren. Ich versuche, mich zu konzentrieren. Aber Fizza fängt an zu quengeln: «Hina hat mir den Stift weggenommen!» Ich spreche zunächst mein Gebet fertig, ohne sie weiter zu beachten. Die beiden Mädchen streiten sich dauernd um irgendwelches Spielzeug. Da Fizza bei Mukhtara schlecht behandelt wurde, ist sie aufmüpfig und versucht ständig, die Aufmerksamkeit auf sich zu ziehen. Hina sagt, wenn sie groß ist, will sie arbeiten, um Geld für mich zu verdienen.

Fizza quengelt noch immer. Ich nehme sie auf den

Schoß, wie damals, als ich sie noch gestillt habe, und bedecke sie mit meinem Schleier. Ich spüre, wie sich ihr kleiner Körper entspannt, während ich sie sanft wiege. Meine Töchter sind alles, was mir bleibt, sie geben mir all meine Kraft. Sie sind der Grund, weiterzuleben und zu kämpfen.

Später lassen wir uns im Gemeinschaftsraum mit Gul und Naila zum Mittagessen auf einer Matte nieder. Naila hat eine wichtige Neuigkeit für uns: Sie kommt gerade vom Obersten Gerichtshof zurück und hat ihren Prozess gewonnen. Ihr Lehrer, der Komplize des Attentäters, ist schließlich zu zwölf Jahren Gefängnis und einer Million Rupien Schadenersatz verurteilt worden. Eine historische Entscheidung in unserem Land, noch nie haben die Richter in einem solchen Fall ein so strenges Urteil gefällt. Das bedeutet, dass Säureattentate ab jetzt als Schwerverbrechen gelten. Wir freuen uns mit Naila. Aber dann murmelt Gul traurig: «Mein Peiniger gehört zu einer einflussreichen Familie. Ich glaube nicht, dass ich gewinnen werde, denn ich bin Halbwaise, und meine Mutter ist sehr arm.»

Epilog

An diesem Morgen habe ich keine Angst, denn meine Anwältin Sana ist bei mir. Sie hält meine Hand und sagt mir, dass alles gutgehen wird. Es ist ein großer Tag. Ich habe einen Gesichtsschleier angelegt und meine Sonnenbrille aufgesetzt. Nie würde ich mich ohne diesen Panzer aus dem Haus wagen, der mich vor den Blicken der anderen schützt. Und vor der Sonne, die meine Haut nicht verträgt.

«Komm, Naziran, wir gehen.»

Sana erklärt mir noch einmal, was jetzt geschehen wird.

«Wir werden einen Antrag bei Iftikhar Chaudhry, dem Präsidenten des Obersten Gerichtshofs, auf Wiederaufnahme des Verfahrens stellen. So kommen wir nicht nur schneller voran, sondern haben auch die Möglichkeit, an Polizisten zu geraten, die ihre Arbeit korrekt erledigen. Vielleicht übernimmt Chaudhry den Fall ja sogar selbst.»

«Treffen wir ihn persönlich?»

«Nein, nicht heute. Aber wir werden einen Antrag bei der für Menschenrechte zuständigen Kammer des Obersten Gerichtshofs stellen.»

«Aber haben wir wirklich genügend Beweise?»

Ich mache mir Sorgen, weil ich in jener Nacht nicht mit eigenen Augen gesehen habe, dass es Fawad war, der mir die Säure ins Gesicht geschüttet hat. Vielleicht werden mir die Richter nicht glauben und meiner Aussage nicht genug Gewicht beimessen.

Aber Sana ist optimistisch:

«Natürlich gibt es Beweise. Fawad hat am Vortag eine Flasche Säure gekauft! Glaubst du etwa, das war ein Zufall? Als die Polizei vor Ort ermittelt hat, haben alle gesagt, er war es, sogar Shirin. Und wer hat die Fußspuren ausgelöscht und die Süßigkeiten auf dein Bett gelegt? Auch sein späteres Verhalten dir gegenüber ist ein Beweis, vor allem die Drohungen gegen deine Kinder. Die Aussage des Opfers ist immer von großer Bedeutung.»

Sana erklärt mir auch, dass seit diesem Jahr Säureattentate strenger bestraft werden. Sie können sogar vor Anti-Terror-Gerichten verhandelt werden, die ihre Urteile besonders rasch fällen, und zu lebenslangen Haftstrafen führen.

Wir haben den Obersten Gerichtshof erreicht. Sana führt mich am Arm. Ich bin aufgewühlt. Ich trippele neben ihr her und klammere mich an ihre Hand. Wir betreten das Gebäude und gehen eine Treppe hinauf, dann rechts und schließlich wieder links. Meine Anwältin redet mit den Richtern. Während des Prozesses werde ich Fragen beantworten müssen, aber im Moment kümmert sie sich um alles.

Ich bin erleichtert. Auf diesen Augenblick habe ich voller Ungeduld gewartet. Und jetzt habe ich Mut, ich werde Fawad zeigen, wozu ich fähig bin. Es ist ihm nicht gelungen, mich zu brechen! Ich bin noch immer da, aufrecht und meiner Rechte sicher. Sana kommt zurück und sagt, dass wir für heute fertig sind. Jetzt müssen wir die

Gerichtsverhandlung abwarten. Wir fahren zurück zum Zentrum.

An diesem Abend ruft mich Fawad an. Ich bin eisig: «Warum meldest du dich bei mir, Fawad? Für mich bist du tot, ebenso tot wie mein erster Mann.»

«Aber ich bin vom Friedhof zurückgekommen und quicklebendig. Ich kann dich nicht vergessen, Naziran.»

«Ich schon, und ich will dich vergessen. Ruf mich nie wieder an.»

«Wenn du schon nicht nach Hause kommen willst, schick mir wenigstens die beiden Mädchen, Kirane möchte sie sehen, sie fehlen ihr sehr. Sie weint den ganzen Tag und verlangt nach ihren Enkelkindern.»

«Kommt nicht in Frage. Hina und Fizza sind meine Töchter, sie bleiben bei mir. Du hast selbst Kinder mit Shirin. Du hast mir so viele leere Versprechungen gemacht, du wolltest dich von Shirin scheiden lassen und ein Haus in meinem Dorf kaufen, aber du hast nicht Wort gehalten. Außerdem habe ich gehört, dass du wieder mit Shirin zusammenlebst.»

Meine Entschlossenheit verschlägt Fawad die Sprache. Damit hat er nicht gerechnet! Aber ich will nicht, dass er Verdacht schöpft. Also füge ich hinzu:

«Ich will nur noch eins, nämlich dass Javed bestraft wird und bis ans Ende seiner Tage im Gefängnis bleibt. Schick keine Leute aus dem Dorf mehr zu mir, ich werde sie nicht empfangen. Ich weiß ganz genau, was ihr mit mir macht, wenn ich zurückkomme: Ihr setzt mich zum Betteln an den Straßenrand!»

Und damit beende ich das Gespräch.

Aber einige Tage später informiert mich Bilquise, dass Fawad und Rubina vor der Tür stehen. Ich sage ihr, sie soll sie bloß nicht hereinlassen. Ich muss ohnehin zu einer Untersuchung ins Krankenhaus. So verlasse ich das Zentrum der ASF mit Bilquise, meine Töchter habe ich in Nailas Obhut gelassen. Auf der Straße höre ich Rubina rufen:

«Naziran, ich will die Gesichter meiner Nichten sehen!»

Ich gebe sarkastisch zurück:

«Du wirst höchstens ihre Schuhe zu sehen kriegen!»

«Naziran, hier ist nicht dein Zuhause, komm zurück ins Dorf!»

«Wenn ich hier bin, dann ist das deine Schuld und die deiner Familie. Verschwindet jetzt, sonst sage ich den Wachleuten, sie sollen euch wegjagen.»

Rubina tut so, als würde sie weinen.

«Seit Adils Tod haben wir alles für dich getan, und das ist nun der Dank dafür.»

Ich antworte nicht einmal mehr, sondern steige in Bilquises Wagen, und wir fahren Richtung Krankenhaus. Bilquise kichert: «Du hast dich ganz schön verändert, Naziran! Sehr gut, denen hast du es gegeben. Lass dich von diesen Leuten nicht einwickeln, du musst stark sein.»

Ich war dazu verdammt, in einem Krankenhaus in Multan als anonymer, gesichtsloser Mensch zu sterben. Doch ich habe überlebt und ein neues Leben begonnen. Bloß in einem anderen Körper. Ich, die hübsche junge Frau, bin in einem abstoßenden Äußeren gefangen, das alle, die mit mir zu tun haben, zunächst erschreckt. Das ist eine tagtägliche Qual, die über den körperlichen Schmerz hinausgeht. Ich habe beschlossen, darüber zu sprechen und meine Geschichte zu erzählen, damit eines Tages die Säureverbrechen ein Ende nehmen, damit die Frauen in meinem Land zu ihrem Recht kommen und damit die Attentäter für ihre Taten hart bestraft werden.

FSC
www.fsc.org
MIX
Papier aus verantwortungsvollen Quellen
FSC® C083411

Das für dieses Buch verwendete FSC®-zertifizierte Papier *Lux Cream* liefert Stora Enso, Finnland.